香港「修例風波」真相

楊勇◎主編

紫荊出版社

黑色暴力衝擊香港

序

香港"修例風波"面面觀

紫荊雜誌社社長、總編輯　楊勇

　　2019 年，香港走過了極其艱難的一年。一宗台灣殺人案的逃港罪犯移交問題，最終演變成嚴重的社會撕裂；一起普通的本地法律修訂，最終演變成曠日持久的黑色暴亂。這場因修例掀起的風波令香港社會動蕩、法治受損、民生受創，風雨如晦，"東方之珠"蒙塵失色，經歷了自回歸以來最嚴峻的局面。

還原"修例風波"真相

　　2018 年，台灣發生了一宗令很多香港市民感到震驚和傷心的殺人案。2 月 17 日，香港人潘曉穎與陳同佳以情侶關係前往台灣旅遊，因在酒店發生爭執，陳同佳勒斃潘曉穎，將其屍體棄置後潛逃回香港。一個月後，陳同佳在香港被捕，承認殺害潘曉穎及棄屍、用潘曉穎提款卡盜取現金等罪行。這宗案件令受害人父母傷心欲絕，也引起廣大具有正義感市民的極大憤慨，他們紛紛慰問和聲援受害人父母，呼籲特區政府儘快將兇手緝拿歸案。

　　經過長達 8 個多月的偵辦，台灣士林地檢署正式通緝陳同佳，時效長達 37 年 6 個月。正當人們歡呼正義即將來臨時，一個難題突然擋住了正義前進的腳步：嫌犯無法被移交至案發地台灣受審！消息一出，社會為之嘩然。

　　這宗"無法審判"的案件背後的原因，在於香港在刑事互助和逃犯移交制度上的一個明顯漏洞——現行法例中的"地理限制"。根據香港特區《逃犯條例》和《刑事事宜相互法律協助條例》現有條款，移交逃犯不適用於香港以外的中國其他部分。按照香港實行的屬地管轄原則，特區法院對台灣殺人案件也沒有管轄權，要把此案兇手移交台灣受審，就需要修改現行法律，允許香港與台灣地區開展移交逃犯和刑事司法協助方面的個案合作。若以單獨處理移交逃犯請求，交由立法會討論，則有案情被公開、逃犯再次潛逃的風險。

　　法網恢恢，疏而不漏。面對這一重大法律漏洞，特區政府提出修訂《逃犯條例》

及《刑事事宜相互法律協助條例》的建議，一方面希望可以處理台灣殺人案，令公義得以彰顯、還死者一個公道、給死者父母一個交代；另一方面希望盡力完善香港的法制，確保香港不會成為犯罪者逃避刑責的"罪犯天堂"。

經過審慎研究，特區政府提出了修訂建議草案：擬將內地、澳門、台灣等中國其他地方納入移交逃犯法律範疇，在彼此之間建立長期相互法律協助協議。特區政府表示，修例主要針對犯了《逃犯條例》訂明的嚴重罪行的逃犯，不符合"雙重犯罪"原則的不移交、政治罪行不移交、死刑犯不移交，對普通市民沒有影響；修例不涉及新聞、言論、學術、出版等方面的行為，不會影響香港的新聞自由、言論自由和營商環境。同時，修例工作還充分考慮了當事人的法律權利，明確當事人有司法覆核的權利、可就拘押令申請人身保護，個案式移交逃犯安排有行政審查、司法審查等多重把關和法律保障。

2019 年 2 月，保安局將修訂建議草案提交立法會審議，修例工作正式啟動。特區政府一直與社會各界及立法會就修例建議作理性討論，聆聽意見，力求修例工作符合基本法規定、彰顯公平正義、體現社會共識。2 月 12 日，保安局邀請公眾就修訂草案提出意見，短短半個月就收到超過 4,000 份書面意見，其中約 3,000 份表示支持修例。支持者普遍認為，草案可以填補法律漏洞、不希望香港成為"逃犯天堂"。律政司司長鄭若驊、保安局局長李家超等特區政府官員，在出席記者會、會見傳媒等多個場合介紹修例工作細節，保安局製作了通俗易懂的"懶人包"。根據市民反饋的意見，特區政府又先後於 3 月 26 日、5 月 30 日對草案作出兩次修改：一次是在法案正式提交立法會之前，將可移交罪類由 46 項縮減為 37 項，剔除了 9 個可移交罪類和將可移交罪行的最高刑罰由原本 1 年以上改為 3 年以上；另一次是在法案提交立法會之後，把 3 年以上改為 7 年或以上，並採納了多項與國際標準一致、加強人權保障的措施，以釋除社會疑慮。

但是，修例工作的推進並沒有預想那般順利。儘管特區政府盡最大努力收集民意、開展對話、答疑解惑，由於在政策解說、協商溝通方面工作存在不足，導致部分市民對條例草案仍然不了解，擔心和疑慮自身權益會受到損害，內心產生抵觸和懼怕心理。修例成為香港社會一個十分敏感且極具爭議性的話題。與此同時，香港反對派與外部反華勢力內外勾結，趁機拿"修例"大做文章、興風作浪，故意歪曲詆毀，炮製所謂"反修例、反送中"等議題，不斷挑唆、恐嚇、煽惑不明真相的市民上街遊行，鼓動激進分子引發暴力衝突，致使香港社會出現巨大的矛盾和紛爭。

在立法會會議上，反對派議員使用各種伎倆阻撓決議通過。4月3日，立法會就修訂《逃犯條例》展開首讀和二讀，反對派議員多次以點人數及濫用規程問題等方式"拉布"拖延，立法會主席梁君彥不得不宣布議案完成首讀及二讀辯論中止待續。4月17日至5月14日，《逃犯（修訂）條例草案》法案委員會先後舉行四次會議，由於每次會上反對派都瘋狂"拉布"，會議始終未能選出委員會正副主席。期間，反對派議員涂謹申等人還霸佔立法會會議室，自行召開"山寨會議"，更打傷建制派議員，讓立法會一度陷入混亂狀態，強行阻撓立法會通過決議。5月24日，香港立法會內務委員會根據《議事規則》相關條款，決定將《逃犯條例》修訂草案直上大會恢復二讀辯論。

在立法會會場外，反對派議員策劃發動了多次所謂"反修例"遊行示威，這些遊行示威屢屢演變為暴力衝突。6月9日，有大批示威者發起"反修例"遊行，多名黑衣人與警方發生激烈肢體碰撞，圍毆警員。6月10日凌晨，激進分子意圖衝擊立法會，並堵塞周邊道路，襲擊警察，還疊高鐵柵欄推向警方防線，甚至企圖搶奪警員佩槍，導致8名警員受傷。6月12日，暴力行動再度升級，一批全副裝備的暴徒衝擊立法會示威區，衝擊警方防線，更以磚頭、自製鐵矛、燃燒彈等武器襲警，造成22名警員受傷。

一時間，原本平靜祥和的香港被"修例風波"攪得沸沸揚揚。為保障香港最大福祉、讓社會儘快回復平靜，特區政府在衡量各因素後，6月15日，行政長官林鄭月娥舉行記者會宣布決定暫緩《逃犯條例》修訂，立法會大會處理修例的工作暫停，重新與社會各界溝通，展開諮詢，讓各方有更多時間討論及了解修訂內容。"作為一個負責任政府，我們一方面要維護法紀，但同時要審時度勢，保障香港最大的福祉，這個最大福祉是包括令社會儘快回復平靜。"

就這樣，在居心叵測的亂港分子的恐嚇鼓動下，在與之沆瀣一氣的外部勢力推波助瀾下，本是一項法律基礎堅實、程序公開公正的法律修改議程，因反對派瘋狂抹黑和阻撓而被迫中止。

反對派並沒有因修例暫緩就此罷休，反而繼續以"反修例"為幌子，得寸進尺、變本加厲，背後險惡的政治目的昭然若揭。這些人不斷升級暴力手段，肆意踐踏法治，惡意破壞社會秩序，勾連國外反華勢力，公然鼓吹"港獨"，喊出"反送中""光復香港、時代革命""五大訴求、缺一不可"等口號,最終目的就是發動一場"顏色革命",搞亂香港、癱瘓特區政府,進而奪取特區的管治權,從而把香港變成一個獨立或半獨立的政治實體,假高度自治、"港人治港"之名行完全自治、對抗中央之實,最終使"一國兩制"名存實亡。

半年多來,反對派煽動策劃組織的一場場醜陋鬧劇在香港輪番上演,極端分子的違法暴力行為破壞性之強、負面影響之大,讓港人、國人和全世界為之震驚!

——暴徒包圍警總,衝擊立法會,肆意挑戰管治權威。激進分子有組織、有預謀"襲警""殺警"事件接連發生,警察總部和各區警署被包圍襲擊。在特區政府已宣布停止修訂《逃犯條例》的情況下,激進分子仍多次包圍警察總部,鐵馬封門、引爆燃彈、激光射眼、漆塗監控、塗寫粗口、高聲喝罵,甚至拆掉"香港警察總部"水牌。在激烈的衝突中,暴徒用鐵棍、長叉、鐵鍬、燃燒彈等各種自製武器襲擊警察,手段極其殘忍。10 月 1 日,有暴徒用鏹水槍襲警,導致屯門一名警員被腐液淋中致身體多個部位三級嚴重灼傷,右手神經壞死,需進行植皮手術。10 月 13 日,有暴徒用鎅刀襲警割頸,致使一名警員頸靜脈割斷,瞬間血流如注,險些喪命。11 月 17 日,暴徒用巨型彈叉遠距離發射汽油彈以及發射弓箭,一名警察傳媒聯絡隊警長小腿被利箭射穿。網上還出現大量"起底"警務人員及家屬資料、捏造"警方殺人"等虛假信息的不法行為。立法會也成為暴徒襲擊的目標。7 月 1 日,暴徒強行闖入特區立法會大樓,在裡面大肆破壞,損毀莊嚴的議事廳和特區區徽,在主席台上公然撕毀基本法,揮舞象徵"港獨"的龍獅旗,更煽動成立所謂"臨時政府"。

——暴徒衝擊中聯辦,公然辱國,挑戰"一國兩制"原則底線。7 月 21 日,一幫暴徒圍堵、衝擊香港中聯辦大樓,大樓外的閉路電視亦被塗黑遮蓋,中聯辦大樓近德輔道西的後閘被撬開,正門大閘則被硬物敲打,大樓內的人員被激光照射。暴徒向國徽投擲雞蛋、墨水以及黑色油漆彈,污損莊嚴的國徽,又破壞中聯辦的安防設施,塗寫侮辱國家、民族尊嚴的字句,甚至狂言成立所謂"臨時立法會"。7 月 28 日和 8 月 4 日,部分激進分子妄圖再次衝擊中聯辦。這兩次妄圖衝擊中聯辦的激進分子被防暴警察阻止,圖謀未能得逞。極端激進分子公然挑釁國家尊嚴的黑手並沒有就此收手,其後多次出現撕扯、扔棄甚至焚燒國旗的惡劣行為,這些暴徒可謂囂張至極、喪心病狂。

——暴徒脅迫攬炒,升級暴力,使香港深陷恐怖主義旋渦。進入 8 月後,激進分子將滋擾、暴力惡行大幅升級，由日到夜，分成多批，在全港多區發起滋擾活動，大肆破壞搗亂，掀起黑色恐怖。暴徒通過網上討論區"連登"以及加密通訊軟件 Telegram，有組織地訓練暴徒、串謀暴力活動；香港多個地區的公共道路設施受損，路邊欄杆和行人路的路磚被拆走、安全島標柱被損壞、道路設施被塗污、大量路口交通燈受損；整體交通受到嚴重影響，幾十條道路及紅磡海底隧道一度被迫封閉，近百條巴士路線需要暫停服務或更改路線，港鐵許多車站站台和內部設施被燒毀砸爛，多條路線長時間停止運營，成百上千個離港及抵港航班取消，環球網記者付國豪被示威者非法拘禁毆打數小時之久；沿街的商場、銀行、餐館、超市等慘遭打砸搶，中資企業成為重點襲擊對象，商家經濟損失慘重。最讓人憤慨的是，57 歲的香港市民李伯因意見不同而遭暴徒點火燒成重傷；食環署一名 70 歲清潔工被暴徒用磚頭擊中頭部，命喪街頭。這些"勇武派"暴徒還夥同所謂"和理非"搞"三罷"，將魔爪伸向公司、校園、社團，霸佔地鐵、機場、商場，通過煽動罷工、罷市、罷課，癱瘓香港社會正常秩序，用"攬炒"脅迫普通市民。

——暴徒將魔爪伸向校園，校園淪為暴徒基地。暴徒焚燒校園設施，竊走實驗室危險化學用品，致使校園淪為"火場""戰場""兵工廠"。2019 年 11 月 11 日夜，大批蒙面暴徒突襲了香港城市大學行政大樓，毀壞該大樓的玻璃和大門，又擅自闖入校長辦公室大肆破壞。香港大學 12 日亦遭暴徒破壞。12 日上午約 9 時許，有黑衣人於港鐵香港大學站 C 出口的天橋聚集，他們從高空向下投擲雜物，包括垃圾桶、椅子，一度令薄扶林道交通擠塞。更為激烈的暴力活動發生在香港中文大學。暴徒將中大視作 12 日"打砸搶燒"的"主陣地"。12 日早上 7 時許，一批黑衣暴徒在中大二號橋向吐露港公路投下大量雜物企圖阻塞交通。暴徒還闖入中大夏鼎基運動場，取去場內的裁判架、弓箭架及足球龍門架並推出馬路，又偷取器材倉庫內 16 把弓、192 支箭等作武器，肆無忌憚向警方防線多次拉弓引箭。入夜後，黑衣暴徒不斷焚燒雜物，並向警方投擲汽油彈。現場烽煙四起、火光熊熊。直至 16 日暴徒才全部撤出校園。繼 11 月 12 日晚暴徒侵佔香港中文大學並在二號橋與警方爆發激烈對峙後，香港理工大學又成為暴徒新據點。11 月 14 日傍晚，暴徒進入理工大學設置路障並堵塞紅磡隧道；16 日晚間，暴徒在漆咸道南和柯士甸道路口密集投擲汽油彈，歷史博物館外烈焰衝天。17 日，暴徒從高處發射汽油彈、磚頭、弓箭、鋼珠，進行無差別襲擊，導致有記者燒傷。到了晚上，暴力行為再一次升級，暴徒火燒行人天橋和港警裝甲車。27 小時內，暴徒投擲了上千枚汽油彈。在暴徒持續佔領香港理工大學、暴力行為進一步升級後，17 日深夜警方連夜部署平暴行動，18 日晨將理大包圍。暴徒佔據理大校園十餘天，警方最終共拘捕 1,377 人，18 歲以下人士登記人數有 318 人。

——**暴徒甘當走狗，內外勾連，幹盡賣港賣國之事**。西方反華勢力與"反中亂港"分子沆瀣一氣，狼狽為奸。香港一連串激進遊行示威和暴力事件中，幾乎處處有外國人士出現在激進分子人群中，並現場指揮激進分子實施暴力行動。黃之鋒等"港獨"組織頭目在港密會美國駐港總領館官員，在保釋期間從德國竄訪到美國，唱衰香港、唱衰國家，更勾結"台獨""疆獨"等反動勢力，極力搖尾"乞求"外國干預中國內部事務。"禍港四人幫"黎智英、李柱銘、陳方安生、何俊仁等反對派，與外部勢力明裡暗裡的相互勾結更是直接擺上檯面，他們多次竄訪美國、英國等地，向美國副總統彭斯、美國眾議院議長佩洛西等"洋大人"告狀，甘當美西方在港反華組織的代言人，並向暴力極端分子輸送了大量黑金，利用手中媒體大肆翻炒。美英等外部勢力不但對極端暴力行為視而不見，用"自由""民主""人權"的冠冕美化暴徒，更是毫不避諱地頻頻上演"指手畫腳""召見匯報"的戲碼。這種"主子"和"狗腿子"間"耳提面命""搖尾乞憐"的主僕醜態顯露無遺。

一場由修例引發的政治風波席捲香港，香港正面臨著自回歸以來最嚴峻的形勢！

自"修例風波"發生以來，中央政府一直密切關注香港局勢的發展變化，堅定不移貫徹"一國兩制"方針和基本法，堅定不移支持特區政府和香港警隊止暴制亂恢復秩序，無論特區政府宣布暫緩和最終撤回修例、頒布和廢止《禁蒙面法》，還是警隊嚴格執法打擊暴力恐怖活動，都始終給予尊重、理解和支持，向世界展示了中央政府維護國家主權、安全、發展利益的堅定決心，維護香港高度自治和繁榮穩定的戰略定力，指引香港各界民眾團結一心，凝聚起止暴制亂、恢復秩序的強大正能量。

在短短一個多月時間裡，11 月 4 日、11 月 14 日、12 月 16 日、12 月 19 日，習近平總書記分別在上海、巴西、北京、澳門，先後四次就香港局勢發表一系列重要講話，作出一系列重要指示。習近平總書記多次肯定林鄭月娥行政長官在非常時期展現出的勇氣和擔當，反復強調止暴制亂、恢復秩序是香港當前最重要的任務，堅定支持特首帶領特區政府依法施政，堅定支持香港警方嚴正執法，堅定支持愛國愛港力量，充分表明中國政府維護國家主權、安全、發展利益的決心堅定不移，貫徹"一國兩制"方針的決心堅定不移，反對任何外部勢力干涉香港事務的決心堅定不移。習近平總書記的重要講話，為香港止暴制亂、恢復秩序指明了方向、提供了遵循，發出了中央政府對香港止暴制亂工作的最強音。

國務院總理李克強、全國政協主席汪洋、國務院副總理韓正，以及楊潔篪、李希、董建華、梁振英、王毅等黨和國家領導人也先後多次就香港局勢發表重要講話，強調特別行政區政府要依法止暴制亂、恢復秩序，加緊研究解決香港經濟社會發展中存在的一些深層次矛盾和問題，使香港保持長期繁榮穩定。全國人大外事委員會、全國人大法制工作委員會、全國人大香港特區基本法委員會、全國政協外事委員會、國務院港澳辦、外交部、香港中聯辦、外交部駐港公署、解放軍駐港部隊等部門和機構，通過發表聲明、舉辦座談會、召開新聞發布會、接受媒體採訪等方式，系統闡述對香港時局的看法，及時傳遞中央的權威聲音，堅決反對外部勢力干預香港事務。

中央的堅定支持與親切關懷，無疑給高溫悶熱的香港下了清涼的"及時雨"，給彷徨焦慮的香港市民送來"定心丸"，更為香港儘快走出亂局、恢復正常生活軌道指明了方向。

在中央的堅定支持和愛國愛港市民熱切期盼下，行政長官林鄭月娥帶領特區政府管治團隊，以"志不求易、事不避難"的精神，不退縮、不動搖，盡心盡力為香港服務。一方面果斷加強執法，止暴制亂，讓香港社會儘快回復正常秩序；另一方面拓展對話平台，積極與各界溝通，制定紓解民困的優惠政策，逐步扭轉了混亂局面，香港一步步迎來止暴制亂、恢復秩序的勝利曙光。

特區政府不斷加大依法打擊和懲治暴力犯罪的力度。針對暴力分子企圖借蒙面逃避法律制裁，10月4日，行政長官會同行政會議，根據《緊急情況規例條例》訂立《禁止蒙面規例》，用法律手段有效打擊犯罪，收到明顯的震懾效果。特區政府組建了一個跨部門行動小組，統籌相關決策局和部門監察、應變、善後等工作。政府各紀律部隊派出精兵強將充實警察隊伍，加強警隊執法力量，支持警隊依法止暴制亂；地政總署、路政署、食環署等聯合執法，全面清理各地"連儂牆"，讓被干擾破壞的道路重新開通；政府對公務員違法零容忍，嚴肅處理因參與違法公眾活動被捕的公務人員；教育局指示官立中學採取措施阻止學生參與違法活動，依法取消參與暴力活動老師的教師註冊。

在修例風波蔓延過程中，作為社會秩序的守護者，香港警方始終承受著巨大的壓力。面對暴徒喪心病狂的恐怖行為，警方進一步加大執法力度，採取主動出擊的策略應對暴徒，在"721"港島區及元朗、"831"銅鑼灣及灣仔等暴力事件中，抓捕了一大批涉嫌襲擊警察和市民、非法持有武器、毀壞公共設施的人士，有效打擊了暴徒的囂張氣焰。對於反對派提出的一些"遊行示威"申請，警方明確發出反對通知書，防止"遊行示威"演變成暴力活動。警方根據《公安條例》，新委任一批懲教署人員為特務警察，增加警方人手和力量。警隊加強了裝備配置，為總區應變大隊和刑事應變小隊人員分發了新型防護面罩，出動水炮車及銳武裝甲車。據香港警務處處長鄧炳強介紹，去年 6 月至今年 1 月 22 日，共有 7,019 人因"修例風波"被捕。

司法的震懾力也顯現出來。在以上被捕人士中，1,092 人被起訴，547 人被控暴動罪，大部分案件仍在司法程序當中，其中 38 人被定罪，12 人被判監，2 人因攜帶汽油彈被判監。高等法院拒絕多名因涉嫌襲警、管有攻擊性武器等被捕人士的保釋申請，去年 10 月 13 日在香港將軍澳遊行示威期間攜帶汽油彈的一名 22 歲男青年被判處監禁 12 個月。曾在屯門大會堂外點燃國旗的女童被屯門裁判法院少年庭判 12 個月感化令，兩名 15 歲青年因破壞輕鐵設施被判入更生中心及向香港鐵路有限公司賠償 28 萬港元等。為應對嚴重擾亂機場秩序的非法聚集，法庭頒發了機場臨時禁制令。這一系列判決讓廣大市民拍手稱快，有效維護了法治的權威，體現了公平正義。

對於這次修例工作中存在的不足，特區政府做了認真總結和深刻反思。林鄭月娥多次謙卑地表示，她不斷深切反思，亦請教了不少來自不同背景、不同政治立場人士，耐心地聆聽他們的意見，希望能夠走出今日香港這個困局。特首率先改革政府施政作風，與政商界、社福界、教育界、學術界、專業界別等人士交換意見，進行了超過一百場深度對話，更開放、更包容地聽取民意。9 月 26 日，特區政府舉行"社區對話會"，林鄭月娥及四名局長與 149 名市民進行對話交流。"今次是首場對話，希望將來會再有""對話不是公關秀，而是尋求改變"。

面對滿目瘡痍的香港經濟，特區政府於 2019 年共出台了四輪恢復經濟、紓解民困的政策，以緩解中小企業和普通市民的經濟壓力，涉及金額共計超過 250 億港元。今年 1 月，行政長官再公布 10 項涉及民生的新政策，以大力提升對基層和弱勢社群的支援。在 2019 年 10 月 16 日發表的題為"珍惜香港 共建家園"施政報告中，特區政府提出 220 多項惠民新措施，包括房屋、土地供應、改善民生和經濟發展四大方面，展現了勇於擔當、積極作為、著力解決深層次問題、努力改善民生的決心和意志。

另一場子虛烏有的"修例風波"

一個圍繞《逃犯條例》修訂的法律事件最終演變成一場持續大半年的黑色暴亂，反對派造謠煽惑、顛倒黑白的慣用伎倆難辭其咎，而且隨著街頭"修例風波"發展而大行其道，愈演愈烈，層出不窮。他們在反對派媒體大量編織謠言，一個謠言利用殆盡又再拋出一個新的謠言，用各種移花接木、指鹿為馬、杜撰虛構、無中生有的方式煽惑市民、混淆是非，編造出了另一場子虛烏有的"修例風波"。

恐嚇誤導，挑動民情。散布謠言，恐嚇市民，進而利用社會恐慌心理進行誤導，是反對派慣用的操作，在"修例風波"期間，恐嚇性謠言為數不少，不僅催化了"修例風波"的產生，還給社會帶來了極大不穩定。如在《逃犯條例》修訂之初，因其屬於嚴肅專業的法律問題而具有一定複雜性，反對派便利用市民對修訂內容的不清楚，以及對內地法治環境的不了解，大力開動文宣機器製作和散播謠言，把一個填補法律漏洞的修訂從一開始便抹黑為有惡毒諧音的"送中"修訂，繼而不斷散播所謂港人會被隨意拉回內地受審，借修訂沒收港人財產，修訂將造成香港市民人人自危等謠言，即使在特區政府宣傳解畫之後，反對派也仍然刻意誤導，其目的顯而易見，就是不讓社會理性認識修例，而是不斷用謠言和恐懼來誤導市民，挑起民意對政府的反彈。在反對派恐嚇下，相當一部分市民相信了謠言，走上了街頭。

而在 2019 年 8 月 2 日，當中環發生一部分公務員集會事件時，便有謠言傳出，表示特區政府將會以此為由申請駐港部隊對香港實施戒嚴，並清理歐美國家駐港總領事館人員和持有美國、英國護照人士。謠言引發了一定恐慌。特區政府第一時間澄清純屬謠言，外交部發言人華春瑩在記者會上也反駁了這一謠言，指有關謠言用心險惡，想製造恐慌。

顛倒黑白，煽動對立。把正義抹黑為邪惡，把犯罪包裝成高尚，是反對派常用的造謠手法。2019 年 7 月 21 日，隨著黑衣暴徒非法衝擊事件愈演愈烈，大多數愛國愛港的元朗鄉民自發組織捍衛家園行動。當晚，暴徒衝擊了中聯辦之後，一些非法示威者來到元朗，與元朗鄉民發生衝突。衝突事件被反對派大肆炒作為黑社會毆打平民事件，並稱警方與黑社會勾結，所以報警後一直"不見人"，到事件尾聲才姍姍來遲。然而，有報道指出，經過對現場多個視頻分析，反對派議員林卓廷當晚帶領黑衣暴徒挑釁，是造成 721 事件的主要原因。不過，在反對派強大文宣平台的炒作放大下，721 事件變成了所謂"警黑勾結，毆打平民"的轉折性事件，進一步煽動了一批市民與警察的對立情緒，助長了仇警歪風。

又如，反對派示威者通過惡意修改視頻顛倒黑白。8 月 25 日下午，警方與一些暴力示威者在荃灣楊屋道與大河道交界對峙時，有示威者曾經向警方投擲汽油彈。但是反對派示威者卻發布了一段指控警方使用汽油彈的視頻。然而通過比對原始視頻，可以很清楚看到汽油彈是從示威者扔向警方的。在事實面前，謠言不攻自破。而引用該惡意刪改視頻而發布假新聞的美國媒體 CNN 最終也作出了道歉。

黑色暴亂中，暴徒們喪心病狂，肆意打砸焚燒，警隊為維護社會秩序，在充分警告後，不得不使用適當武力制止，在一些事態嚴重的場面使用催淚彈、布袋彈、橡膠子彈等非致命性武器，以及作出迅速拘捕行為，一切做法都符合程序規定。然而，反對派將警察使用任何武力都炒作為"濫權""警暴"，甚至當落單的警察被暴徒圍攻襲擊而不得不掏槍自衛時，都被立即用上"開槍恐嚇""實施屠殺"等聳人聽聞的字眼，10.1 荃灣開槍事件與 11.11 西灣河開槍事件，均是如此。通過幾次開槍事件的炒作，把警察形象妖魔化為"暴力執法""濫殺無辜"。與之相反，暴徒的所有非法行為，都被包裝成"義行"，被逮捕的暴徒稱為"義士"，是"真香港人"。反對派就這樣在大量文宣中顛倒黑白，把正義的警察塑造為市民的敵人，把真正的犯罪分子美化成"香港之子"，加劇了社會撕裂和對立。

杜撰虛構，無中生有。反對派為了造謠不擇手段，憑空捏造莫須有的事情，說得有聲有色，即使有明確證據證偽也我行我素，說白了一切均是為亂港活動張目。

迄今已有半年之久的 831 太子站"打死人"事件是最離譜的一個謠言。坊間一度充斥多個"警察打死人"的傳言版本，一時稱"太子站有 6 人斷頭死"，一時謂"3

名重傷者不知所終""遺體放於廣華醫院殮房",更有所謂"死者朋友""殮房職員""醫護人員"在網上分享層出不窮的"消息",聲稱"連死者家屬也人間蒸發"。無視警方、消防、醫管局等部門相繼聲明當日站內並無死亡事件,各部門也將自己部門工作過程按照時序公開,還原真相,但反對派示威者仍在港鐵出口長期設"靈堂"、藉機煽動仇警情緒。甚至在一家傳媒採訪了47名被捕者,其中包括了6名網傳的"遇害者",證實這些"遇害者"均在清醒狀態下被送往醫院或警署後,謠言本該不攻自破的,但是直到不久前,在831太子站事件剛好發生半年,示威暴徒仍是藉"紀念"之名進行非法集結,打砸堵燒故技重施。

另一離譜的傳說就是新屋嶺扣留中心的所謂性侵事件。"修例風波"中被捕的一些人被扣押在新屋嶺,為醜化警隊、強化悲情色彩,反對派杜撰了一系列虐待和性侵故事在各個社交媒體傳播,一些所謂"受害人"甚至公開發聲。在香港中文大學一場校長學生對話會上,一名號稱曾被關押在新屋嶺的吳姓女生上台發言,激動地"指控"警方對她本人及其他被捕者使用"性暴力"。次日,該生又改口稱是發生在葵涌警署。但蹊蹺的是,別人讓她去報案,她卻找各種藉口不去,前言不搭後語,疑點重重。而其他新屋嶺"受害人"和"受害事件"更是難覓蹤跡,難找證據。儘管如此,一些"有心人"也仍然在傳說著新屋嶺的荒唐故事,煽動著反政府、反警隊的仇恨情緒。

歪曲事實,篡改真相。誇大遊行人數,是反對派歪曲事實真相的常用手段。去年6月9日的反修例遊行,警方單計最高峰期,算出有24萬人參與,主辦者民陣則說全程有103萬人。若真如民陣所言,香港700萬人口,撇除年長或太年幼走不動的,大約每5個人之中就有一個去遊行。根據雷鼎鳴教授的科學計算,這意味著從遊行出發點到終點的這段距離,每平方米要容納多達22人,這符合常識嗎?而6月16日的反修例遊行,民陣號稱200萬零1人參加,警方數字則為33.8萬。

暴徒在多場非法衝擊中,激光筆、鐵通、彈弓、弓箭、汽油彈等攻擊性武器應有盡有,然而,反對派的文宣還是要把這些暴徒塑造為"手無寸鐵"的和平示威者或"路過的街坊",以博取社會同情。反對派某報辯稱非法示威中被捕的暴徒只是"沒有裝備的年輕女子",結果自己的照片卻顯示該女子手持激光筆;記者明明目擊數百暴徒揮舞刀、棍、鐵枝襲擊6名警員,但在警察自衛後,記者卻只把鏡頭對準警察,報道上輔以斥責謾罵。

"爆眼少女"可説是歪曲造謠的經典案例。事緣 2019 年 8 月 11 日一名參加尖沙咀暴力示威的女子右眼受傷,示威者隨即大做文章,在網上斷言該女子是被警方發射的布袋彈打穿眼罩所傷,更傳出所謂"爆眼""永久失明"等不同描述,又在短時間內製作形形色色以"爆眼少女"形象作主題的海報和圖案,宣揚"以眼還眼"極端口號,由此煽動了一系列各種規模形式的反政府反警察非法行動。8 月底自稱是"爆眼少女"的女子更"親自"拍片,譴責特區政府及警隊,並在片中呼籲搞事者繼續對抗特區政府,鼓吹仇警情緒。而由於片中人全程蒙面變聲,當時已有不少人質疑片中人是否是女事主本人。事實上,該女子受傷真相至今撲朔迷離,從未有確切證據顯示為警方所為,更有網民質疑該女子是被示威者用彈叉發射鋼珠所誤傷。而警方在事發後不止一次呼籲受傷女子報案,以第一身講述受傷經過,協助警方及社會大眾了解真相。但女子由始至終未有理會,如果有真憑實據是警方所傷,"爆眼少女"為何至今不公開真相、不追究警方責任,反而千方百計甚至申請法院干預阻礙警方向醫管局索取資料?雖然事有蹊蹺,背後的鼓動者仍然繼續以"還眼"為口號,鼓動示威者上街,煽惑示威者攻擊警察。

　　移花接木,信口雌黃。反對派為造謠穿鑿附會,不講常識,不顧倫理。最近,西貢有縱暴區議員動議把將軍澳公園更名為陳彥霖紀念公園,以此"紀念""被警方殺死"的 15 歲少女陳彥霖。然而,陳媽媽何女士以公開信的方式表示,不要再借女兒之名進行政治消費。最終,區議會未通過該動議。事源 2019 年 9 月 22 日,15 歲少女陳彥霖屍體被人發現漂浮在油塘海面。警方檢驗後發現無性侵無他殺證據,列為自殺案處理。而陳彥霖媽媽何女士也明確表示其女兒有情緒問題,一再強調這是一宗自殺案,不是他殺,望公眾不要渲染事件,讓家屬撫平傷痛。然而反對派為達政治目的,不惜扭曲真相,不停炒作及消費受害人,硬說陳彥霖因為參與反修例示威而被警方"性侵後殺害"云云,又指控警察"殺人滅口",完全罔顧家屬的感受。然而陳彥霖就讀的知專學院公布監控顯示,陳彥霖自殺當晚精神恍惚,將自己的財物放在校園內,赤腳經過停車場出入口的行人道,向海濱公園走去,疑從那裡墮海自殺。

　　不過,反對派網民發揮"想象力",造謠指知專公布的片段中出現的一名男路人是警員,他"可能"尾隨並"對陳不利"。但校方隨後補充的一段加長版影片則明確顯示,陳彥霖是獨自步出升降機,該名男路人則依然留在升降機內,他 20 秒後到其他樓層才離開。

　　另一樁連月來不停炒作的非正常死亡事件是周梓樂事件。指的是 2019 年 11 月 4 日將軍澳示威衝突時，22 歲香港科技大學學生周梓樂從尚德邨停車場的三樓跌下二樓重傷，延至 11 月 8 日 8 時不治的事件。和陳彥霖事件一樣，周梓樂事件也被炒作為警察逼害致死。然而沒有任何證據表明，是警方導致周同學的死亡。彭博社《假新聞和謠言如何在香港煽動分裂（How Fake News and Rumors Are Stoking Division in Hong Kong）》一文中指出，以周梓樂墮樓一事為例，不幸發生後，許多群組討論和社交媒體上出現發文稱，周梓樂是被在附近用催淚彈驅散示威者的警察追趕，甚至可能是被警察推下樓；還聲稱周梓樂本可以獲救，但被警察阻攔救護車、拖延搶救時間等等。該文指，這些謠傳毫無根據，警方也已明確否認曾追趕周梓樂，以及包括南華早報在內的不少主流新聞媒體都表示此事相關細節仍待查證，但數百名暴徒仍借周梓樂之死與警方發生衝突。可以看出，示威者是不用講理不用證據的，只要這個事件能炒作起來就好。

　　除以上兩宗影響較大的事件外，反對派還將多宗自殺個案誣稱為"被自殺"，有人甚至到現場拍攝，更將相片上載上網，進行造謠散布，聲稱死者並非自殺，而是被警方殺死，又批評警方沒有做好調查工作就草率將案件定性，影響極其惡劣。

　　斷章取義，指鹿為馬。聖誕節期間，公民黨主席梁家傑在其臉書帳號發布一張相片，顯示一位身穿聖誕紅裙的女童抬頭望著數名防暴警察，他說："要為相片中的女童和她的一代，取回免於恐懼被剝奪人權和法治的自由和生活方式。"然而真相是，平安夜當日，一群防暴警察在尖沙咀海港城外守護市民，阻止暴徒搞亂，其間有一群慶祝佳節的小朋友與警察合照，場面溫馨。梁家傑斷章取義，弄虛作假，裁去警員與民同樂合照的場面，獨留女童凝望防暴警察的畫面，肆意曲解這張溫馨的相片。他還"靈感"大發，以中英文聲稱香港人就是要為相片中穿著聖誕紅裙的小女孩和她的一代爭取自由。這幅"造假"相片就這樣在社交媒體瘋傳，九龍城縱暴區議員曾健超更為圖片配上"殺人魔警"文字，煽動仇恨。大批心明眼亮的網民及時還原相片的場景，留言踢爆政棍的大話。香港警察亦將梁家傑的截圖與真實圖片並列，謠言不攻自破。

　　更早還有一則謠言是說，2019 年 7 月 14 日，警察進入沙田新城市廣場清場時，正在驅趕一名父親和他的女兒。事情真相是，警察進入商場追捕暴徒，大批暴徒從高處投擲雜物攻擊警察，嚇得現場市民四散奔逃，一名爸爸帶著 3 名女兒，在一名防暴警察的掩護下急步離開。該名爸爸事後主動在社交網站報平安，並特別感謝護送他們的香港警察及記者，讓他們得以安全返回酒店，又指 3 名女兒的身心都沒受到影響。但該起事件卻被反對派利用造謠，有"港獨"組織在社交網站上貼文稱警察"追打"市民，"細路都唔放過"云云，甚至改圖稱其為"屍殺商場"，企圖挑撥市民對警察的不滿情緒，手段極其卑鄙。

偷換概念，倒果為因。反對派善於玩弄語言偽術，只要能服務於目的，而不管其中的邏輯是多麼的混亂。《逃犯條例》修訂草案雖有一定複雜性，但如果真有關注，對於"誤墮法網"可能性、"移交"的條件、"雙重把關"等基本擔憂還是容易釋疑的，然而反對派偷換概念，以"送中"二字一言以蔽之，一部能完善香港法律制度的法律修訂，就這樣被妖魔化了。過去數年我們看到，從 2003 年反 23 條立法開始，到 2012 年的"反國教"，再到 2014 年非法"佔中"時的所謂"真普選"，都是在偷換概念，簡化關鍵，製造口號，形成一種"真相錯覺"。

倒果為因的最典型的案例就是，渲染催淚彈對環境帶來的污染，以及對人體帶來的傷害，看似環保民生議題，實則用心險惡，目的是讓公眾把目標都對準警察。這一語言偽術稍加推敲便不攻自破，如果沒有暴力衝擊、沒有大肆破壞，怎麼會有包括催淚彈在內的適當武力的使用呢，沒有暴徒，就沒有暴亂，就不用止暴制亂。沒有汽油彈，哪來催淚彈？

製造"烈士"，消費死者。悲情往往最能製造凝聚力，反對派要把"修例風波"鬧大，就必須打出悲情牌，但悲情是否夠悲，就要看是否能出現"烈士"。香港警察堪稱世界上最文明最克制的警察，大半年的"修例風波"過去，至今未有一名示威者直接因衝突死亡，沒有死人，就沒有悲情的劇本。但是，沒有"烈士"，可以製造"烈士"，現實的非正常死亡者、自殺人士，便成了反對派著力渲染的對象，一方面是打擊抹黑警隊的需要，另一方面是尋找適合凝聚悲情的目標。陳彥霖、周梓樂，再加上更早前在太古廣場跳樓自殺的梁姓男子，都被反對派包裝成有名有姓的"烈士"，然後進行政治消費，啃人血饅頭，全然不顧在世者家屬的感受。更有甚者，反對派通過炒作 831 事件和新屋嶺傳說，虛構了一批無名無姓無親無友的真空"烈士"出來，每天設置靈堂供拜，成為源源不斷的精神寄託。

"修例風波"重創香港影響深遠

持續逾半年的"修例風波"，因其持續時間久、波及範圍廣、破壞力度大，對香港社會各個領域都產生了深遠影響。

一、"修例風波"推高香港政治氛圍。

"泛政治化"是香港社會近年來的一個突出特徵，所謂"泛政治化"，就是不單在政治議題上出現嚴重的分歧和對抗，而且兩派的對立蔓延至非政治議題，尤其是民生建設、經濟發展的議題上，令惠及整體社會利益的項目總是一拖再拖，議而不決。在議會內，"拉布"成為新常態，並成為部分激進議員的遊樂場；在議會外，不論政治抑或民間團體，都傾向較為激烈的抗爭，有時甚至為求一己私利不惜阻撓有益民生的議案，或是小事化大，將無關痛癢的問題發酵成社會大事，令問責官員及各政府部門疲於奔命，無法集中處理其他更為逼切的政策。

自"修例風波"以來，暴徒行為日趨激進，遍地開花，令香港"泛政治化"氛圍更加激烈，一切都以政治立場為先，經濟、民生發展等議題被拋在一邊。香港經濟、民生工作幾乎處於停滯狀態。政務司司長張建宗曾發表網誌表達了對立法會內務委員會工作完全停擺的擔憂。不僅立法會，港府諸多部門的工作乃至企業、商舖經營等都因這次風波受到很大阻礙。如果繼續困於這樣的政治化漩渦之中，不能儘快走出風波，香港前景只能越來越暗淡。

這種"泛政治化"的影響最突出地表現在 2019 年底的區議會選舉中。長期以來，建制派扎根社區服務基層，敬業奉獻深得民心，在每次區議會選舉中都得到廣大選民支持，取得佔據多數的議席。論地區服務，反對派難以望其項背，如以政績論輸贏必敗無疑。因此，為達到區選奪權的圖謀，反對派無所不用其極，除了操弄區選政治化，妄圖收割動亂的政治"果實"外，更充當"縱暴""煽暴"派，將黑色暴力延伸至社區，干擾破壞建制派的區選工程。隨著區選日益臨近，黑衣暴徒針對建制派和市民街坊的衝擊越來越多、不斷升級：不僅大肆打砸建制派地區辦事處，還恐嚇建制派候選人，阻礙他們與街坊接觸及提供服務，甚至以暴力威脅支持的街坊。黑暴肆虐，建制派的區選工作完全不能正常開展，區議會選舉的安全、公平、公正受到嚴重衝擊。在這樣的選舉環境下，建制派最終高票失利，失去了全港 17 個區議會的主導權。在反對派搶奪的 389 個議席中，有 250 多名為 40 歲以下，接近 7 成，其中以"光復香港、時代革命"或"五大訴求、缺一不可"為政綱的不下百人，年齡最小的一批只有 21 歲的 6 名反對派參選人全部成功當選，他們均獲得宣傳錯誤政治主張的建制平台和資源，進一步給香港政治的未來發展帶來潛在的破壞性。

二、"修例風波"重創香港經濟民生。

香港經濟在 2019 年遭受到"內患"和"外憂"夾擊而陷入十年來的首次負增長，2020 年 2 月 3 日香港特區政府公布，2019 年第四季經濟增長（GDP）按年跌 2.9%，去年全年則按年收縮 1.2%，是 10 年來首次錄得收縮。而"修例風波"是引發經濟衰退的主要誘因。

政府經濟顧問辦公室報告顯示，"修例風波"對訪港旅遊業及與消費相關的經濟活動，造成極為沉重的打擊。根據粗略推算，2019 年第三季經濟按年負增長 2.9% 的其中約兩個百分點，相信可歸因於這些行業所受到的衝擊。對零售、餐飲和酒店業，以及訪港旅客的其他消費開支，以 2018 年價格計算可能造成的經濟損失高達 150 億元（港幣，下同）。

透過比較政府統計處 2019 年第二季和第三季的數據，政府經濟顧問辦公室估計，"修例風波"令零售業銷售總量、食肆總收益及酒店業收益，分別在第三季額外損失大約 15、11 及 18 個百分點。訪港旅客人次由 2019 年第二季按年上升 10.9%，急轉至第三季按年下跌 26%，亦令訪港旅客的消費開支於第三季急跌。

綜合以上觀察，政府經濟顧問辦公室粗略推算，修例風波在 2019 年第三季對零售、餐飲和酒店業，以及訪港旅客的其他消費開支，可能造成的經濟損失分別為 73.8 億元、30.1 億元、17.8 億元及 26.2 億元，合計約為 147.9 億元（以 2018 年價格計算），約相當於 2018 年第三季本地生產總值（GDP）的 2%。

歷時半年多的"修例風波"，令香港旅遊業嚴重受創，服務輸出急劇惡化，內部消費和投資需求也明顯轉弱，對本已受全球經濟放緩和中美貿易摩擦影響而轉弱的本地經濟打擊沉重。

三、"修例風波"毒害香港青年學生。

青少年是香港的未來、香港的希望。這一次圍繞修例鬥爭，不少香港青少年因為愛護香港、關心社會，被反對派騙上街頭，令人痛心。在香港街頭"黑色恐怖"的侵襲下，寧靜的校園正在淪為充斥暴力、謊言和欺凌的"重災區"。

香港公開大學在舉行校長學生閉門對話會時，一群黑衣蒙面學生"圖逼校長跪低"，"指令"校長公開譴責警方濫暴。拿校長做"人質"，把談話當"通牒"，輕則侮辱謾罵，重則打砸縱火，這股暴力"黑旋風"迅速席捲了不少香港高校：知專設計學院院長在"對話"中身體不適，一些學生竟然圍困救護車阻止求醫，隨後闖入院長室和教職員室大肆破壞縱火；不斷逼迫港大校長譴責警方，不達目的就圍堵校長室，噴塗污言穢語，用垃圾雜物堵住大門。這分明是以對話為名，行欺凌之實，逼迫師長說違心話、做違心事。當街頭暴力蔓延腐蝕校園，當恐嚇羞辱的病毒在校園肆意擴散，昔日人所讚譽的大學聲望受損，眾多學子無辜受苦。

更令人痛心的是，這群年輕人踏進陷阱而不自知，被人利用卻不自明。被"違法達義"的歪理所蠱惑，被處心積慮的各種謠言所蒙蔽，被別有用心的挑撥所愚弄，這些自以為是的年輕人價值錯位、因果顛倒，完全陷入了自我迷失。香港反對派惡意挑唆、居心叵測，用謊言和仇恨煽動年輕人走上暴力犯罪的不歸路。香港警務處處長鄧炳強於今年 1 月 22 日表示，去年 6 月至今，共有 7,019 人因修例風波被捕，其中有 2,847 人報稱為學生，佔整體 4 成。

另一方面，"修例風波"也給青少年帶來精神上的衝擊與壓力。精神健康委員會委員、香港大學醫學院精神醫學系系主任陳友凱表示，該委員會隨機調查了 380 名社區年輕人，發現 14.7% 人出現主要抑鬱症徵狀。他表示，青少年受到了反修例事件影響。委員會比較其他國家和地區數據，指香港青少年患抑鬱的情況嚴峻，日本、韓國、新加坡及內地的青少年抑鬱患病率為 3% 至 4%，即香港近來的比率，比這些地區高逾兩倍或以上。

四、"修例風波"衝擊香港法治精神。

法治一直是香港引以為傲的核心價值。但"修例風波"中，黑暴分子攻擊警察成為司空見慣的事情，令法治的權威遭受嚴重動搖。

"修例風波"對暴力的解禁與放任，已達到了無法無天的地步，種種駭人聽聞的惡行、犯罪一次次上演，非理性的瘋狂完全視法律為無物。必須指出，如此亂象不僅將對香港的經濟和安全帶來直接損害，更為長遠的負面後果在於：以一己私念取代社會契約的心態，勢必在人們內心埋下"禮崩樂壞"的種子。

香港警務處處長鄧炳強 3 月 2 日會見傳媒時表示，香港 2019 年的罪案較 2018 年上升 9.2%。鄧炳強說，香港去年的罪案有 59,225 宗，比前年上升 9.2%。其實香港去年上半年的罪案比 2018 年同期下降 4.7%，但很可惜由 7 月開始的暴力事件和一連串違法行為不單抵消上半年下降的罪案，更令全年的整體罪案有所上升。他擔憂"修例風波"中的暴力事件讓部分年輕人守法意識薄弱，日後或變成法治的災難。

五、"修例風波"動搖香港國際形象。

連續不斷的暴力衝突、毀壞商店及公共設施等行為，不但打擊經濟，也影響香港作為安全的商貿、金融中心的國際形象。

財政司司長陳茂波在去年 11 月 3 日的網誌中表示，上周到英國倫敦訪問時與當地政界、金融監管機構、商界及創科界人士會面，不少與會者因香港亂局而取消近期的訪港行程、暫緩在港投資計劃，他們都憂心忡忡地問香港暴力動盪的情況何時能平息。可以說，一再發生的暴力事件已大大影響了投資信心。在 12 月 15 日的網誌中，他進一步表示，憂慮明年全球經濟增長若比預期快，香港未能擺脫暴力和癱瘓的陰霾，令國際投資者失去等待香港復原的耐性，而轉到區內或內地其他城市開展或擴展業務。另外，主辦大型國際會議、展覽和盛事等的單位，若因香港社會動盪因素，轉到其他城市舉辦活動，香港將不只是失去過去半年或明年的潛在收益，還要承擔他們一去不復返的風險。

"後修例時期"香港的期盼與責任

當前，"修例風波"暫告一個段落，香港進入"後修例時期"，但形勢依然不容樂觀。如今黑衣暴徒雖已如秋後螞蚱，掀不起什麼大風浪，但在新冠肺炎疫情危及香港市民健康、社會各界團結抗疫之際，個別泛暴派卻藉機興風作浪：他們煽惑群眾集會堵路，全然不顧人群聚集會加劇病毒傳播風險；在抗疫關鍵時期操弄醫護罷工，雖然最終在各界譴責和大多數醫護抵制之下狼狽收兵，卻已給病患和醫護同僚造成不小負面影響；更有甚者，枉顧人命接二連三製造爆炸品案，包括在人流密集的港鐵羅湖站放土製炸彈；2 月 29 日晚，又有 200 多名暴徒於旺角多處縱火、投擲汽油彈，更一度追打落單警員……"修例風波"已然重創香港經濟、嚴重影響市民生活，1 月份香港零售總額同比下跌了 21.4%。突如其來的新冠肺炎疫情更是令中小企業和基層市民境況雪上加霜。香港的家底雖厚，卻也再經不起折騰了。珍惜香港這個家，是所有真正關心香港、愛護香港的人的共同心聲、共同期盼和共同責任。

在後修例時期，當務之急是依法懲處暴力分子，彰顯法治威懾力。從疫情期間泛暴派的表現看，他們在後修例時期仍會困獸猶鬥，暴力行為短期內恐難徹底根除。零星的暴力行為自然撼動不了香港的社會根基，但若不及時撲滅零星火苗，就有可能釀成火災，甚至形成破窗效應。相反，如果能夠及時從細微處著手，依法懲處輕微的違法行為，就可以防止從眾心理蔓延，從而形成良好的社會風尚。

依法懲處暴力分子，需要香港特別行政區政府依法施政。特區政府要特別注意不可縱容政治凌駕於民生，不能對泛暴分子抱有幻想，對疫情期間煽惑罷工的黑醫護要依法依規嚴肅處理，各項政策一定要以為了香港社會最大的福祉為目標，決不能受到泛暴分子要挾。

依法懲處暴力分子，需要香港警方嚴正執法。特區政府新一年度財政預算案中，警務處的預算較上年增長 24.7%，有關金額包括增聘 2,543 人以及增添專門器材，顯示出特區政府在補充警方執法力量、為應對長期零星暴力事件做了應有準備。未來還要繼續加強情報和刑偵工作，切斷泛暴派的違法資金鏈，儘量將暴力犯罪扼殺在暴力行為發生之前。

此外，還需要司法機構依法懲治暴力犯罪分子。在"修例風波"中已有超過七千人因涉嫌違法被拘捕，但目前只有逾千人被檢控，等候上庭應訊的案件還在"排長龍"。檢控周期過長，會導致人們遲遲看不到違法者受到制裁，造成"違法達義"受到默許的假象，給別有用心的人煽動犯罪留下漏洞。而加快檢控除了可彰顯法律尊嚴，還可以弘揚社會正氣。黎智英、李卓人、楊森等泛暴派頭目被檢控，就讓很多市民直呼"大快人心"。有立法會議員就建議特區政府可參考英國政府處理 2011 年騷亂的做法，設立 24 小時特別法庭，加快處理被捕人的檢控程序，增強阻嚇性，在後修例時期使止暴制亂事半功倍。

法治是香港社會的核心價值，執法不嚴則法治不彰，法治不彰則毒瘤難除。一方面，我們一定要讓違法者儘快付出法律代價，弘揚社會正氣；另一方面，對被捕者中罪行較輕的初犯年輕人，要依法給他們改過自新的機會，有效維護法律尊嚴，在香港社會重樹法治精神。

要儘快降低社會政治熱度，將社會注意力轉向經濟民生。因受到"修例風波"和新冠肺炎疫情的雙重打擊，很多中小企業生存困難，不少基層勞工面臨失業，此時特區政府要在支援經濟發展、改善社會民生方面多調研、多出實招，令紓困措施儘可能惠及更廣泛的群體，同時著眼鞏固香港三大中心地位、加強國際競爭力，積極探討支持企業抓住國家發展機遇實現自身發展的政策措施，保持香港長期繁榮穩定。一些事關長遠的問題，如建立健全特別行政區維護國家安全的法律制度和執行機制，強化執法力量，已成為擺在香港特別行政區政府和社會各界人士面前的突出問題，必須積極創造條件著手解決。

要切實採取行之有效的辦法改善香港的教育、特別是中小學教育。在"修例風波"中因干犯香港法律被捕的七千多人中四成是學生，這其中6成是大專生、4成是中學生。特別是在刑事毀壞方面，2019年6月至7月暑假期間，只有5%的疑犯在18歲以下，而到2020年1月，差不多有一半疑犯在18歲以下。"修例風波"中更是暴露出不少教師行為不端，早前有警察確診新冠肺炎，有人毫無人性地彈冠相慶，其中居然還包括教師——孔聖堂中學署理副校長何栢欣在網上發帖，以"藏頭詩"咒罵"黑警死全家，一個都不能少"。面對這些事實，我們不得不承認，香港教育確實出現了問題。約束機制不完善、教師行業淘汰退出機制不健全、教育導向不夠明確，致使香港教育在國家意識、守法意識等方面存在明顯不足，這在"修例風波"中暴露無遺。亡羊而補牢，未為遲也。年輕一代是香港的未來，我們必須撥亂反正，大刀闊斧改革教育，堅決杜絕發生教師教唆學生仇視警察甚至上街參與暴力行為的荒誕現象。同時儘快推動國民教育進課堂進試卷進人心。增強國民的國家認同感是包括英美在內的世界各地的一貫做法，合乎港情世情，也是民心所向。

要積極化解香港社會深層次矛盾，保持社會和諧穩定。既然稱之為深層次矛盾，其形成定非一日之寒，化解矛盾也必定需要綿綿用力、久久為功。特區政府自成立以來，一直致力於解決土地、房屋、養老、扶貧、青年等社會深層次矛盾，這個工作還要繼續推進，而且要下更大力氣推進下去，越是在社會動蕩時期越是要堅定不移地推進下去。

"一國兩制"是解決歷史遺留的香港問題的最佳方案，也是香港回歸後保持長期繁榮穩定的最佳制度安排。正如新任香港中聯辦主任駱惠寧在2020年中聯辦新春酒會上所説："實踐告訴我們，'一國兩制'堅持得好，香港就能贏得發展機遇、獲得成長空間；'一國兩制'堅持得不好，香港就會紛爭不止、亂象不斷，最終危害的是絕大多數香港同胞的共同利益、根本利益、長遠利益。不管什麼樣的政治光譜，都應形成這樣的共識，認同一國、珍惜兩制，是香港同胞的福祉所繫，也是香港明天的希望所在。""沉舟側畔千帆過，病樹前頭萬木春。"我們相信，堅守一國之本、善用兩制之利，香港一定能夠再次出發，寫下"香港好、國家好；國家好、香港更好"的嶄新篇章。

目　　錄

第一章

一宗慘案引發的風波

《逃犯條例》修訂緣起

2018 年 2 月 17 日

　　香港人潘曉穎與陳同佳以情侶關係前往台灣旅遊。因在酒店發生爭執，陳同佳勒斃潘曉穎，將其屍體棄置後潛逃回香港。

2018 年 3 月 13 日

　　陳同佳在香港因被捕，承認殺害潘曉穎及棄屍、用潘曉穎提款卡盜取現金等罪行。

2018 年 12 月 3 日

　　經過長達 8 個多月的偵辦，台灣士林地檢署正式通緝陳同佳，時效長達 37 年 6 個月。

2019 年 2 月 12 日

　　保安局邀請公眾就修訂《逃犯條例》提出意見。截止 3 月 4 日，共收到超過 4,000 份書面意見，其中約 3,000 份支持。

2019 年 2 月 15 日

　　保安局向立法會提交建議，修訂現有《逃犯條例》及《刑事事宜相互法律協助條例》，以個案形式移交逃犯，從而令陳同佳在台灣接受謀殺罪指控。受害者家屬表明支持，希望還死者公道。

2019 年 4 月 3 日

　　立法會就修訂《逃犯條例》展開首讀和二讀，反對派議員多次以點人數及規程問題等方式"拉布"拖延。立法會主席梁君彥宣布議案完成首讀及二讀辯論中止待續，將交由內務委員會決定是否成立法案委員會審議。

2019 年 4 月 12 日

　　立法會內務委員會決定成立法案委員會審議《逃犯條例》草案。

| 2019 年 4 月 17 日 | 《逃犯（修訂）條例草案》法案委員會舉行第一次會議，民主黨議員涂謹申主持會議。由於反對派"拉布"，會議未選出委員會正副主席。 |

2019 年 4 月 29 日　高等法院就陳同佳四項洗黑錢罪，合共判刑 29 個月，最早可能在 10 月獲釋，其涉嫌的謀殺罪未涉及。

2019 年 4 月 30 日　《逃犯（修訂）條例草案》法案委員會舉行第二次會議，涂謹申繼續擔任主持人。反對派再次瘋狂"拉布"，會議仍未選出委員會正副主席。

2019 年 5 月 6 日　《逃犯（修訂）條例草案》法案委員會舉行第三次會議，會議改由建制派議員石禮謙主持。反對派一方面搗亂正常會議，令會議無法進行；另一方面開"山寨會議"，企圖自行另造"定局"。

2019 年 5 月 11 日　石禮謙按照立法會內務委員會指引，舉行《逃犯（修訂）條例草案》法案委員會會議，選舉委員會正副主席。會議遭到反對派議員強行阻撓，場面一度嚴重混亂，最終導致流會。

2019 年 5 月 14 日　《逃犯（修訂）條例草案》法案委員會舉行第四次會議，反對派重演瘋狂"拉布"伎倆。會議主持人石禮謙宣布，因環境惡劣結束會議，會議仍未選出委員會正副主席。

2019 年 5 月 16 日　建制派和反對派各派四位議員代表舉行協商會議，商討化解困局。但因雙方分歧嚴重，未達成共識。

2019 年 5 月 20 日　保安局根據立法會《議事規則》去信立法會內務委員會主席李慧琼，為修訂《逃犯條例》草案恢復二讀辯論作準備，以期在 6 月 12 日恢復二讀。

（摘自《紫荊》2019 年 6 月號）

逃犯若安身 大家難安心

本刊評論員

5 月 22 日，香港特區行政長官林鄭月娥出席立法會答問會時，批評部分議員邀外國介入修例，干預香港事務（圖：香港中通社）

　　去年 2 月，一對香港青年情侶赴台灣旅遊，女子遇害並被棄屍荒野，有力證據表明，其男友陳同佳為犯罪嫌疑人並已潛逃回港。由於台港之間尚無逃犯移交安排，無法移送陳同佳到犯案地台灣受審。受害家屬悲情求告，香港市民普遍同情，直接促發香港特區政府提出修訂《逃犯條例》及《刑事事宜相互法律協助法例》（以下簡稱“修例”），以堵塞法律漏洞，維護法治伸張正義。然而反對派卻因一己之私，竭盡所能瘋狂抹黑阻撓修例，甚至主動投靠國際反華勢力，引狼入室，妄圖拖垮修例。如果這些亂港禍港之流得逞，勢必造成大量惡性罪犯逃港匿港，嚴重威脅港人生命財產安全，香港隨時成為“罪惡之都”和“逃犯天堂”。

有罪必懲彰顯法治
確保市民安全安心

　　有法可依，有罪必懲，是彰顯法治的首要之意。然而，面對陳同佳台灣殺人案，雖然台灣方面已經發出通緝令，但兩地之間並無逃犯移交安排，又因司法管轄權的屬地原則，導致無法移送陳同佳到殺人案的發生地台灣。法治無法彰顯，罪惡無法懲治，這一案件以血的事實說明香港司法存在漏洞，修例勢在必行，刻不容緩。

香港市民團體"保公義撐修例大聯盟"表示，截至 5 月 22 日已收集到超過 40 萬名市民聯署支持修例

　　法治是香港的核心價值，按照"世界正義工程"發表的最新全球法治指數，香港秩序與治安位列全球第四，是全球最安全的城市之一。良好的法治是香港繁榮穩定的重要基石。特區政府修例，不僅是為填補法律漏洞，更為捍衛香港的法治與公義。可以想像，如果不修例，連類似陳同佳這樣的殺人疑犯都能安身香港，而毋須面對法律制裁，勢必吸引更多的重罪犯逃港避難，變相讓香港成為"避罪港灣"，對市民生命財產安全構成極大威脅，也嚴重損害香港全球安全城市的美譽。現代心理學研究表明，殺人犯等暴力刑事案罪犯再次犯罪的心理閾值較低，二次、多次犯罪的可能性極高，如果任其流落社會，後果不堪設想。因此，唯有修例，才能有效懲處觸犯嚴重罪行的逃犯，使逃犯在港無處藏身，確保港人安全安心。

移交逃犯國際通行
合憲合法合情合理

　　逃犯移交在國際上是通行做法，也有明確的相關國際規定。合作打擊犯罪是

反對派議員衝擊立法會，阻撓法案委員會正常開會

國際社會的共同需求，符合各方的共同利益。根據聯合國動議 45/116 及修訂動議 52/88，世界各國各地區有責任儘量完善有關移交逃犯之法例以達至有效打擊罪案發生。英國更於 2011 年發表了一個有關移交逃犯的報告，當中開宗明義指出移交逃犯是所有文明社會應有之義。不僅在不同國家間有移交（引渡）做法，同一國家的不同司法管轄區之間（如美國各州）也有移交做法，目的都是為了減少罪惡威脅，確保逃犯受到應有的法律制裁。

修例也完全符合香港基本法。基本法第 95 條規定，香港特區可與中國內地，澳門、台灣地區司法機關通過協商，依法建立聯繫和相互提供司法協助。此次修例，能夠填補司法漏洞，使特區可與中國內地，澳門和台灣地區依法移交嚴重罪犯。

修例對市民給予充分的人權保障。從修例內容來看，只為充分打擊嚴重犯罪、保障公共安全。守法的普通市民完全沒有必要擔心修例後會"誤墮法網"。修例條文明確規定"三不交"：政治犯不交、死刑犯不交、不符合兩地同屬犯罪不交。同時，特區政府通過一系列嚴格的限制措施保障犯人人權，所有移交要求均受到行政機關及司法機關雙重把關，並由香港法院最終把關，過程中所有的司法程式都公開、通暢。對於有人蓄意妄稱，修例會破壞香港新聞言論自由，更完全是子虛烏有。所有可移交的罪行都必須是《逃犯條例》修訂中訂明的 37 項嚴重罪行，無一項罪行與新聞和言論自由有關係。

反對修例用心險惡 愛護香港人人有責

修例可懲治犯罪，維護市民安全安心，卻完全不合乎反對派的"小算盤""小九九"。在反對派看來，如果香港好了，他們的恐嚇言論、欺騙伎倆就失去用武之地；只有香港亂了，他們才能渾水摸魚、亂中取利。因此，為反而反是其一貫的行動邏輯。為獲取年底區選甚至新一輪選舉的政治籌碼，反對派抓住修例大做文章，可謂"用心良苦"而無所不用其極：大肆散布歪理邪説，把修例妖魔化為"送中"，將全港 700 多萬市民"定性"為逃犯，散播"人人都可能是逃犯"的恐嚇性言論；在立法會瘋狂拉布，甚至暴力衝擊建制派議員和立法會職員，阻撓法案委員會正常召開會議；鼓動、欺騙市民上街遊行，圍堵行政立法機關，隨意誇大遊行人數，虛張聲勢。怎奈絕大多數港人早已認清反對派的險惡用心，不為謠言所惑，不為騙術所動。數十萬港人還公開簽名，堅決支持修例，珍惜並維護香港良好的法治環境，自覺維護港人的根本利益。

越來越多香港市民看清反對派真實面目，一些所謂的頭面人物無計可施，竟然冒天下之大不韙，公然投靠西方敵對勢力。李柱銘、陳方安生、涂謹申、李卓人、郭榮鏗等新老反對派頭目先後跑到美國、德國，上躥下跳，認洋主、告洋狀，置港人利益和國家尊嚴於不顧，乞求外國對香港實施制裁或限制。長期以來，西方敵對勢力一直著力把香港打造為分化中國的橋頭堡，頻頻對香港事務說三道四。當前，美國一些短視自利的政客，正在對中國發起貿易戰，妄圖扼制中國發展，急需尋找可用的棋子。香港反對派主動求上門去，自然和敵對勢力一拍即合。那些反華勢力跳出來對香港修例表示"關注"和"反對"，嘴上掛著關心香港是假，心裡想著破壞香港法治、向中國討價還價是真。每一個眼睛雪亮的香港市民，一定會對企圖搞亂香港的外部勢力堅決說"不"，那些"賣港求榮"的禍港亂港分子，也一定會被釘上不忠不仁不義的歷史恥辱柱。

修例定圭臬，香江揚正氣。廣大港人相信自己、相信特區、相信法院、相信法治，在特區政府努力工作和社會各界理性討論下，一定能消除疑慮，達成共識，共同維護香港在全世界範圍內的良好法治形象，共同維護香港在基本法保障下的繁榮穩定局面。🌸

（原文刊於《紫荊》2019 年 6 月號，本書涉及作者及提及的人物，均係原文發表時的身份及職務）

支持修例 堵塞漏洞 彰顯公義

文｜全國人大常委會委員　譚耀宗

譚耀宗

《逃犯條例》的修訂在社會上引起激烈爭論，立法會內更是出現了假法案委員會的鬧劇，香港市民也目睹了反對派議員為了阻止法案的審議而動粗，拖延一個多月，也無法選出主席。與此同時，反對派還不斷在社會上抹黑修例內容，試圖誤導市民認為修例將會威脅港人的人身安全和言論自由，其目的就是製造恐慌反對中央，攻擊內地司法制度，最終阻礙修例的通過。

我們明白《逃犯條例》修訂最主要目的是要彰顯公義以及堵塞漏洞。2018年2月的"陳同佳案"，由於疑犯在台灣殺人而逃回香港，香港法律對完全在境外發生的謀殺案無管轄權，因此疑犯在香港只能被控洗黑錢罪名，並且最快在今年10月出獄，從此逃脫謀殺罪的法律責任，正義無從彰顯。同時，由於現時只有20個國家和地區與香港簽訂了《逃犯移交》協議，那也就意味著如果有罪犯在同香港無簽移交協議的國家和地區犯案，卻以合法身份來香港，他就可以在香港生活。長此以往，香港將會成為逃犯天堂，這對香港社會構成重大威脅，我相信這是香港市民都不願看到的，所以儘快修例正是要杜絕這樣的情況發生。

而市民最關心的是修例的內容和程序是否公正。首先，本次修例中政府已經將相關罪行減少到37項，並且保證這些罪行都屬於最嚴重犯罪並且在香港均會被判刑三年或以上，所以守法市民都無須擔心自己"墮入法網"。其次，條例中規定了嚴格的移送條件，規定五大不會移交原則，即：不符合"雙重犯罪"不移交，"一罪兩審"不移交，涉及政治罪行不移交，基於種族、宗教、國籍或者政見而作出的檢控不移交，死刑不移交，而這些都是與國際原則相符。此外，在整個移交過程中，始終堅持行政機關與司法機關雙把關原則，由行政長官啟動移交程序，經法庭裁判，再由行政長官決定是否移交。疑犯可以向法院申請人身保護令，對行政長官的決定申請司法覆核，並上訴到終審法院，整個過程最大限度的保證移交程序的公正以及疑犯的人權。

由此可見，反對派的抹黑根本站不住腳。他們一直叫囂修例會打壓出版以及言論自由，然而在37條移交罪行中沒有任何一項是和出版以及言論自由有關的罪行，所以此言論純屬無稽之談。同時，移交的五大原則中已明確涉及政治以及宗教因素不移交，因此反對派所說的政治打壓根本不存在。

更值得我們警惕的是，本屬於香港事務的修例卻引來美國領事館的關注，反對派更借美國政府之力來反對逃犯條例，其目的就是藉機衝擊"一國兩制"，所以香港社會各界應該團結起來，支持特區政府的修例工作，維護香港引以為傲的法律制度，彰顯公義。

（原文刊於《紫荊》2019年6月號）

新社聯民建聯請願支持修訂《逃犯條例》，政府派出代表接收請願信

香港民間團體"保衛香港運動"約 30 名成員 2019 年 3 月 27 日遊行支持修訂《逃犯條例》

望《逃犯條例》早日通過修訂 讓公義得以顯彰

加拿大、美國、法國、西班牙和意大利都認為中國內地是可被接受的遣送逃犯的司法管轄區,為什麼香港卻認為內地不是?移交逃犯程序在香港按照香港法律進行,並非按內地法律進行,嫌疑人有充份的抗辯和提出反駁證據的機會。香港法官在國際上享有良好的信譽,司法水平高,獨立而公正。香港法治在亞洲和世界都名列前茅,我完全相信他們審判的能力,能夠給予逃犯充份的人權和法律上的保障。

文 | 香港　梁愛詩

梁愛詩（本刊記者 李敏聰 攝）

罪犯不應只因沒有移交協議而免受法律制裁

我首先想說的是,一個罪犯不應只因犯罪地與所在地沒有移交逃犯的協議而逍遙法外。如果他不能被繩之以法,不僅有違公義,而且還可能令香港被視為“逃犯天堂”,威脅香港的治安及市民的安全,也影響香港的國際形象。

還要說明的一點是,在境外犯罪的嫌疑人,很難在香港審判。畢竟,一個人的行為是否犯罪應以行為發生地的法律為標準。況且人證物證都在行為發生地,從取證的角度講也理應在當地被審判。除少數罪行外,香港沒有刑事域外司法管轄權,在香港審理域外發生的罪行不可行、亦不公平。

香港對外的刑事事宜協作制度一向以與其他司法管轄區簽訂長期合作協定為主要基礎。但就算兩地有移交逃犯協議,也仍須有法律作為依據,才可以令到在香港域外犯罪的人依法得到懲罰,這個法律便是《逃犯條例》。

香港與另一地區簽署長期移交逃犯協議,須經行政長官作出命令,立法會審議,才能按條例執行,一經通過,個別案件無需再由立法會審議。當然,在兩個司法管轄區互相保證的情況下,即使雙方沒有長期移交逃犯協議,行政長官也可以採取個案方式處理對方的移交逃犯請求。在香港與某地方之間的長期安排生效前,個案方式合作可作為臨時措施。但要知道,這種情況下,須獲得立法會以附屬條例方式批准,需時 28 至 49 天,在此期間不能臨時拘捕逃犯。而程序一啟動,案情無可避免要被公開,即使逃犯的個人資料被隱去,由於某些案情具有獨特性,也難免驚動逃犯,這 28 至 49 天的時間足夠逃犯逃至境外了。這就是為什麼，事實上，20多年來從未有一個個案申請成功。

回歸前通過的現行《逃犯條例》指明不適用於中國（即包括內地、澳門和台灣）地區。如果不修改條例，這些地區的罪犯就不能依法被引渡。這是我們的一個法律漏洞，必須堵塞。另一方面，現行法律程序證實行不通，必須有個快捷的辦法，無需預先通告就可把嫌疑人帶到法庭面前，不讓他有個逃跑的機會，現時建議由行政長官啟動移交程序，省去立法會附屬立法的時間，直接到法院，便是需要堵塞的另一個法律漏洞。

我們可給予嫌疑人充份的人權和權利保障

我們不能干預其他司法管轄區如何對待罪犯，但在決定是否移交逃犯時，可以在我們的制度下給予嫌疑人充份的人權和權利的保障。

現有《逃犯條例》已包含多項與人權有關的實質保障和程序保障。香港就移交逃犯及相互法律協助所採取的標準也符合司法互助的通行做法，并參照聯合國相關範本協定。比如，以下情況就不會被移交：該罪行不是在審判地和香港都構成犯罪；同樣的事實，起訴後已定罪或被判無罪；檢控目的是為政治打壓；檢控目的在打壓嫌疑人的種族、宗教、國籍或政見；罪犯是在未有審判前缺席被定罪等。且定明了嫌疑人不得被轉送其他司法管轄區。

在長期移交逃犯協議中，通常香港會加上一條，說明如嫌疑人遣返後可能被判死刑，香港保留不遣返權利，除非該地政府保證不會對他執行死刑。個案安排也將會有同樣條件。

在程序方面，所有移交請求必須通過三重主要的法定程序，包括就交付拘押進行公開法庭聆訊時會參考相關法例，審視每宗個案的證據和情況。當事人亦可在法定程序中要求上訴、司法覆核，申請人身保護令，並在有需要時申請法律援助以提出有關法律程序。

按照目前的草案，修訂後的《逃犯條例》會保留全部現有的人權保障和程序保障，而且還會增加兩項要求：一是控罪成立可被判處監禁至少三年；二是原條例附件一的46項罪行減少至37項，有9項罪行不會被移交，包括：破產法或破產清盤法所訂的罪行；與公司有關的法律所訂的罪行；證券及期貨交易有關的罪行；與保護知識產權、版權、專利權或商標有關的法律所訂的罪行；與環境污染或保障公眾衛生有關的法律所訂的罪行；涉及非法使用電腦的罪行；與財政事宜、課稅或關稅有關的罪行；以及與虛假或有誤導成分的商品說明有關的法律所訂的罪行。

以不相信內地司法制度為由反對修例沒有道理

對於修訂《逃犯條例》，特區保安局於2月12日至3月4日期間邀請公眾提出意見。共接獲的4,500份書面表達中，約3,000份表示支持，約1,400份表示不同意。其中，不同意的主要是（有83%）不認同內地的司法制度。

回歸初期，大家對"一國兩制"信心未足，因此採用《逃犯條例》時未做相關修訂，但經過差不多22年，大家應該清楚中央政府和特區政府都是嚴格按照"一國兩制"辦事。誠然，內地的法律和司法制度與我們的

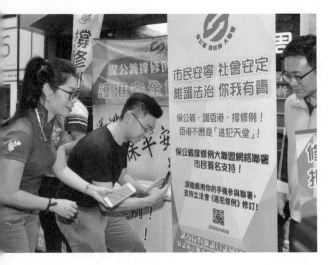

香港市民成立"保公義撐修例大聯盟"，街头有約 50 個街站，呼籲支持修訂《逃犯條例》

法律和司法制度有所不同，但是與香港簽訂移交逃犯協議的其他國家（包括馬來西亞和菲律賓等）中，有多少個國家的法律與司法制度和我們相等或比我們更好呢？

況且 2012 年，全國人大常委會宣告中國特色社會主義法律體系基本建設完成。回歸以來的 22 年間，最高人民法院完成了四個司法改革計劃，現在正進行第五個。中國的法律制度和司法制度肯定有很大的進步。中國和 39 個國家締結了引渡條約，其中包括西班牙、葡萄牙、法國、意大利等，個案方式處理的移交逃犯有加拿大送返貪污犯賴昌星、美國遣返開平中國銀行分行的主管楊進軍和鄺婉芳等，還有許多其他國家。有法律界批評港府不應遣返逃犯至外地，除非該地的司法制度和我們的司法制度相若。如果加拿大、美國、法國、西班牙和意大利都認為中國內地是可被接受的逃犯遣送的司法管轄區，為什麼香港卻認為內地不是？

2009 年 4 月 5 日，台灣海基會和內地海協會簽訂了海峽兩岸共同打擊犯罪及司法互助協議，兩地以雙軌立法方式去落實，自此亦有不少相互移交的案例。僅以 2009 年 4 月至 2015 年 12 月間為例，大陸遣返了 446 個犯罪嫌疑人至台灣，台灣遣返 11 個犯罪嫌疑人到大陸。台灣遣返的 11 人是：中興銀行董事長王某雄、槍匪陳勇志、台灣前"立委"郭某才、台中副議長綁架案主要嫌疑人許某祥、廣西南寧詐騙案余某螢、唐鋒炒股案周某賢、高鐵爆裂物主要嫌疑人胡某賢、前嘉義縣溪口鄉長劉某詩、腰斬棄屍案主要嫌疑人唐某及其前夫張某峰、社保案主要嫌疑人許某同。國際法認許，雖然兩個政府互不承認，為了人民的福祉，對方司法機構作出的裁決，在某種情況下法庭仍予以執行。

綜上所述，以不相信內地司法制度為理由而反對修訂《逃犯條例》，寧願放走罪犯也不會合作，是沒有道理的。

更何況移交逃犯程序在香港按照香港法律進行，並非按內地法律進行，嫌疑人有充份抗辯和提出反駁證據的機會。香港法官在國際上享有良好的信譽，司法水平高，獨立而公正。香港法治在世界和亞洲都名列前茅，我們完全相信他們審判的能力，能夠給予逃犯充份的人權和法律上的保障。

有些人建議加上日落條款也是不可能的，既然要堵塞漏洞便不能是暫時措施，沒有道理堵塞後又把漏洞重開。

而對追溯權的反對，我認為則是一個誤解：如果一個人犯罪的時候，法律並不禁止他的行為，而新立法或修訂法律有追溯力，那麼對他不公平，因為當時他的行為不違法；但是現在談的追溯力，是指當時行為已經是犯法，只不過因沒有移交逃犯協議而不能向法庭申請移送。因此，要求修訂條例只可對條例修改後發生的罪行產生效力，是沒有根據的，因為修訂條例對嫌疑人的刑事責任並無影響，只是程序上的變化。🌸

（作者係執業律師、香港基本法專家）
（原文刊於《紫荊》2019 年 6 月號）

工聯會堅決支持特區政府儘快修訂《逃犯條例》

約 30 名"保公義撐修例大聯盟"成員 2019 年 6 月 9 日到政府總部外請願，支持修訂《逃犯條例》
（本刊記者 李博揚 攝）

第二章
為保香港最大福祉
修例被迫中止

一切為了
保障香港最大的福祉

　　今年 2 月，香港特區政府提出修訂《逃犯條例》和《刑事事宜相互法律協助條例》，堵塞香港法律漏洞，避免香港成為"避罪天堂"，為市民提供更加安全的生活環境。中央堅定支持行政長官和特區政府依法施政，堅定支持特區政府維護法治和市民合法權益，堅決反對外部勢力干預香港事務和中國內政。然而，本是為彰顯公義、完善法治、為市民提供安全生活環境的修例，卻在反對派和外部勢力的勾結下，遭到了意想不到的阻撓和抹黑，在香港社會挑起一場風波。為保障香港最大的福祉，特區政府審時度勢，決定暫緩修例工作。中央及香港社會各界對此表示支持、尊重和理解。

文 | 本刊記者

香港特區行政長官林鄭月娥 6 月 15 日於政府總部會見傳媒，宣布特區政府決定暫緩修訂《逃犯條例》的工作（圖：香港特區政府新聞處）

特區政府審時度勢暫緩修例
各界表示支持、尊重和理解

6月15日，香港特區行政長官林鄭月娥宣布特區政府決定暫緩修訂《逃犯條例》的工作。特區政府保安局局長於當天致函立法會主席，收回就條例草案恢復二讀辯論的預告，即立法會大會就處理條例草案的工作將暫停，直至特區政府完成溝通解說和聆聽意見為止。

香港特區政府的這一決定，得到中央的全力支持。外交部發言人表示，中國中央政府對特區政府這一決定表示支持、尊重和理解，將繼續堅定支持林鄭月娥行政長官和特區政府依法施政，與社會各界人士共同維護好香港的繁榮穩定。國務院港澳事務辦公室發言人表示，中央政府對林鄭月娥行政長官和特區政府的工作一直是充分肯定的，將繼續堅定支持林鄭月娥行政長官和特區政府依法施政，與社會各界人士共同維護好香港的繁榮穩定。香港中聯辦負責人表示，特區政府此次提出與移交逃犯相關的"兩個條例"修訂工作，是為了填補現有法律漏洞，彰顯社會公義，具有正當性和必要性。我們相信香港社會一定能夠通過理性討論，準確理解修例內容，廣泛凝聚社會共識，為維護香港的法治形象而共同努力。外交部駐港特派員公署負責人表示，將一如既往堅定支持林鄭月娥行政長官和特區政府依法施政，維護國家主權、安全和發展利益，維護香港長期繁榮穩定。

特區政府提出修例，源於為發生在台灣的一宗殺人案謀求公義。去年2月，一名香港少女在與陳同佳同遊台灣時被殺，疑犯陳同佳逃回香港。這宗案件令受

6月12日，示威者向警察扔雨傘及水樽

害人父母傷心欲絕，然而因為現行法例中的"地理限制"，香港不能移交疑犯到台灣，亦包括鄰近的內地及澳門。"作為負責任的政府，我認為我們需要盡力找出一個方法，一方面可以處理台灣殺人案，令公義得以彰顯、還死者一個公道、給死者父母一個交代；另一方面盡力完善香港的法制，確保香港不會成為犯罪者逃避刑責的地方。"林鄭月娥向社會各界表達了修例的兩個初心。

實際上，不同司法管轄區域之間通過刑事司法協助，共同打擊嚴重犯罪行為，是國際慣例。香港已經同世界上20個司法管轄區訂立有移交逃犯的長期協定，與32個司法管轄區簽署了刑事事宜相互法律協助協定。而中國內地則已和71個國家簽署了50項引渡條約和61項刑事司法協助條約，從歐洲、亞洲、非洲、拉美等地成功引渡260多名犯罪嫌疑人，說明國際社會對中國內地司法制度是有信心的。

因此，香港特區政府經仔細研究相關法律及其他地方的做法後，於今年2月

正式展啟修例工作。特區政府建議基於現有法例，把當中有關人權的保障和制度的保障，包括法庭的角色和香港公平、公正的司法制度，完全保留。考慮到現時因其他罪名在監獄服刑的台灣殺人案疑犯即將獲釋，特區政府希望爭取在 7 月暑期立法會休會前通過條例草案。

整個過程中，特區政府多次聆聽社會意見，並先後對修例草案作出兩次修訂：一次是在法案正式提交立法會之前，剔除了九個可移交罪類和將可移交罪行的最高刑罰由原本一年以上改為三年以上；而另一次的修訂是在法案提交立法會之後，把三年以上改為七年或以上，並採納了多項與國際標準一致、加強人權保障的措施，以釋除社會疑慮，爭取更多支持。

但遺憾的是，正如林鄭月娥在致歉時坦陳的那樣，雖然她和相關官員已盡最大的努力，但在解說、溝通方面工作的確有所不足。部分市民對條例草案仍然不了解，以至產生擔心和疑慮，香港社會對條例草案出現極為分歧的意見，有支持、有反對，而且立場鮮明。而香港反對派與外部反華勢力內外勾結，趁機故意歪曲詆毀修例，不斷挑唆、恐嚇、煽惑市民上街遊行，鼓動激進分子引發暴力衝突，致使香港社會出現很大的矛盾和紛爭。

正是在這樣的情形之下，雖然在立法會得到多數議員的支持，特區政府經過慎重研究，還是作出艱難的決定：暫緩修例。林鄭月娥說："作為一個負責任的政府，我們一方面要維護法紀，但同時要審時度勢，保障香港最大的福祉——這個最大的福祉包括令社會儘快回復平靜和避免再有執法人員和市民受到傷害"。

不論修例的提出還是暫緩，特區政府秉持一顆保障香港最大福祉的初心，從未改變。為平息社會紛爭、彌合社會裂痕，林鄭月娥以最有誠意、最謙卑的態度接受批評，向市民數次道歉，體現出的"志不求易、事不避難"的擔當精神令人感動。

正因如此，特區政府暫緩修例的決定不僅得到中央的全力支持，也得到社會各界的理解和支持。香港特區行政會議非官守議員當天發表聲明表示，行政會議非官守議員將繼續全力支持特區行政長官施政，並呼籲市民繼續以和平、理性方式表達意見，共同守護香港這個文明、自由、開放、多元的社會。特區立法會主席梁君彥也通過發言人對特區政府暫緩修例的決定表示理解，並呼籲市民和平理性地表達意見，體現香港人一直尊重的法治精神。各大商會、宗教團體等認真了解修例始末、理性思考香港社會問題的團體和個人都紛紛表示了對特首及特區政府依法施政的支持。

警隊冷靜克制
專業敬業守護香港安寧

然而，儘管條例草案的工作已經於 6 月 15 日即時停止，且林鄭月娥已一再強調"絕對不會貿然重啟這個程序"，反對派依然興風作浪，多次挑唆圍堵政府總部和警察總部。在這一過程中，香港警隊始終保持冷靜克制，以專業敬業的精神維持社會秩序、守護香港安寧。

6 月 9 日和 16 日的兩次遊行中，警隊都竭盡所能保障遊行者安全，在力所能及的範圍內盡可能地減少對市民的干擾。

他們在遊行路線上的天橋設置了警戒線，防止在天橋擁擠的情況下市民過於靠近橋邊而引發墜落悲劇，並不斷提醒"大家不要停留，不要阻擋公共道路"；他們在道路兩側設置鐵馬，儘量勸阻遊行人員不要越過鐵馬，以給行人留出一條回家的路。6月的香港，日間室外氣溫超過30℃，濕熱難耐，遊行隊伍前進緩慢，時常停滯。警員們頂著毒辣的太陽，在擁擠的人群中耐心、細緻地維持秩序，引導市民前進，及指揮交通，即使面對個別市民的不理解也依然盡力保證他們的安全。

6月9日晚，激進亂港分子試圖將行動升級，晚8時多名混在人群中的"黑衣人"多次故意挑釁在場警員，但警方表現非常克制。見挑釁不起作用，有人開始硬闖警方防線，更與警方激烈碰撞，試圖引發衝突。6月10日0時10分許，一批身穿黑衣並戴口罩的年輕人破壞立法會停車場車閘並衝入立法會示威區。大批警員迅速到場阻止，但衝擊者十分囂張，不但拆毀鐵馬及向警方投擲雜物，還刻意與警方進行肢體衝撞，現場一度十分混亂。從媒體公布的畫面可見，不但有多名暴徒圍毆警員，還有人試圖強搶警員掛有警械的外腰帶。面對暴徒的襲擊給自身安全帶來的威脅，警方仍然保持專業冷靜，首先舉起紅色警告標語，警示無果後才採取行動控制局面。衝突導致多名警員受傷，更有警員血流滿面。

6月12日，暴力行動升級，一批手舞鐵枝、磚頭，持盾戴盔，全副裝備的暴徒從添美道衝擊立法會示威區，有人搬鐵馬衝撞，有人則不斷投擲雜物、削尖的鐵枝、磚頭等，甚至還投擲燃燒物。有警

員受傷倒地、意識模糊，需要立即抬走急救。有警員眼部受創、嘴角流血，仍堅持抵抗暴徒，並克制地只是根據警例，在警告後使用適當武力控制局勢。事後統計，暴力衝擊過程中22名警員受傷。

香港特區政府警務處處長盧偉聰6月13日對媒體表示，警方及市民共十餘輛車被困於馬路中，警方多次與現場激進分子商討不果，其間警方一直採取克制及容忍的態度。為保護自己和立法會大樓內工作人員的生命安全，以及維持立法會運作，警方才發起武力驅散行動。他強調，警方在行動中使用的裝備"與海外國家的執法機構在處理同類暴動的裝備無大分別"，"全是低殺傷力武器"，在使用武力時均"嚴格依從警隊的相關武力指引"。

6月16日，香港再次爆發遊行，激進分子仍試圖藉機製造暴力衝突，警方一如既往保持冷靜克制，盡力保證遊行有序進行。至6月17日清晨，雖然警方批准的遊行時間已過，但仍有通宵留守者不肯離去。對此，警方並未強行清場，僅是呼籲大家儘快離去，並強調這不是清場行動，現場人士仍可在道路兩旁的人行道上活動。

6月21日上午11時，激進分子再次聚集，佔領道路、阻礙交通，並包圍警察總部，期間有人向警察總部外牆投擲雞蛋、噴塗塗鴉；有人用水馬、鐵馬堵塞警察總部各出入口，有的大閘被鐵鏈鎖上；監控攝像頭亦被膠帶、雨傘等遮擋。據了解，在警察總部戒備的警員夜晚在警察總部外疑似被淋機油，還有警員被人用激光器照射雙眼。

香港漁民打出"逃犯若甩身 港人難安心"標語撐修例

這幫標榜正義的激進分子完全不顧香港市民的福祉。因警察總部出入口被激進分子刻意阻塞，有3部救護車超過1小時仍未能到達警察總部運送癌症患者及其他有需要的工作人員。被困大樓內的警察學院副院長李仲華總警司為幫助救護車入內，不顧風險走出大樓，嘗試清走障礙物，不想，遭到激進分子的輪番指罵。當日，因警察總部及灣仔警署被包圍及道路被阻塞，有數十通"999"求助未能即時處理；過百條巴士及小巴線暫停或改道；政府總部關門，灣仔政府大樓、稅務大樓及入境事務大樓內的勞工處、稅務局、環保署、水務署等政府部門的公共服務都受不同程度影響。

6月22日下午，除清潔人員外，還有近20名休班警員自發幫忙清理被激進分子弄得污穢不堪的警察總部外墻，其中絕大多數平時都不在警總上班。有警察表示，相信激進分子的行為令警隊所有同事非常憤怒，但大家仍堅守崗位，因為我們沒有忘記我們的專業、我們的操守、我們的價值觀和我們的初心！警察的專業和操守不允許我們以牙還牙，但相信法律會還警隊一個公道！

建制力量團結一致
堅定支持特區政府依法施政

建制派是保持香港繁榮穩定、維護"一國兩制"成功實踐的中流砥柱。自特區政府提出修例以來，不管反對派在立法會乃至社會上如何不擇手段搞政治化操作，氣焰如何囂張，建制派都始終保持信心和定力，相信自己、相信市民、相信國家，堅定不移支持特區政府依法施政，堅決抵制反對派癱瘓議會、癱瘓管治的惡行，令各項紓困利民的措施順利落實。

在政府推出修例草案之初，建制派不遺餘力地配合政府宣講修例，做好解釋，通過各種方式幫助廣大市民理性客觀地看待修例。4月16日，梁美芬、陳勇、吳秋北、楊志紅等人在港宣布成立"萬人同聲撐修例公義組"，發起"護港安全撐修例大聯署"活動，呼籲廣大香港市民通過網上實名簽名等方式支持特區政府修訂《逃犯條例》。公義組成立後第二天，便與"保衛香港運動"和"珍惜群組"等多個民間團體一起到立法會外請願，走上街頭介紹修例草案內容。隨著活動影響的逐步擴大，公義組也升級為"保公義撐修例大聯盟"。至6月12日，已有90多萬香港人登記身份證號實名簽名撐修例。

6月16日，保公義撐修例大聯盟、工聯會在父親節組織一眾父子到美國駐港領事館請願，抗議美國干預香港內部事務

民建聯、工聯會、新民黨、香港各大商會、各同鄉社團等共300多個機構、團體表示認同和支持特區政府依法修例，其中包括香港中律協等20多個法律團體。6月9日，香港漁民團體聯會26艘大型漁船組成漁船編隊，集合來自長洲、屯門、大埔和香港仔的150多名義工，於維多利亞港進行漁船海上大巡遊。每艘鐵殼漁船上紅色的國旗和香港區旗迎著海風獵獵飄揚，船舷正中央則打出"逃犯若甩身 港人難安心""撐修例 同護港""修例合理合法 彰顯法治進步"等醒目標語。

當林鄭月娥宣布暫緩修例時，建制派與特區政府充分溝通，表示理解、尊重和支持。其實，有些人心裡是委屈的，覺得原本是為香港好、為香港市民好的事，放棄了很可惜，但是大家都表示認同特區政府為了香港最大福祉的初衷，也相信這是特區政府充分評估和研究後的決定，表示對特區政府理解、尊重和支持。

民建聯主席李慧琼表示，明白修訂《逃犯條例》是有需要，無論市民支持或反對修例，都不希望見到社會對立；期望大家可以在未來時間繼續向特區政府表達意見，而政府的暫緩修例決定可以讓議會和社會回復平靜，繼續向前走。"保公義撐修例大聯盟"發言人表示，對於行政長官提出暫緩《逃犯條例》修訂予以理解，該聯盟將繼續向特區政府表達有關意見，並向廣大市民介紹有關內容。香港經濟民生聯盟表示，支持和理解特區政府暫緩修訂《逃犯條例》，希望特區政府因應社會關注，就條例草案內容向社會各界詳細解說，多聆聽市民意見，也呼籲社會各界共同維護香港社會安寧和法治精神。香港工業總會對特區政府暫緩修訂《逃犯條例》表示認同，並盼望各界理性討論。該會主席郭振華表示，衷心希望社會各界能夠冷靜、理性地討論這個議題。香港總商會主席夏雅朗說，暫緩修例的工作有助各方重回理性討論，他期望特區政府繼續與社會各界和公眾進行有建設性的討論，以回應和釋除各方對草案的疑慮。

外國勢力粗暴干預香港事務
受到香港各界譴責抗議

修例之所以成為一場風波，與外部勢力的干預破壞關係密切。外國反華勢力借特區政府推進修例一事說三道四，頻頻干預香港內部事務，甚至扯掉遮羞布，赤裸裸地對香港內部事務指手劃腳。2月26日，美國駐港總領事唐偉康公然跳出來威脅說修例"或影響美國與香港的雙邊協議"。據不完全統計，今年以來，西方反華勢力就修例發表了70餘次各種"聲明"和"講話"。

除了外國政府和議會機構，一些外國高科技企業也玩弄政治，"全面配合""反修例"遊行，這些行為已經嚴重違反了"政治中立"原則，更是赤裸裸地干預香港的本地事務。有報道稱，Google刻意標註遊行起點和路線，竟然在Google地圖標註"民陣6·9反惡法遊行""全港反送中遊行"，甚至還標出"2：30"的遊行時間。Facebook則是公然刪除質疑"反修例"的貼子，並刻意放大反對派傳媒貼子的影響因子。更為離譜的是，6月7日發生"燃燒彈"事件後，

"反修例"示威現場附近，市民拍攝到疑似中情局特工與示威人士交談片段（視頻截圖）

Facebook打著"審查假新聞"的幌子，大量刪除質疑兇徒背後動機的貼文，而對於公民黨楊岳橋含沙射影指是特區政府自編自導的言論，不僅沒有刪貼，反而是擴大其影響效力。經過這種以技術調校為手段的刻意的引導，Facebook成功將反修例聲音放大，也將一些明顯是誤導的言論放大。

更有甚者，有港媒多次揭發，在6月12日"反修例"示威中，除了CNN、BBC、路透社等外媒，亦有數名神秘外籍男子，不斷以單反相機拍攝示威場面，舉止行為有別於傳媒攝影師，亦有身材健碩的洋漢佩戴口罩、面罩，即場加入示威者行列"指指點點"，似在指揮暴動。

另一邊廂，香港反對派為謀取政治私利，不顧顏面引狼入室，為"反修例"頻頻赴西方"告洋狀"，與外部勢力狼狽為奸。

3月，陳方安生、郭榮鏗、莫乃光等人竄美，與美國副總統彭斯、美國眾議院議長佩洛西、美國國會"美中經濟與安全審查委員會"主席與副主席、美國國家安全委員會官員會面，攻擊修例。

5月，李柱銘、李卓人、羅冠聰等人組織"反對引渡修例美加團"，赴美國加拿大"告洋狀"，與美國國務卿蓬佩奧、眾議院議長佩洛西，以及加拿大政府官員和國會議員見面。在美國國會聽證會上，李柱銘等"洋奴"極力妖魔化修例。

5月，陳方安生、郭榮鏗則跑到德國"告洋狀"，與德國國會副議長羅特等會面。

香港市民認清了外部勢力粗暴干預香港內部事務的真面目，紛紛提出嚴正抗

議。例如，5月27日下午，香港島各界聯合會、九龍社團聯會、新社聯、"正義不能缺席"群組等多個團體到位於花園道聖約翰大廈歐盟駐港辦事處示威，不滿歐盟干涉香港內政，侮辱香港法治。"正義不能缺席"群組發言人陳海容指出，歐盟對香港特區政府發出《逃犯條例》的外交照會，是干涉香港內部事務。6月14日，屯門反暴力聯盟及沙田各界大聯盟到美國駐港總領事館，抗議美國當局不斷發表誤導性言論，歪曲香港修訂《逃犯條例》，煽動香港青年人以暴力阻止修例。6月19日，沙田反干預聯盟、香港漁民團體聯會、香港農業聯合會等到美國駐港總領事館抗議。香港漁民團體聯會副主席楊上進表示，美國只是聽反對派的聲音就以偏概全，而且更一直搞小動作。團體一致強烈譴責美國的有關做法。6月21日一早，香港海南社團總會代表手持"強烈譴責美國粗暴干涉香港內部事務、香港政府修例美國無權干預"的標語，到美國駐港總領事館表達對美國干涉香港內政的不滿。當日下午，美國駐港總領事館又有香港市民強烈譴責美國干預香港內部事務，從事交通運輸業的資深的士司機李先生氣憤地說：西方勢力插手香港內部事務，用心險惡，"我們都要養家，要開工搵食，實在經不起再三的折騰。"

6月22日，中環遮打花園舉行"撐警集會"，逾百市民高呼"支持警察，嚴正執法"等口號

暴力不得人心
越來越多人呼籲回歸理性

不論反對派如何粉飾，紙終究包不住火，香港市民有眼睛、有耳朵、有頭腦，反對派指鹿為馬的企圖怎能得逞？如今，香港社會呼籲回歸理性的聲音越來越響亮。

——**越來越多香港市民勇敢站出來，譴責暴力行為。**在任何國家、任何社會，暴力永遠都是不得人心的，在香港也不會例外。激進分子將和平發聲拐向暴力衝突，還妄圖三人成虎、混淆視聽，激怒了香港市民。香港福建社團聯會、香港廣東青年總會、海南省港區政協委員聯誼會、中國高等院校香港校友會聯合會、粵港澳酒店總經理協會等多個團體於報章刊登廣告，對罔顧法紀的暴力行為進行強烈譴責，同時對警方嚴正執法表達全力支持。

當標榜公平正義的大律師公會發表聲明指責警方在"似乎沒有對警方或公眾造成威脅下"向 "一些手無寸鐵的示威人士"使用"非必要的武力"時，69歲的電召貨車司機黃家榮按捺不住站出來反對："不要跟我說（示威者）手無寸鐵，我有睇 NOW TV（新聞直播），好清楚見到有人掟磚,好清晰,冇剪接!"

香港各界都在譴責暴力行徑。萃妍協會發言人花小姐稱,在電視上看到大批暴徒以暴力襲警,還有人企圖癱瘓港鐵交通,對這批人的反智行為感到心痛及失望。團體"新年代"代表稱,若是關心香港前途的人,應以建設性態度建言獻策,而絕不是以暴力衝擊政府總部。立法會議員何俊賢更進一步揭露道:反對派把其他和平的示威者與激進暴徒綁在同一戰車上,不斷令社會陷入撕裂,將造成很嚴重的後遺症。港區全國人大代表、香港島各界聯合會會長蔡毅也表示,示威者的行為給香港造成非常負面的影響,也給香港國際都市的形象造成了非常負面的打擊。

——越來越多香港市民明辨是非,支持警員維護法紀、守護香港。一些退休警員從專業角度表達意見。香港警務處前處長李明逵表示,若世界其他大城市發生類似的情況,當地警察都會使用武力,相比之下,香港警察使用的已是最低武力。香港警務處前處長曾偉雄強調,如果當時警方沒有採取措施,可能會有更嚴重的情況發生,包括令更多人受傷。

詆毀警隊的聲音越猖狂,有正義感的香港市民就越是義憤填膺,越是想要站出來撐警隊。十八區撲滅罪行委員會歷任及現任主席共 47 人發表聯署聲明,對警方專業及克制的態度表示感謝及讚揚。香港中國企業協會發表聲明稱,即使警員的人身安全受到威脅,卻仍堅守崗位,為香港的安全與和平出力,充分展示了香港警隊的專業性。警方的付出需要每一位市民

的支持。6 月 22 日晚,中環遮打花園舉行"撐警集會",數百市民高呼"支持警察,嚴正執法"等口號,支持警方執法,並呼籲儘快訂立《辱警罪》。

陸續有機構團體到香港總部贈送鮮花、果籃、食物表示慰問和感謝。香港福建社團聯會帶上鮮花及果籃,向警方表示深切慰問;香港島各界聯合會亦到場向警方贈送多箱餅乾,並展示橫額支持警方維護法紀及嚴正執法;海南社團總會到灣仔警察總部致送慰問信,又準備果仁、豬肉乾、水果、茶葉等物資送贈,以表揚警方緊守崗位、嚴正執法;港區省級政協委員聯誼會、中國和平統一促進會香港總會、香港中華出入口商會等團體到警隊慰問,並向警察福利基金捐款,以感謝警隊嚴正執法護香江。

——越來越多香港市民呼籲回歸理性,不要讓單一政治議題阻礙香港發展經濟、改善民生。

當前,理性、愛港的香港人最大的期盼,就是香港社會能夠重回理性。港區全國人大代表吳秋北表示,暴力不能解決問題,希望大家有商有量,保持理性,不應受一小撮別有用心的人挑唆,破壞社會秩序,讓經濟發展蒙受損失。香港大律師公會前主席林定國也希望大家冷靜地停一停、想一想,恢復安定並儘量保持開放態度,找到一個最符合香港整體利益的方法去處理。香港六大宗教團體聯合發表聲明,呼籲大眾"從自身和社會的整體利益出發,儘快返回各自工作、學習和家庭的崗位,結束紛爭"。

被喚"福伯"的百歲老人顏福只是最普通的基層市民,他講不出什麼大道

反對派議員為阻修例，大鬧立法會

在反對派煽動下，一些激進分子借"反修例"破壞市政設施，堵塞公共交通

美國就"修例"問題頻頻干涉香港事務。圖為香港市民團體到美國駐港總領事館前抗議

暫緩修例得到建制派的理解和支持。民建聯主席李慧琼指,希望透過暫緩修例令議會和社會回復平靜

理，只用最樸素的話誠懇勸説年輕人要惜珍香港今天擁有的法治和社會秩序。日佔期間，福伯的母親含淚把一名女兒送給一個農戶代養，福伯想方設法卻始終未能找回妹妹，成為一生最大遺憾。他説，如今在香港"只要有手有腳，肯做，就一定唔憂兩餐"，"咁好的地方，世上仲有邊度搵到？不要破壞香港的繁榮穩定"。

法律界人士則提醒香港市民不要讓政治凌駕法治。反對派一直以要求政府收回"暴動"定義為煽惑市民對抗政府的説辭。然而，立法會議員容海恩一針見血地指出，不應用政治方法處理刑事檢控案件，應視乎法庭判定個別人等的行為是否涉及暴動。立法會議員梁美芬補充道，不能受到政治因素或示威人數多寡而決定是否起訴或裁決。她更是提醒大家：倘政治凌駕法律，將直接影響香港的司法制度，這是一件很危險的事情。

更有人明確指出為人師表的責任與底限。聚集在政府總部和立法會前的人群中不乏十幾歲的年輕學生，這些學生中又有不少是被老師煽惑到現場的，有家長致電校長的錄音傳出，揭露有老師竟然叫孩子們帶上"鉸刀和 gas 爐"。很多理智的香港市民都看不過眼，香港福建社團聯會主席吳換炎就呼籲，因有很多年輕人在不清楚修例內容的情況下，受到別有用心的人煽動和蒙蔽，盲目參與暴動。冀家長及教師盡自己的職責，幫助年輕人樹立明辨是非的觀念。香港教育工作者聯會表示懇請全港教師以學生的安全和前途為首要考慮，切勿動員學生參與遊行；呼籲學生保持冷靜，不要受朋輩的壓力而走上街頭；

提醒家長亦要留意子女的情況，與學校緊密溝通。

如果因為單一政治議題而錯失發展經濟改善民生的機遇，受害的還是廣大香港市民。清醒看到了這一點的人紛紛發聲，希望可以喚醒更多香港市民。全國政協常委、香港中華總商會會長蔡冠深表示，冀《逃犯條例》修訂的爭議儘快告一段落，讓特區政府能與社會各界攜手努力，推動本港經濟民生向前發展；廠商會會長吳宏斌強調，現時環球經濟諸多不明朗因素正影響本港，希望隨着政府暫緩修例，社會各界能放下政治爭拗，停止繼續內耗，聚焦改善經濟及解決民生問題，共建更美好香港；全國政協常委林建岳指出，無論如何，香港還是要繼續前行的，只有香港各方面更加團結，香港才能繼續走下去；全國人大代表、九龍社團聯會會長陳振彬呼籲，大家應同心同行，儘快回復過去理性和諧的社會氣氛，這樣香港各界才能有精力聚焦發展經濟、改善民生；全國政協委員陳清霞亦呼籲大家和平理性地討論，堅決維護香港在國際上一直保持的法治社會形象，維持良好的營商環境；全國政協委員、立法會議員梁志祥表示，反對派不應繼續字面上的爭拗，社會應回歸法治和理性，眼前還有許多民生問題需要急切處理，例如土地房屋問題。社會應向前發展，不要被單一政治事件"拖發展的後腿"……

反對派和外部勢力是不會收手的，它們總會找各種各樣的機會煽動香港社會撕裂，擾亂香港發展。然而，風雨過後是彩虹，只要香港市民同心同行，就不懼風雨，香港就永遠有希望！🌺

（原文刊於《紫荊》2019 年 7 月號）

香港的秩序與安寧比鑽石更珍貴

本刊評論員

　　6月15日，行政長官林鄭月娥宣布，特區政府決定暫緩修訂《逃犯條例》的工作。同日，外交部、國務院港澳辦、香港中聯辦等發表談話，對林鄭月娥宣布的決定表示支持、尊重和理解。

　　如果對香港的時政稍有了解，都知道今年2月，特區政府為填補現有法律漏洞，彰顯社會公義，提出修訂《逃犯條例》和相關法例，修例有明顯的正當必要性；6月中旬，在原定立法會恢復二讀前，"保公義撐修例大聯盟"的實名聯署人數接近百萬，修例有廣泛的民意支持度；在立法會70個議席中，明確表態支持修例的議員遠遠超過半數，修例有現實的立法可行性。

　　為什麼對這一正當必要、市民支持、立法可行的修例，特區政府要突然暫緩相關工作？

　　毋庸諱言，香港部分市民包括商界對修例確實還存有一些疑慮，有不少不同意見，特區政府也積極聽取意見，對草案作了兩次較大修訂，支持修例的市民越來越多。但是，在美西方勢力阻礙中國發展的大背景下，香港反對派與外部勢力勾連密謀，欺騙誤導恐嚇香港市民，引發了"反修例"風波。在"反修例"遊行集會中，大部分市民是和平理性的，他們不願看到香港的繁榮穩定被破壞，但遊行集會被外部勢力和反對派騎劫，將遊行引爆成激烈的衝突，嚴重破壞香港社會穩定。這是由外部勢力公開支持、反動派精心策劃的暴力行動，多名參與者涉嫌暴動，是將香港的秩序、市民的安危作為政治籌碼。

　　林鄭月娥說，作為一個負責任的政府，一方面要維護法紀，同時也要審時度勢，保障香港最大的福祉，這包括讓社會儘快恢復平靜，以及避免再有執法人員和市民受到傷害。6月18日，林鄭月娥再次見記者，就修例引發的社會爭議，向全港市民致歉，希望社會撕裂可以儘快修補。

　　行文至此，不禁想起元代雜劇中，包公為了判斷慈母張海棠與惡婦馬大渾家爭子一案，命人在地上畫個灰闌，讓兩個婦人用力拉孩子出闌外。"若是他親養的孩兒，便拽得出來；不是他親養的孩兒，便拽不出來。"可是親母張海棠心懷母愛，不忍用力拽壞孩子。而馬大渾家則將孩子用力扯出。包公最後判定張海棠為孩子生身之母，並為之伸冤平反。這故事和聖經中所羅門王智判兩婦人爭子案，以及佛教《大正大藏經》中端正王用此妙計識別真假母親，情節不同而道理一樣。

不是孩子的親母，對孩子沒有慈愛之心，用盡力氣，也不怕拉壞孩子的手臂。是孩子的親母，對孩子慈愛心疼，哪裡忍心拉壞孩子？

在修例鬥爭中，真正關心香港秩序與安寧的，是特區政府、愛國愛港團體和廣大市民，是忍辱負重的香港警隊。西方敵對勢力和反對派亂港派政客唯恐天下不亂，香港的穩定、港人的利益只是他們謀一己之私的籌碼，看到香港亂象他們只會彈冠相慶，添火加油，哪裡會停下伸出的黑手。特區政府在立法會有足夠支持仍中止修例工作後，敵對勢力和反對派一而再、再而三地發起一次又一次抗爭，並且特別鼓動包圍警察總部，鼓動在 G20 峰會前、在"七一"回歸紀念日搞對抗，更加暴露他們志不在阻止修例，而是為了破壞香港，擾亂國家。

香港是一個地域狹小、人口密集的小型城市經濟體，又是資金、貨物自由流動的高度開放國際都市，無論是建設金融中心、貿易中心、航運中心還是旅遊中心，哪一項都離不開秩序與安寧。十幾天動盪，香港的旅遊人數就下降三成以上。可以講，香港沒有任何發生暴亂甚至僅僅是混亂的資本。秩序和安寧是香港的生命線，對於香港，秩序和安寧比鑽石更珍貴。林鄭月娥為使社會儘快恢復平靜，從大局出發，宣布暫緩修例並向市民真誠道歉，表示以開放態度全面聆聽社會意見，展示了一個包容開明、從善如流的政府形象。對此，主流民意紛紛給予支持和肯定，希望儘快恢復正常秩序，恢復社會安寧。這是香港之福，是市民所盼，也是每一位從政者的擔當，是每一位真正關心香港未來人士的責任。

維護秩序與安寧，一定要儘快回到法治軌道。法治是香港社會珍視的核心價值，是人們必須遵守的外在約束，是維護社會秩序和正義的重要基石。世界上一個公認的原則，自由必須依法而行，沒有自由可以超越法治。如果任何人或團體不顧法律，只堅持自己有自由表達訴求的權利，在利益多元化的社會，必然導致與其他人和團體的衝突。現代哲學家霍布斯和洛克創立的為主流社會公認的社會契約理論，強調的正是沒有法治的自由必然導致損害所有人的自由。那些搞不通知警方的所謂"游擊戰"、在遊行集會中隨意改變路線地點堵塞交通要道和破壞交通秩序、公然破壞公私財物甚至圍堵圍攻警隊的行為，最後必然違背港人的利益包括和平遊行集會參加者的利益。踐踏法治就是踐踏香港，最後無人能不受其害。"反修例"亂象嚴重衝擊法治這個香港核心價值，由此造成的破窗效應急待修補。一定要加強法治教育，加強基本法宣傳教育，依法懲處違法行為，維護社會公平正義。

維護秩序與安寧，一定要堅持理性務實商討。理性是推動香港社會務實發展的積極力量，是所有善良的人們所自然遵循的內心準則。任何一個社會的發展都不是一帆風順的，也都不是毫無矛盾和衝突的，香港也不例外。"一國兩制"是前所未有的開創性事業，在實踐過程中難免會遇到一些新情況、新問題，大家對同一件事情、同一項政策的認識難免有不同意見。遇到不同意見，可以坐下來討論，平心靜氣擺事實講道理；可以在各種媒體發表意見，各抒己見；可以在議會上辯論質疑，支持或反對；也可以依法遊行集會，向政府社會表明立場。只要始終保持理性討論，很多問題可以解決，分歧可以縮小，一些暫時解決不了的可以暫緩，求同存異，通過時間和實踐逐步形成共識。但那種動不動就謾罵攻擊豎中指，動不動就扔雞蛋扔玻璃杯，動不動就搶佔議會主席台麥克風，甚至違法向警隊投磚頭擲鐵枝，只會點燃仇恨、激化矛盾，只會離解決問題越來越遠。"和氣致祥，乖氣致異。"只要大家理性溝通，理性討論，沙漠可以開江河，曠野可以開道路，香港一定能凝聚起求發展求穩定的最大共識。

維護秩序與安寧，一定要堅決抵制外部勢力干預。儘管香港已經回歸 22 年，一些西方國家一直不願放棄他們在港的殖民利益，西方敵對勢力把香港打造成反華橋頭堡的圖謀一直未曾改變，對香港事務的干預從未間斷。尤其在當今個別大國掀起全球貿易戰的大背景下，西方反華勢力更是頻頻對香港事務指手畫腳甚至直接伸腿出拳。僅這次特區政府修例一事，西方反華勢力相互呼應，組建新的"八國聯軍"，公然對修例表示"關注"和"反對"就達 70 餘次，有證據表明一些敵對勢力還為此提供大筆地下資金。香港反對派長期以來一直與外國政治勢力保持著緊密勾連和互動，挑戰國家主權與安全，逐步蛻化為亂港禍港派。此次幾名反對派頭頭不顧政治倫理，公然投靠西方敵對勢力，甚至"乞求"外國"制裁"香港，漢奸嘴臉暴露無疑。香港是中國的一個特別行政區，修例是特區內部事務，絕不能允許任何外部勢力干預。任何一個香港政治人物在國際舞台上都有責任有義務客觀公正地宣傳中國香港的良好國際形象，不能惡意詆毀香港和國家，更不能"賣港求榮"甘當"洋奴"。那些引狼入室、開門揖盜的政客是港人之恥、民族之恥，一定會被釘上歷史的恥辱柱。

維護秩序與安寧，一定要聚焦發展經濟改善民生。近年來特區政府施政積極有為，在發展經濟改善民生上成績有目共睹，但貧富懸殊、土地住房、安老扶貧等問題仍然嚴重，基層市民的獲得感和幸福感並未顯著提高。加上反對派為反而反，屢屢將民生議題政治化，一大批民生議題受阻，加劇了深層次矛盾，社會上始終存在一股怨氣。一有風吹草動，反對派就煽風點火，將此怨氣放大，導致一些人在遊行中趁機宣洩。2017 年國家主席習近平視察香港時表示，聚焦發展是第一要務，發展是永恆的主題，是香港的立身之本，也是解決香港各種問題的金鑰匙。今天重溫習主席的講話，更能體會到一位政治家的高瞻遠矚。我們一定要牢記習主席"蘇州過後無艇搭"的諄諄教誨，珍惜及抓住"一帶一路"、粵港澳大灣區、國際創科中心建設等重大機遇，破除這樣那樣的干擾，真真正正把精力集中到搞建設、謀發展、惠民生上。

青少年是香港的未來，香港的希望。這一次圍繞修例鬥爭，不少香港青少年因為愛護香港、關心社會，被反對派騙上街頭，令人痛心，也引起不少家長對反對派的厭惡。這再一次警醒我們，一定要全力加強對青少年的教育引導。無論是特區政府，還是社會各界人士，都要關心、支持青少年教育，為他們的成長成才積極創造條件，特別是要加強對青少年的憲法基本法教育和國家歷史文化教育。要相信青少年隨著成長，辨別是非對錯的獨立思考能力會進一步提升，正確教育與人生實踐的結合，一定能培養出"一國兩制"事業的合格接班人。

7 月 1 日，我們迎來香港回歸祖國 22 周年紀念日。22 年來，"一國兩制"在香港的實踐取得舉世公認的成功：香港順利納入國家治理體系，繼續保持繁榮穩定，尤其是 2017 年國家主席習近平視察以來這兩年，香港形勢發生根本性好轉，整體形勢持續穩中向好，"一國兩制"實踐更具活力。大江大河曲折奔流，最終必將澎湃入海。只要我們堅決尊重法治尊重理性，堅決守護秩序守護安寧，香港必將再一次凝聚共識，把握機遇，聚焦發展，以更加堅定的信心戮力前行，進一步融入國家發展大局，進一步譜寫繁榮穩定新的華章！🌺

（原文刊於《紫荊》2019 年 7 月號）

第三章
"修例風波"的質變
——暴力恐怖主義和顏色革命

風雨中守護香港

　　最近一段時期，香港亂港勢力與西方敵對勢力勾連，策劃並組織實施了一連串的暴力攻擊，製造衝突、對立、撕裂，圍堵警察總部、暴力衝擊立法會、擾亂高鐵地鐵巴士運營並威脅機場秩序、干擾政府公共服務、殘忍毆打警員、製造儲存爆炸品，甚至塗污香港中聯辦大樓上懸掛的國徽，觸碰"一國兩制"底線……愈演愈烈的暴行對香港經濟民生及國際聲譽造成嚴重負面影響，建造、旅遊、零售、飲食等行業的百萬餘人生計受損，逾 40 項旨在改善民生的撥款申請被迫延遲。香港是一個法治社會，不能容許任何暴力行為發生。香港警隊盡忠職守地執行法律賦予的權力，維持社會治安，保護市民人身財產安全。同時，越來越多的香港市民也勇敢地站出來，嚴厲譴責暴行，呼籲恢復理性，風雨中守護香港！

文｜本刊記者

7 月 20 日下午，香港各界舉行"守護香港"大型集會，表達廣大市民支持警方依法維護社會秩序、希望香港社會和平安定的心聲。據大會主辦方統計，當天共有逾 30 萬人參加活動

示威遊行呈現非法化、暴力化、社區化、長期化特點，危及市民安全，觸碰"一國兩制"原則底線

近一個月來，香港社會發生了很大的衝突。總有一小部分人，混在原本是和平、理性、有序的遊行隊伍中，並在遊行後組織非法集會，做出無法無天的暴力行為，導致警務人員、記者及示威者受傷，破壞法治這一香港核心價值。

6月24日，數百名身穿黑衣、戴口罩的暴徒成群結隊湧往灣仔稅務大樓，大搞所謂"接放工"不合作運動，揚言癱瘓政府部門運作。他們手持標語，堵塞大樓各出入口，頻頻干擾升降機的正常升降，又湧到不同樓層去搗亂。來大樓申辦事務的市民亦不得其門而入，與示威者爭吵，發生推撞，場面混亂。稅務署、郵政局被迫拉閘，相關公共服務被迫暫停。

6月26日，"學生獨立聯盟""學生動源""香港民權抗爭"等多個"港獨"團體煽動示威者徹夜包圍灣仔警察總部，一群暴徒蒙面或戴著口罩，以鐵馬、雜物甚至從一旁公共木櫈上拆下的木條堵住警總大門，不斷粗口辱罵警員，還有人肆無忌憚地揮舞象徵"港獨"的港英龍獅旗。警總外閉路電視被人用油漆噴塗，外牆也被噴塗上中英文粗口。期間，有穿便服的警員到警總上班，示威者追著罵他、踢他，一直追至報案室平台入口，又用鐳射燈照射及向他擲雞蛋。示威者包圍警總近五個小時，其間有神秘人運送大批頭盔、木板等物資到現場分發，顯示衝擊有組織有預謀。

6月27日，數百名示威者圍堵律政中心。示威者堵塞律政中心不同出入口，之後佔據下亞厘畢道令車輛無法通行。此間有暴徒包圍及指罵記者，阻撓拍攝，又用電筒近距離照射其眼及面部。

7月1日，暴力行為再度升級。晨起，暴徒把目標瞄準慶祝香港回歸祖國22周年升旗儀式，他們堵塞金鐘一帶主要幹道，舉雨傘擊打警員，投擲磚塊、水樽甚至疑似裝有通渠水、石灰水等物品的膠袋，更從橋上高處拋落水馬、鐵欄，非常危險。下午起，暴徒用鐵籠車、綁在一起的鐵馬陣、粗鐵管、鐵支、雨傘等，撞擊立法會大樓在添美道一側的玻璃幕牆，多塊玻璃裂開，有玻璃被撞出大洞。另有一些暴徒轉往立法會示威區衝擊玻璃大門、推倒擋板，多塊玻璃裂開及破洞，有暴徒向大樓內投擲燃燒物，並再推撞及撬起鐵閘。另一批暴徒則拆毀立法會外的圍欄，又塗抹顏料遮擋立法會示威區的閉路電視。還有人從添馬公園由高處向立法會大樓擲磚。

到晚上，暴徒暴力闖入立法會大樓，大肆破壞。電子熒幕、投影機、天花板、燈、警鐘、閉路電視、影印機、儲物櫃……所有公共設施都成為攻擊目標，圖書館玻璃門亦被暴徒用鐵質推車撞至粉碎。暴徒把鐵馬、盾牌等物資運入大樓，又取走大樓內的滅火筒到處敲打，破壞更多出入口，讓更多暴徒進入。與此同時，有人在網上群組煽動成立"臨時政府"、流血革命、成立地下黨云云，並揚言要"舉起手中的武器及盾牌，推翻暴政，推翻議會"。

之後暴徒分頭上樓，一群人進入會議廳，塗污特區區徽及區徽上的"中華

人民共和國"字樣，在主席台上鋪開龍獅旗，撕毀放在主席台的基本法。有議員座位及會議廳牆壁被亂塗，有議員放在座位的物品被取走、電腦被毀壞。在會議廳樓層，暴徒把掛在牆上的多幅立法會主席畫像掃落地面、塗黑及打爛，其他裝飾畫亦未能倖免，議員休息的前廳亦成為破壞目標。暴徒闖進多間立法會職員辦公室，離開後房內物品散落一地、一片狼藉，記者設在立法會的咪牌、腳架等設備亦被扔在地面，暴徒還不斷遮擋記者拍攝。大樓內牆上多處有亂塗的標語，含粗口、宣揚暴力及反政府等內容。立法會大樓遭到大肆破壞，玻璃牆、圍欄、電梯，保安、消防、供電、點票系統等損毀嚴重，現場滿目瘡痍。秘書處辦公室遺失了大量儲存器等電腦硬件。

這些披著"示威遊行"外衣的暴徒的行為，已經越來越明顯地呈現出非法化、暴力化、社區化、長期化的特點，且屢屢威脅無辜市民健康安全。

7月6日，有示威者發起所謂"光復屯門公園"遊行，與市民發生多起爭執，有暴徒更對人潑液體。有女歌者遭數百人圍住並被人從背後用可樂淋頭，她憤而反抗，結果一眾暴徒衝上前對她拳打腳踢。

7月7日，反對派發起九龍區遊行，遊行結束後非法聚集在西九龍高鐵站及柯士甸站一帶拒絕離開，尋釁滋事，意圖搞亂高鐵運作及滋擾旅客。受此影響，高鐵停售中午起至晚間所有班次的車票，大批旅客出行受到影響。

7月13日，在以"反水貨客"為名的"光復上水"遊行中，有暴徒與警方推撞，並有組織、有預謀地瘋狂搞破壞：貨車運來一箱箱物資，"人力接龍"逐

暴徒暴力衝擊立法會（圖：路透社）

暴徒打砸後的立法會辦公室

一分發衝擊物資，包括保鮮紙、雨傘、頭盔、眼罩及口罩等，有人四處收集長鐵枝做武器，有人從附近工地搬出水馬、圍板等用來堵路及作為盾牌。暴徒包圍北區大會堂，向停泊在內的警車投擲雜物，以雨傘、鐵棍圍毆警員，用疑似有毒刺激性粉末及腐蝕性液體襲擊警員。搞事分子還在區內商舖搗亂，他們把藥妝店門口的貨物扔向店內，又在落閘停業的店舖閘上塗上"反送中" 等字句，區內不少店舖招牌被拆，商家緊急落閘停業。

7月14日，一群暴徒又在沙田使出"先遊行，後佔領"的陰招，遊行後戴上頭盔、眼罩及長傘，築起三角形的"欄杆陣"作路障，削尖竹枝做武器，不斷從高空向地面的警員和傳媒投擲雜物，包括水樽、雨傘、磚頭等，險象環生。

警方清場至新城市廣場地下時，暴徒從高處瘋狂投擲磚頭、水樽、頭盔、雜物，"空襲"商場大廳裡的警察、記者和市民。有路過的無辜市民被冤枉拍攝搞事分子容貌，遭連番拳打腳踢。暴徒不僅圍毆警員，就連路人也不放過。當日一名女士用手機拍攝，雖沒有集中拍攝任何人面部，仍被十多人圍毆及搶手機，造成她前額及四肢十多處受傷。

7月21日，猖狂的暴徒甚至公然挑戰中央政府權威。"民陣"發動示威遊行後，部分暴徒強行越過警方不反對通知書限制的遊行路線，包圍了中聯辦大樓，向大樓投擲雞蛋、玻璃瓶、磚塊、油漆彈，大樓外的國徽被黑色液體玷污，中聯辦門牌旁及外牆被塗上侮辱國家、民族的字句，大樓外的閉路電視亦被塗黑遮蓋，中聯辦大樓近德輔道西的後閘被撬開，正門大閘則被硬物敲打，大樓內的人被激光照射。暴徒之後在中聯辦大樓外以粵語及英文發表所謂宣言，稱不排除成立"臨時立法會"，宣稱要"光復香港"。

警方沿干諾道西清場後，晚上約八時，暴徒兵分兩路，一批繼續衝擊警方，另一批返中環方向休整。警方原本只是向中環推進防線驅散，惟暴徒率先發難，投擲發出煙霧的燃燒物品。面對全副武裝的暴徒攻擊性愈趨增加，警方舉起黑旗警告可能施放催淚煙後，暴徒反而變本加厲，向警員投擲不明粉末、玻璃樽、燃燒彈等，又以三角鐵馬陣衝擊，在馬路上公然縱火。警方被迫於晚十時半左右在上環施放催淚彈。其後暴徒配備長棍、長竹、鐵枝及盾牌，還有暴徒向警員掟磚，有警員的盾牌被搶走或被油漆彈打中，金鐘、中環方向亦有休整完的暴徒增援。警方舉起橙旗警告"速離否則開槍"，惟不見效，被迫發射橡膠子彈制止暴力，至凌晨才逐步完成清場。警方在現場檢獲大批暴力攻擊武器，如以雨傘和手杖改裝而成的長矛、遭拆毀的路牌、天拿水（易燃，可用於縱火）、玻璃樽、大量的彈珠、丫叉，以及一些不知名的粉末。行動中共有 4 名警務人員受傷，而部分警署的服務亦因為示威者的激烈行動而受到影響，被迫暫停。

當晚，有白衣人持兇器在元朗港鐵站及附近，與剛參加完港島遊行的黑衣人對峙，發生暴力衝突。據媒體報導，初時，雙方只是隔閘互相指罵及投掟水樽等雜物，後來有黑衣人突在閘內拖出一條消防喉向閘外的白衣人射水施襲，

有暴徒拔掉路牌企圖做攻擊武器（本刊記者 黎知明 攝）

引起混亂，有人一度因而跌倒，其後又有黑衣人取來一支滅火筒向閘外白衣者狂噴襲擊，被激怒的白衣人衝入閘內反擊，雙方混戰至月台。民主黨立法會議員林卓廷亦手持一把雨傘加入戰團，惟最終不敵要退入列車車廂繼續混戰，後有白衣人衝入車廂襲擊乘客，危及路人。此次衝突釀成 45 人受傷送院。

事後據警方透露，單單在 21 日晚上 10 時 30 分至次日凌晨 1 時 30 分三小時內，新界北 999 報案中心便有超過 2.4 萬個求助電話，即每分鐘就有 133 個來電，比起平時的日均 2,500 個求助電話多出近十倍，警方又發現在一個有大量人參與的社交媒體群組中，當晚有網民呼籲一齊打 999 報案，令報案中心遠超負荷。

7 月 24 日早上，一群黑衣人在香港

交通要道、地鐵金鐘站阻礙交通，指罵警員，導致地鐵長時間延誤，大批市民不能按時返工。

一時間，網上煽動遊行集會的帖子接二連三：有人煽動7月26日在香港國際機場客運大樓舉行所謂"自發性和平集會"，煽動機場員工換上黑衫，向旅客、各航空公司員工和機場職員展示和播放相關新聞和影片，並向公眾收集請願書簽名；有人煽動7月27日舉行所謂"光復元朗"行動，發起終點為元朗西鐵站的遊行，還特別提出遊行結束後要在元朗西鐵站舉行集會；還有人煽動"將軍澳遊行""港島西遊行"……這些人唯恐天下不亂，誓要亂港到底。

面對暴徒越來越殘暴、惡劣的攻擊，
香港警察恪盡職守，忍辱負重，
克制專業守護香港

在一次次惡意挑釁乃至暴力衝擊中，香港警察都盡忠職守，忍辱負重，克制專業守護香港。可這也令暴徒一次次將警員作為主要攻擊目標，而且行徑越來越殘暴、惡劣，令人震驚。

7月1日佔領立法會的暴力衝突中，暴徒向警員投擲裝有疑似通渠水、石灰粉等物品的膠袋，當場令13名男警出現呼吸困難，以及皮膚出現灼熱紅腫。之後暴徒又往立法會大樓內投撒大量疑似石灰粉，大樓內瞬間充斥一片白色煙霧，被撒中疑似石灰粉的男警背部皮膚即時出現大片灼傷紅腫，也有警員吸入煙霧不適需送醫。

7月7日尖沙咀的遊行中，一直有人高叫"黑警死全家"等侮辱警員的口號，還有人不斷針對維持秩序的警員尋事。晚上警方呼籲示威者離開時，更有戴上口罩的人用鐳射燈射向警員臉部。身處現場的3名反對派議員區諾軒、譚文豪及許智峯，用身阻擋著警方推進，

7月21日晚，暴徒在上環縱火，焚燒雜物，被現場記者救熄

7月14日，沙田區示威者包圍警員，並向其投擲雨傘、頭盔及水樽

其間三人更挑釁警員，區諾軒更失控辱罵警員，連女警也未能倖免。

7月13日"光復上水"遊行的4小時衝突中，至少有10名警員受傷，部分人疑被稀釋的通渠水灼傷，一名便衣警員甚至被鐵支插肚。

7月14日沙田暴力行動中對警察的衝擊更是令人髮指。暴徒於晚上進入沙田新城市廣場後隨即露出猙獰面目，對警員拳打腳踢兼投擲磚頭、雨傘，一名便衣警員走上電梯時，被暴徒突然從後一腳踢倒，警員從電梯上滾落地面，被數十名暴徒圍毆，用腳踢、用雨傘狂打，多虧現場一名攝影記者挺身而出護住該警員，其他攝影記者亦上前幫忙解圍。另一位置又有暴徒用雨傘襲擊3名警員。還有10多名防暴警員被暴徒包圍，亦有人拉倒警員，對他們拳打腳踢。混亂中多名警員受傷，一名警員被暴徒咬斷手指。

激進分子還在社會上鼓吹仇警情緒。有人企圖登入警方內聯網盜取警員資料但失敗。有人發動網絡攻擊企圖癱瘓警隊官網但不成功。日前又有激進人士企圖入侵警察宿舍。

連警員家屬也遭受暴力分子的威脅與恐嚇。最近，一千多名警員及家人被不法網民"起底"，有約800名警員舉報被非法披露個人資料，除中英文全名、身份證號碼外，連家人的全名、身份證號碼，出生年月日，以及住址等亦被公開。有部分警員接獲大量滋擾甚至恐嚇電話，對方聲稱知道相關警務人員的住址，恐嚇"要殺死你！"有暴徒更根據資料前往一名警員妻子工作的地點作出滋擾。以至有警員在知悉自己被"起底"，下班後不會立即回家，只在附近閒逛，避免有人跟蹤、騷擾家人。一位警嫂無奈發公開信控訴，指"受人尊敬的老師""尊貴的議員""助人的社工"竟不斷教唆學生欺凌警員小孩；社工告知只幫助非警察兒女。

疾風知勁草。為了保護市民生命財產安全，香港警隊不計個人得失，忍辱負重，以克制、專業的態度應對歷次衝突，按照嚴格的程序進行處理。每當示威者暴力行為升級時，警方在採取行動前都會舉旗警告，並只採用最低限度武力。就算被辱罵、就算自身安全受到極大威脅，但香港警察仍然依法依規走足程序，盡顯專業。香港警務處處長盧偉聰說："所以我希望香港市民明白，香港警隊只有一個目標，就是保護香港市民生命財產。"

以 7 月 1 日暴徒衝擊立法會事件為例，在接到立法會保安處報案後，警方由當日下午 1 時許一直守到晚上 9 時。在近 8 個小時裡，即使有人用有毒塵粉攻擊，警員也沒有退縮。到晚上 9 時，立法會外逐漸聚集了近 3 萬名示威者，警方在室內面對大量群眾，能夠選擇使用的武力非常有限，加上當時有示威者擅自操控電力裝置，令大樓內部分燈熄滅，警方擔心一旦大樓陷入全黑，有人衝入就極有可能發生"人踩人"，而警方在此間如果與示威者糾纏，很可能造成不好的事情。於是，警方經過專業評估，決定暫時撤退。在撤退前，警方已確認立法會內沒有其他工作人員。

類似的暴力行為，如果發生在美國或歐洲國家，會有怎樣的結果？美國的"佔領華爾街"運動、法國的"黃背心運動"，其警方處理的手法與過程，早已為世人所共知。只要作簡單對比，便很容易得出一個結論，世界上很難找到一支警隊像香港警察這樣，高效且克制，文明且理性。在面對大規模的暴力衝擊之時，能及時果斷有效地掌控住形勢；在面對鋪天蓋地的抹黑以及挑釁之時，能以最大限度的容忍去化解問題。即便是面對極其屈辱情況，他們仍能堅守崗位，以維護香港的安定和秩序、以服務市民為最高的使命要求。

除專業克制應對一次次暴力衝突外，香港警隊日常治安維護也並未放鬆。7 月 19 日，警方還成功搗破荃灣一座工廈內藏有的武器庫，檢獲 10 枚汽油彈、鏹水、鐵通、彈叉、利刀等武器，也有頭盔和揚聲器，另發現一批"反送中"標語及印有"港獨"組織名稱——"香港民族陣綫"的衣服。行動中，警方還檢獲一批極不穩定、非常容易爆炸的"三過氧化三丙酮"（TATP），及時果斷分兩次引爆。警方已經以涉嫌無牌管有爆炸品拘捕"港獨"組織"香港民族陣綫"的 27 歲成員盧溢燊。倘若爆炸品流出，對公眾安全構成的威脅之大可以想見。

香港警隊是一支優秀的紀律部隊，為香港治安及社會穩定作出卓越貢獻，在國際上享有很高聲譽。多項調查均顯示，香港警隊是亞洲最優秀的警隊之一，在世界各地警隊的排名中亦名列前茅。2019 年是香港警隊成立 175 周年，香港特區政府政務司司長張建宗在網上撰文，讚揚香港警隊的表現。他指出，香港作為全球犯罪率最低的城市之一，警隊在維持治安及社會秩序方面的優越表現有目共睹，警隊擔當重要的執法者角色，功不可沒。

香港特區政府保安局局長李家超感謝警隊在這個艱難時刻緊守崗位，不辭勞苦，令社會的整體服務維持："警隊在整個事件中，只是盡忠職守地執行法律賦予的權力，維持社會治安，保護市民的人身及財產安全，警隊都是為社會服務，不要將警隊同社會製造成一個對立面，這對社會無益。"

特區行政長官林鄭月娥高度讚揚香港警隊一如既往保持高度專業和克制，不偏不倚對違法行為採取執法行動，並強調她本人及管治團隊會繼續全力支持警隊。

中央政府堅定支持香港特區政府和警方依法履行職責，反對外國勢力干預香港事務的決心堅定不移

林鄭月娥行政長官強調"香港是一個法治社會，我們不會容許任何暴力行為發生"。"香港的治安是很重要，香港作為一個商業、金融中心是很重要，香港市民日常生活受到保障是很重要；但我相信每一位市民都會認同，香港能夠繼續成功落實'一國兩制'也是非常重要，甚至可以説是至為重要。所以有些激進示威人士污損國徽，而國徽是我們國家的象徵，已經踐踏了'一國兩制'裡'一國'的重要原則，這對香港的傷害是非常大，我在此希望大家認清這件事實的本質。"林鄭月娥説，"暴力是不能夠解決問題的，暴力只會助長更多暴力，最終受害的是香港社會和全體市民，所以我在此呼籲社會各界和每一位市民，一起維護法治，向暴力説不。"

在表達特區政府對暴力違法行為追究到底的決心之外，林鄭月娥也多次謙卑地表示，她過去這數星期，不斷深切反思，亦請教了不少來自不同背景、不同政治立場人士，耐心地聆聽他們的意見，希望能夠走出今日香港這個困局。7月1日，在香港特區成立22周年酒會上致辭時，林鄭月娥就表示要改革特區政府的施政作風。7月9日出席行政會議前會見傳媒時，林鄭月娥又通過媒體向市民介紹了具體工作，並表示特區政府會繼續聚焦經濟、改善民生，為市民解決他們面對的困難。

中央政府堅定支持香港特別行政區政府和警方依法履行職責，並支持香港特別行政區有關機構依法追究暴力犯罪者的刑事責任，儘快恢復社會正常秩序，保障市民人身和財產安全，維護香港的繁榮穩定。

香港發生暴力衝擊立法會事件後，國務院港澳事務辦公室發言人發表談話，表示堅決支持香港特別行政區政府和警方依法處置該事件，並依法追究暴力犯罪者的刑事責任。該發言人表示，7月1日是香港各界人士紀念香港回歸祖國和香港特別行政區成立的喜慶日子，但一些極端激進分子卻藉口反對特區政府有關條例修訂，以極為暴力的方式衝擊立法會大樓，肆意損壞立法會設施。這種嚴重違法行為踐踏香港法治，破壞香港社會秩序，損害香港的根本利益，是對"一國兩制"底線的公然挑戰。我們對此予以強烈譴責。

中央人民政府駐香港特別行政區聯絡辦公室負責人也發表談話指出，對香港7月1日發生在立法會大樓的暴力事件表示震驚、憤慨和強烈譴責，堅決支持特區政府對有關嚴重違法行為追究到底。他表示，一些極端分子以極其暴力

2019 年 7 月 22 日，香港中聯辦主任王志民和各位副主任集體會見記者（圖：香港中聯辦）

的方式衝擊立法會大樓，在大樓內進行一連串目無法紀的大肆破壞活動，令人震驚、痛心和憤怒。他們的暴行是對香港法治的極大挑釁和踐踏，嚴重損害香港的社會安定，絕對不能容忍。香港中聯辦堅定支持特區政府依法追究有關暴力行為，堅決維護香港法治和社會秩序，與香港各界人士共同維護香港繁榮穩定局面。

少數國家和組織故意混淆和平遊行和暴力犯罪，對暴徒瘋狂衝擊香港立法會大樓、野蠻破壞立法會設施的暴力犯罪行為視而不見、顛倒黑白，不僅不反對和譴責，反而還在道貌岸然地妄論所謂自由權利，要求確保暴力犯罪者的"和平抗議的權利"，為暴力犯罪分子撐腰打氣、搖旗吶喊。對此，外交部駐香港公署負責人發表談話，對相關國家粗暴干涉香港事務和中國內政表示強烈不滿

和堅決反對，要求有關國家立即停止損害中國主權安全和香港繁榮穩定的錯誤言行。該負責人表示，一些極端激進分子以反對修例為幌子，採取極為暴力的方式衝擊立法會大樓，肆意損壞立法會設施，嚴重踐踏香港法治，破壞香港社會秩序，損害香港的根本利益，是對"一國兩制"底線的公然挑戰。我們對此表示極度憤慨和強烈譴責，堅決支持特區政府依法追究暴力犯罪分子的刑事責任。香港是中國的香港，中國政府和人民堅決反對任何國家、任何勢力以任何藉口干預香港事務，絕不會坐視外國勢力肆意損害中國主權安全和香港的繁榮穩定。我們再次敦促有關國家立即停止錯誤言行，立即停止縱容暴力犯罪，立即停止插手香港事務和中國內政，遵守國際法和國際關係基本準則，尊重中國主權安全，尊重特區政府依法施政，否則必將

7月22日，行政長官林鄭月娥和各司局長及警務處處長會見傳媒

搬起石頭砸自己的腳。該負責人還一針見血地質問：你們一直標榜的"法治"精神去哪了？你們國家發生大規模示威活動時，警察毫不猶豫出動防爆車，高壓水龍、警棍、催淚彈、橡皮子彈一起上陣，大規模拘捕抗議者，卻為何對香港的暴力犯罪分子如此寬容？對他們肆無忌憚的暴力罪行"選擇性失明"？你們口口聲聲標榜希望香港保持繁榮穩定，但世人看得清清楚楚，你們另有不可告人的目的。這種"合則用、不合則棄"的雙重標準把戲已被看穿，以自由和人權為幌子干預他國內政的虛偽面紗必須揭下。

7月21日發生暴徒圍堵香港中聯辦、塗污國徽惡性事件後，林鄭月娥明確表示譴責："特區政府必須在此強烈譴責部分激進示威者惡意包圍、衝擊中聯辦大樓，而且污損國徽，公然挑戰國家主權，觸碰'一國兩制'底線，而且傷害民族感情，令全城憤慨，特區政府必定會嚴肅跟進、依法追究。"

國務院港澳事務辦公室發言人表示堅定支持特區政府依法採取一切必要措施。該發言人說，這種行徑公然挑戰中央政府權威，觸碰"一國兩制"原則底線，性質嚴重，影響惡劣，是絕對不能容忍的。香港警方及時採取有關行動非常必要。我們堅定支持特區政府依法採取一切必要措施，確保中央駐港機構安全，維護香港法治，懲治犯罪分子。

中央人民政府駐香港特別行政區聯絡辦公室主任王志民及各位副主任22日也會見傳媒，強調中聯辦昨晚連夜更換新的國徽，是要向香港社會及廣大市民表明，莊嚴的國徽仍然高高懸掛在中聯辦大樓；同時強調中聯辦不會辜負市民期望，將一如既往地堅定履行中央政府賦予的各項職責，支持特區政府依法有效施政，支持警方及執法機構依法有效恢復社會秩序及安寧。王志民強調，香港這段時間來發生了一些激烈的示威抗爭，完全超出了和平示威的範疇，公然挑戰香港的法治底線，昨天更發生了公然挑戰憲法和基本法權威、中央政府權威、國家主權安全的尊嚴象徵的暴徒行為，這些都嚴重損害了香港非常珍貴的法治精神，損害了香港市民的根本福祉、根本利益，也嚴重傷害了包括 700 多萬香港同胞在內的全中國人民的感情。他說，相信香港社會各界是絕對不會認同這種現象、亂象繼續下去。香港是 700 多萬同胞的共同家園，為了這樣的共同家園，一代一代的香港人付出了很多，祖國人民也給了很多的支持，這種公然挑戰香港根本福祉的暴力行徑，不能再繼續下去。

中央政府支持特區政府守護香港，對外國勢力干預香港事務堅決反對。7 月以來，外交部駐港公署多次嚴正表明，中國政府維護國家主權安全和香港繁榮穩定的意志堅如磐石，反對外國勢力干預香港事務的決心堅定不移。敦促英方正視香港已經回歸祖國 22 年的現實，恪守國際法和國際關係基本準則，切實尊重中國主權，停止插手香港事務，停止干涉中國內政。針對有媒體報道美國副總統彭斯、國務卿蓬佩奧等日前分別會見了香港商人黎智英，討論修訂《逃犯

條例》事態發展以及香港在"一國兩制"下的自治地位，嚴正表示堅決反對外部勢力插手香港事務，絕不會坐視國家主權安全和香港繁榮穩定受到損害。內外勢力相互勾結、禍港殃民註定沒有好下場。針對個別西方媒體捕風捉影、散布有關香港的不實消息，強烈敦促有關媒體秉持新聞職業操守，停止散布子虛烏有的假消息，以負責任的態度客觀、公正、平衡地進行報道，真正為促進外界對香港的了解和認知、維護香港法治和繁榮穩定做出建設性努力，而不是相反！針對媒體報道歐洲議會一些議員近日提出一項涉港議案，其中包含要求特區政府不起訴示威者等內容，表示有關議案無視事實，混淆是非，通篇充斥著無知、偏見與虛偽的"雙重標準"，自不量力地對特區政府依法施政和中央政府對港政策指手畫腳、發號施令，無知之深、態度之狂令人咋舌。中方對此予以強烈譴責，表示強烈不滿和堅決反對。

民意如山，各界市民堅決反對暴力亂港，感謝警察守護香港，支持特區政府依法嚴懲暴徒

暴徒的猖狂行徑，讓越來越多的香港市民認識到了理性的重要性，越來越多市民和社會團體站出來，感謝並支持警察守護香港。

示威者圍堵警察總部令很多理智的香港人非常氣憤。6 月 24 日，香港交通安全會和香港交通安全隊成員穿著整齊的會服為警察打氣，香港菁英會、香港中國商會、香港廣西社團總會、香港佛山社團總會、香港東區各界 40 個社團的

反對暴力 "守護香港" 大型集會現場

代表等團體亦陸續來到警察機構,高舉"撐警隊,撐政府"的標語,並向警方代表送上帶有支持者簽名的愛心箱。

6月30日,大批市民走進香港添馬公園,參加"630撐警察,保法治,護安寧"和平集會。召集人立法會議員何君堯此前於港台節目《給香港的信》中表示,警方在種種衝突下受到不公平對待,直言香港若沒有警察,或會演變成去年12月巴黎衝突,事情變得更糟糕;他認為香港市民欠警察一句"多謝"。參加此次集會的包括全國人大常委會香港基本法委員會副主任譚惠珠,全國政協常委譚錦球,全國政協委員、警務處前處長鄧竟成,全國政協委員、保公義撐修例大聯盟召集人黃英豪,全國人大代表、工聯會會長吳秋北,全國人大代表王庭聰,民建聯監委會主席盧文端等,還有不少知名藝人,如梁家輝、譚詠麟、鍾鎮濤等也到場撐警,陳百祥亦有拍片呼籲市民積極參與,並表示支持警察執行任務,保護香港。

活動現場,市民揮舞國旗及香港區旗,或手持"阿Sir、Madam我撐你""支持警方嚴正執法"等標語。不少市民經過執勤警察時都表示支持,並有人在雨中為警察撐傘。

譚詠麟上台發言時稱,自己"生於斯長於斯,見證香港由漁港成為國際大都會",他稱近日辛苦"警察哥哥",認為若警察再受如此對待,長此下去"香港無得救",他強調要"家和萬事興"。鍾鎮濤則稱今日出席希望子女"知道咩係啱咩係唔啱",他認為年輕人的說法"九唔搭八"。鄧竟成稱,原本端午節

一家人應開開心心吃飯看龍舟比賽,但有不守規矩的市民搞事。對於前幾天警總被圍,他非常心痛,強調香港警察是亞洲最好,令香港成為世界上最安全城市之一。

激進分子暴力衝擊立法會之後,嚴厲譴責暴力行為、支持警察守護香港的聲音更加響亮。

全國人大代表、港區省級政協委員聯誼會及來自香港勞工界、工商界、教育界、青年界等多個界別的團體及市民對此極為憤慨,當晚就發起聯署,強烈譴責暴徒的極度暴力和違法犯罪行為。大家齊聲譴責反對派縱容暴力、誤導輿論、火上澆油的惡劣行徑;呼籲香港警方儘快查處,司法機關依法嚴懲,共同維護香港的法治、安寧和正常秩序。

特區行政會議非官守議員發表聲明說,全體非官守議員強烈譴責示威者嚴重破壞香港優良的法治傳統,支持警方將違法者繩之以法,維持公眾秩序。香港警務督察協會和香港警察隊員佐級協會分別發表聲明,強烈譴責違法暴行,警告違法者必被追究到底、承擔刑責,並呼籲年輕人切勿進行違法示威行動。

100多名法律界人士7月3日發起聯署,嚴厲譴責暴徒肆意破壞立法會暴行。參與聯署的香港中小型律師行協會會長陳曼琪表示,法律是持不同政見的人和平共處的基石,法治底線不容侵犯。法律學者陳弘毅教授在公開信中表示:"持不同政見者應該在互相尊重的基礎上,通過理性討論,以合法的途徑解決其紛爭。"資深大律師、行政會議成員湯家驊在社交媒體上指出,這將會被視

為香港失去法治的一天，我們感到羞愧。"不知那些每天把仁義道德、法治自由掛在口邊的人有何感想？"香港律師會會長彭韻僖表示，暴力衝擊並毀壞立法會的行為，令香港的法治受到破壞，必須受到譴責。法治是香港的核心價值，每個人對法治都有責任，希望大家都守護法治。

香港商界人士也紛紛呼籲市民以和平理性守護香港。全國人大代表陳亨利說，堅決支持警方果斷執法和追究責任，將當晚的違法者繩之於法，呼籲市民同心譴責暴力分子。全國政協常委、中國僑聯副主席余國春表示，堅決擁護行政長官林鄭月娥，堅決擁護特區政府依法施政，對暴徒狂徒追究到底，應給予嚴懲。香港中華總商會、香港中華廠商聯合會、香港工業總會和香港中華出入口商會等大商會也都發表聲明，對有激進示威者以極端暴力手法衝擊立法會、罔顧法紀、公然破壞社會秩序，予以最嚴厲譴責，並呼籲示威人士立即停止有關行為。

香港校董學會、香港中學校長會、香港教育工作者聯會、香港教育評議會等教育界團體也分別發表聲明，嚴厲譴責暴力行為，呼籲以和平理性方式表達訴求。香港校董學會理事會呼籲年輕人，尤其是在校學生，愛惜自己，愛護香港，切勿參與任何暴力行動，對社會議題有任何意見，都應從多角度了解情況，以非暴力的方式表達並與他人討論。

香港六宗教領袖也舉行座談會並發表聲明，呼籲市民抵制破壞法紀、損及和平及暴力傷害他人的行為，呼籲所有

香港教聯會嚴厲譴責教協發動罷課，認為此舉將政治凌駕於教育，嚴重違反為人師表應有的專業精神

人以克己、理性、和平的方式表達意見。

香港福建社團聯會、香港廣東社團總會、民間團體保公義大聯盟、香港僑界社團聯會等不勝枚舉的香港各界民間團體一致表示對暴徒暴力衝擊立法會行為的強烈譴責，以及堅決支持特區政府，堅決支持警方對暴徒的暴力行為依法追究的決心。

7月14日沙田衝突發生後，多個團體到灣仔警察總部聲援警隊，展示與警隊同一陣線的決心。港九新界販商社團聯合會主席黃超然認為，社會有不同意見，可以透過理性辯論解決，最不應該是訴諸暴力，亦批評反對派"政棍"將暴力衝擊帶入立法會；在佐敦廟街售賣工藝品超過40年的港九新界販商社團聯合會常務副主席陳錦榮說，廟街客路以遊客為主，但自從一個多月前反修例遊行與衝突發生後，遊客大減，令生意下跌四至五成，希望事件可以儘快平息；香港南區各界聯會聯同南區建設力量一行到警總門外，手持"反暴力、撐

執法""警察加油"等標語並高喊口號，表達對警隊的支持，又送上果籃，向辛勤工作的前線警員送上慰問，並祝願傷者早日康復；香港中醫藥界反暴力守法治保安寧大聯盟發言人、全國人大代表李應生呼籲市民一同支持警方嚴厲執法，否則在社會動盪下，本港經濟和前途都會受到影響；香港志願者協會代表高喊"警隊加油、香港加油、阿Sir、Madam加油撐住"的口號，表達支持警隊的心聲，並將心意卡及生果送予警方表示心意；工聯會成員到政府總部請願，要求政府嚴正執法，並譴責部分反對派議員在前線阻撓警察執法，同時表示反對社區欺凌行為；香港友好協進會到灣仔警察總部聲援警方，並向警察福利基金捐款……

7月21日晚，暴徒圍堵中聯辦大樓，破壞設施，污損國徽，噴塗侮辱國家、民族的字句。這種公然挑戰國家主權、觸碰"一國兩制"底線的行為令香港全城憤慨，社會各界紛紛呼籲嚴懲違法暴力行為，將涉事分子繩之以法。

港區全體全國人大代表發表聲明，指出此暴行是公然冒犯全體中國人民的犯罪行為，"我們崇尚和平理性，強烈反對暴力！我們要警方馬上採取果斷、快速及必要的行動制止暴力，嚴肅執法，並立即追究刑事責任到底，早日將違法的暴徒繩之於法"。

民建聯發布聲明，對激進暴力、分離分子發出最憤怒最強烈的譴責，表示這些行為不但嚴重違法，造成刑事破壞，更公然挑戰中央人民政府，罔顧民族尊嚴，冒犯全國人民。

工聯會到警總對暴徒衝擊中聯辦表示強烈譴責，要求警方嚴正執法，嚴懲暴徒，取締"港獨"。

經民聯對暴行感到極度痛心和憤怒，呼籲全港愛好和平的市民看清暴徒的真正意圖，惡意衝擊中央駐港機構的暴力行為不僅破壞法治，更是肆意侮辱國家尊嚴，瘋狂挑戰國家主權，衝擊"一國兩制"底線，將給香港社會帶來嚴重後果。

新民黨對暴行予以嚴厲譴責，並強調上述行為踐踏國家尊嚴，違反國家憲法及基本法，無視"一國兩制"，而且帶有"港獨"色彩，為社會不容。

自由黨發表聲明強烈譴責部分激進示威者圍堵中聯辦及向其大樓門外國徽投擲雞蛋及潑上黑色液體，表示這些損害國家尊嚴、違反國家憲法及基本法的行為，嚴重打擊香港"一國兩制"的基礎。

港區省級政協委員聯誼會發表聲明稱，對於暴徒肆意侵犯國家尊嚴、破壞"一國兩制"，破壞香港社會和平安寧及法治，損害香港市民基本及長遠利益的行為，予以強烈譴責，並要求警方採取斷然舉措，嚴懲暴徒，絕不姑息。

香港廣東社團總會認為，暴行惡意挑戰國家主權，損害了廣大香港市民的根本利益。"我們強烈呼籲全港市民、社會各界，全力支持特區政府及執法部門、司法部門，維護國家主權，守護'一國兩制'，守護法治，守護香港市民的根本利益。讓香港儘快恢復正常秩序。"

香港海南社團總會到金鐘政府總部門口，抗議暴徒公然違法，支持警方嚴正執法。

新界社團聯會強烈譴責嚴重破壞"一國兩制"的暴行，強烈要求警方和特區政府迅速平息暴亂，將暴徒捉拿歸案，並要求依法嚴懲暴徒，絕不姑息。

香港九龍社團聯會發表聲明指出，暴徒的行為無視法紀，破壞香港現行憲制秩序及衝擊"一國兩制"。該會呼籲對暴徒違法及挑釁法律的行為予以嚴厲譴責；要求警方嚴正執法，制止違法行為，避免社會震盪；政府應依法追究參與暴動的暴徒罪行。

香港僑界社團聯會聲明表示，對惡意破壞香港法治，破壞"一國兩制"，損辱國家尊嚴的犯罪行為，感到十分憤慨，促請特區政府和警方嚴正執法，制止違法行為，嚴懲違法暴徒，讓香港儘快恢復正常秩序。

新界鄉議局對暴行予以最嚴厲的譴責，指出一些內外勢力趁機否定和打擊特區政府的管治威信。對於這些違法亂紀之徒，特區政府和警方必須按律執法，絕對不可姑息養奸。

"香港島各界聯合會""反黑金反港獨關注組""保衛香港運動"等社團也到警總抗議暴徒無法無天，支持警方嚴厲執法。

香港史上最大規模集會，
31.6萬市民黃色暴雨中守護香港

針對香港社會最近發生的一連串暴力衝擊事件，7月20日，31.6萬市民冒著瓢潑大雨齊聚金鐘添馬公園，寧可全身淋濕，也始終不願放下手中的國旗、區旗和珍惜香港、香港加油的標語，希望靠自己的行為和聲音澆熄香港近日的暴戾和怨氣，一齊發出"守護香港"最強音。

集會當天，香港天文台一度發出"黃色暴雨警告"，當天天氣亦是風雨不斷。但31.6萬市民仍提前從港島、九龍、新界的各個社區甚至海外，風雨無阻，齊聚添馬公園。"守護香港"集會定於當天下午5點到7點舉行，距離大會開始還有1個多小時，現場已是人聲鼎沸。不同年齡、不同膚色的市民，家庭主婦、普通勞工、學生、少數族裔、中產、富商以及各行各業人士一起站出來，人們身著白色、藍色等淺色衣物，手中舉著"警隊加油，香港加油""拋開爭鬥，你我同舟""守護香港，全民加油"等標語，佇立在大風大雨中，不戴任何遮蓋面孔的道具，昂首挺胸、光明磊落地表達反對暴力、維護法治，一起守護香港這個700多萬人共同家園的心聲。這次集會打破香港歷年集會紀錄，有社會各階層、各界別、各個年齡層最廣泛的參與。

當部分人為自己的所謂立場和口號，悍然破壞其他為生計奔波的普通民眾的生活，香港"沉默的大多數"開始發聲，越來越多的人站了出來向暴力說"不"，支持警方依法履行職責，支持追究暴力犯罪者的刑事責任，重塑法治環境，聚焦經濟民生。眾志成城、磊落光明的強大民意，是抵制陰暗暴力的最有效利器。

"守護香港"集會共分為四個部份，分別為"反暴力，撐警察""反撕裂，保安寧""反衝擊，保經濟"以及"守護香港，全民加油"。青年領袖、立法會議員、法律界人士、學界、旅遊界、媒體界、商會代表、少數族裔代表分別上台發言。

參加集會的青年人表達自己特意來參加集會的思考和立場。中學教師王偉傑強調，沒有理由講幾句政治口號就可以為所欲為，難道不滿意政府就可以將警察當做出氣袋？

大學生麥小姐說，人人都有表達意見的權利，但可以用和平和互相尊重的態度去表達自己的意見。她表示自己也猶豫了很久要不要站出來表達自己的意見，最後都選擇站出來，想表達的是，人非草木，希望每個港人都能互相尊重對方，勿用暴力。

立法會議員何君堯表示，守護香港，為了香港的前途、為了香港的下一代要更加努力！新界社團聯會理事長陳勇呼籲全港市民站出來，向恐怖暴力勢力說不！港區省級政協委員聯誼會會長施榮懷認為，市民自發參與一齊守護香港，活動非常有意義。香港公開大學校長黃玉山表示，反對暴力、譴責暴力，一齊用和平理性的方法解決問題。香港菁英會榮譽主席莊家彬見到香港市民一條心，齊心守護香港，表示很感動。中學生王同學也表示，希望年輕人不要輕易聽信煽動，追隨錯誤的行為。

前警察員佐級協會主席陳祖光對近日警方在荃灣工廈破獲一個武器庫爆炸物一事感到十分震驚，他表示現時暴力的程度已經不為接受，呼籲大家支持警察及其家屬，因為他們都正在被人欺凌。

前全國人大常委會香港基本法委員會副主任、前律政司司長梁愛詩表示，解決社會問題，需要在一個有秩序的社會中進行，呼籲大家坐下來通過溝通解決。

全國人大常委會香港基本法委員會副主任譚惠珠認為，社會上的暴力行為對商家、市民造成非常大影響，這些代價將由兩代港人一起承受，呼籲社會守護香港，停止暴力。

團結香港基金理事盛智文發言時反問，經濟衰退下，若繼續用暴力抗爭，會對就業市場和下一代造成甚麼影響，他最後帶領現場人士用英文高呼"我愛香港"。

全國人大常委會委員譚耀宗表示，香港回歸祖國後，香港經濟繁榮穩定，但有人破壞"一國兩制"，呼籲大家一定要起來守護家園。

民建聯主席李慧琼說，對抗、吵架是解決不了問題的，只有對話尊重，才有出路，讓我們從每一個人做起，由對話做起，去解決社會矛盾。

新民黨主席葉劉淑儀表示，有些人聲稱要移民，我在英國和美國都生活過，我要告訴你們，離開自己的國家，是沒有人會疼惜你們的。我呼籲各位市民，我們一定要同心協力，守護香港。

工聯會會長吳秋北也在大會上呼籲，我們大家守護"一國兩制"、守護香港。

全國政協委員霍啟剛呼籲每個香港人都應該回到自己崗位，為香港未來做到更好。

新界打鼓嶺鄉事會主席陳月明疾呼，我們香港人一定不會沉默，一定反對暴力到底。

參加"守護香港"集會的小朋友及家長

參加集會的少數族裔人士 Mohan、Aril、Ray、Babu 也一齊站出來，表示"大家都好愛香港依個地方，好想香港和平！"

安定祥和是香港市民的最大福祉，是世界上任何一個國家、地區、城市的最大福祉。

西方諺語有云，羅馬不是一天建成的，但毀掉羅馬只需要一天。香港將向何處去？港人基業將走向何方？正如中聯辦主任王志民所問："我們究竟要一個什麼樣的香港？是要法治的香港，團結、安定、文明的香港，還是暴力的香港，爭拗、撕裂、不文明的香港？"

在集會最後一個環節"守護香港，全民加油"中，全場共同宣讀宣言期間，儘管仍天降大雨，不論年輕人還是長者，許多人選擇放下雨傘，不顧頻密落在臉上身上的雨水，莊嚴高舉標語、大聲呼喊，甚至有人眼泛淚花。

集會最後，全體與會人士唱起象徵香港精神的《獅子山下》，許多市民舉起手機開啟手電燈光，用聚集的星星之光，照亮添馬公園的夜空。集會結束後，依然有市民自發站在雨中的路邊反復吶喊"香港加油！守護香港！"希望自己的聲音能響得久一點，再久一點。

這就是最廣大香港市民的答案，這也是全國人民的共同心聲！

天地有正氣，風雨護香江！🌸

（原文刊於《紫荊》2019 年 8 月號）

必須旗幟鮮明地反對暴力

本刊評論員

　　一段時間以來，香港反對派藉口反修例掀起的政治風波愈演愈烈，逐漸被美西方操縱的亂港勢力和"港獨"勢力所騎劫，演變成一場接一場黑衣蒙面人的違法暴力事件：包圍衝擊警察總部並毆打警察，強行攻入立法會並打砸搶盜，向警察投擲磚頭、鐵枝、燃燒彈並血腥咬斷警察手指，多次圍毆污辱市民遊客，肆意砸毀車輛損壞公共設施，包圍強佔商場堵塞交通。7月21日，更發生圍堵中聯辦及塗污莊嚴國徽的惡性事件。越來越多事實證明，這已經不再是政見之爭，不再是和平理性遊行示威，而是公然挑戰香港法治底線，公然挑戰憲法和基本法權威，公然挑戰人類道德良知的暴徒行為。

　　羅馬不可能一天建成，卻可以在一天內拆毀。在黑色暴力威脅下，香港數以百計的警察市民受傷入院，遊客數量急劇下跌，不少店鋪營業受損拉閘歇業，一大批民生項目被迫停頓，建造業數以萬計工人開工不足，甚至差過非典時期。更為嚴峻的是，黑色暴力籠罩香江，撕裂分化漸趨嚴重，社會瀰漫恐怖氛圍，個別地方出現以暴制暴。有證據顯示，黑色蒙面勢力還在圖謀更大規模、更高強度的亂港暴恐事件。

　　香港，已經處在最危險的邊緣；香港，絕對不能再亂下去了。

　　必須旗幟鮮明地反對一切暴力。暴力是弱肉強食年代的叢林法則。香港是高度發達的現代社會，人類發展指數亞洲第一，沒有暴力存在的任何合理空間。對此，絕大多數香港同胞是清醒的、認同的、堅定的。7月20日，30多萬市民在暴雨中集會，誓言守護香港，發出了反對暴力的最強音。但是，總有那麼一批反對派，為了謀取政治私利，不僅不與暴力劃清界限，還喪失基本的是非觀道德觀，一味偏袒極端分子，為暴徒和暴力塗脂抹粉。公民黨主席梁家傑身為大律師，竟然說，"暴力有時或是解決問題的方法"。當被問及會否與暴力行為切割時，反對派立法會議員毛孟靜狂妄表示，"再一次聲明，我們不割席"。有的反對派議員宣揚所謂"公民抗命""違法達義"歪理來美化暴力行為，有的更濫用議員權力，阻撓警方執法，配合極端分子的衝擊。暴力本身的危害是直接的、顯在的、短期的，而對暴力的縱容甚至美化帶來的危害是深層的、隱性的、長期的，因此其危害甚至更大。反對派如此縱容和美化暴力，正正助長了暴力的不斷升級，今日的香港亂局，反對派要負上主要責任。在此，必須奉勸反對派，你們不就是想騙幾張激進年輕人的選票嗎？一旦市民遭受暴力傷害清醒了，你們哪裡還會獲得選票？既便拿到幾張帶血的選票，你們難道能夠心安？香港是 700 多萬同胞的共同家園。為了建設這個共同家園，一代一代的香港人付出了很多。今天，為了守護共同家園，需要香港同胞勇敢地站出來，不再當沉默的大多數。我們必須旗幟鮮明地堅決反對一切暴力，與暴力劃清界限，與那些鼓動、美化、縱容暴力的無恥政客劃清界限。

必須堅決依法打擊暴力犯罪。反對暴力是現代社會的普世價值，是文明社會的普遍共識，既要從道義上堅決反對，更要從法律上堅決打擊。對於部分市民在遊行示威中的一些過激行為，警方從愛護市民出發，保持極度克制，完全可以理解。但是，當少數暴徒濫用暴力衝擊法治、破壞秩序、傷害香港的情況已現失控危機，警方如果再不果斷執法，違法暴力行為將演變成香港社會的毒瘤，甚至衍生出恐怖組織與恐怖活動。最近檢獲的一批"港獨"組織爆炸品就是明顯警號。如果法治不彰，暴力橫行，香港恐淪為"暴力之都""失序之城"，投資者信心將急速下滑，香港的繁榮穩定註定灰飛煙滅。只有對違法暴力行為嚴格執法、堅決打擊，才能夠防止法治坍塌，保障香港絕大多數市民的生命財產安全，也可以防止一些激進青年滑向犯罪深淵。另外，近一段時期，每一次市民和平表達訴求的遊行集會，最終都被少數暴徒騎劫，演變成非法暴力衝擊。從香港整體利益出發，警方應果斷依法不向那些高風險遊行集會發出不反對通知書，否則，港人享有的和平遊行集會的權利自由，將被違法暴力行為徹底侵蝕剝奪。

必須堅決斬斷暴力事件的幕後黑手。一次一次暴力衝擊中，那些整車整車物資、大筆地下資金從何而來？那些突然出現的鐵通鐵枝、有毒粉末、天拿水、玻璃樽從何而來？那些頻頻出現在各個暴力現場的洋面孔所為何事？那些暴力衝擊後迅速離境潛逃的暴徒是誰在聯繫誰在庇護？長期以來，一些西方國家一直不願放棄他們在香港的殖民利益，敵對勢力把香港打造成反華橋頭堡的圖謀一直未曾改變，香港暴力事件越多，社會越混亂，就越符合他們的利益。就香港修例一事，西方政治勢力公然表示"關注"和"反對"就達百次之多，他們甚至對暴力衝擊被捕者提供所謂政治庇護。對7月1日暴徒赤裸裸的衝擊立法會事件，西方選擇性失明，不予譴責，反是鼓勵縱容，話裡話外挑撥離間。有港媒和社交平台揭露，在近期一系列反修例示威中，每次都有數名神秘白人男子出現，作出各種手勢，不時對身旁一群黑衣蒙面人"交待部署"。另一邊廂，台灣蔡英文當局對香港暴力事件煽風點火，借機拉抬選情，對香港多名示威者逃到台灣，表示會基於"人道理由"適當處理他們的"避難"。"台獨"勢力加速與"港獨"勢力勾結，台港"獨青"頻頻密謀行事。大量事實證明，衝在前面的黑衣蒙面人總是少數，大批青年是被一種看不見的幕後黑手推上街頭、騙上街頭而不自知。控制香港的暴力蔓延，必須堅決斬斷暴力事件幕後的外部勢力黑手，必須堅決打擊暴力事件幕後的"台獨""港獨"勢力。

國家是維護香港繁榮穩定的堅強後盾。香港是700多萬香港同胞的香港，也是14億中國人民的香港。回歸以來，香港遇到非典疫情、亞洲金融風暴、美國次貸危機等重大困難之時，國家都伸出援助之手。祖國永遠是香港保持繁榮穩定的強大靠山。基本法賦予香港"港人治港"的高度自治權，就是相信港人有能力管理好香港。面對當前香港局勢，中央堅定支持林鄭月娥行政長官和特區政府依法有效施政，相信特區政府在廣大愛國愛港同胞支持下，能夠恢復正常社會秩序。有人擔心，如果有些外部勢力就是不收回黑手，香港局勢進一步惡化怎麼辦？對此，鄧小平先生早就以政治家的戰略眼光作出過清晰的論述，香港基本法、駐軍法也有明確的規定。有偉大祖國作強大後盾，敵對勢力在香港掀起任何暴力動亂都不會得逞，香港的"一國兩制"與繁榮穩定堅如磐石。

法治是香港長期以來的最大共識，暴力是香港當前面臨的最大危機。信仰可以不同，政見可以相爭，法治必須堅守，暴力必須反對。廣大香港同胞，絕大多數都是守法及愛好和平的好市民，一定能夠旗幟鮮明地反對暴力，齊心協力恢復香港的秩序與安寧，共同讓香港這顆東方明珠重新煥發璀璨光彩。🌺

（原文刊於《紫荊》2019年8月號）

黑衣暴徒在破壞商鋪（圖：星島日報網）

示威暴徒向政府總部投擲汽油彈（圖：星島日報網）

香港青年請"停一停，想一想"回歸理性守法議政

文｜香港　楊志紅

楊志紅

朝早路過金鐘夏愨道，車流穿梭不息，若不是看見路邊零星散落的幾個膠樽、口罩，真難以相信早前在此發生過示威衝突，個別人甚至有暴力行為。但是，城市的秩序可以在數日內恢復如初，可是社會的秩序需要多久才能重回正軌呢？

社會對政府修例的爭議從和平遊行升級到流血騷亂，刺痛了每一個香港市民的心。特別是看到衝突現場，無論是警員還是施暴者，大多都是青年人，作為一名母親，我深感擔心和心痛。我為那些以血肉之軀保護市民，在受傷情況下仍極力保持克制的青年警員們而擔心；也為那些被別有用心之人煽惑而失去理性、無視法紀，向維護秩序的警員施襲的青年們而心痛。我不禁想問，那些把青年送到暴力衝突前線的幕後策劃者，那些洗腦未成年學生"勇武抗爭"的少數老師，到底有沒有從政為人的底線良心？有沒有為人表率的師德師風？有沒有考慮過青年的父母們的心情？

策劃者和外部勢力勾勾搭搭，利用青年們的熱情和衝動破壞香港安寧、擾亂社會秩序，卻絲毫不顧他們的未來和前途，只為滿足自身不可告人的政治利益，試圖令香港法治淪喪、管治失效，妖言惑眾、其心可誅！從將修訂《逃犯條例》"妖魔化""政治化"，到如今製造一場又一場的暴力活動，背後的策劃者們，從來就沒有站在社會需要上來考慮逃犯引渡的問題，他們只想利用這個問題大搞一場，綁架民意、裹挾政府，以期實現自己的政治目的。

青年是香港的未來。社會各界都樂見更多的年輕人，懷抱對香港的熱愛，積極議政、論政及參政，為香港發展貢獻力量。但是，表達任何政治意見和訴求，都需要採用和平理性守法的方式，暴力流血從來不是解決問題的辦法，更不會被任何文明法治的社會所許可。親愛的青年們，當你被呼籲參與任何所謂"暴力抗爭"的活動前，請平復下激進的情緒，考慮一下後果、思考一下法律，為自己的父母家人想一想，為自己的前途未來想一想。你到底是要"發聲"還是要"發洩"？

文明、法治是香港的城市精神。時至今日，社會各界都急需冷靜下來，合力恢復社會秩序，把注意力回歸發展經濟民生，為香港社會持續向前同心同行。

（作者係全國政協委員、全國婦聯執委、香港新活力青年智庫總監）

（原文刊於《紫荊》2019 年 7 月號）

11月2日，黑衣人破壞香港中環地鐵站設施（圖：新華社）

11月17日，香港理工大學外的立交橋遭暴徒縱火，阻斷交通（圖：新華社）

第四章

止暴制亂、恢復秩序

止暴治亂 恢復秩序
團結一致救香港

　　一個多月來，香港反對派和激進暴力分子在反修例風波中，蓄意製造暴力事件，他們圍堵香港中聯辦大樓，多次污損國徽和國旗，暴力襲警手段不斷升級，假借"和平遊行"大搞暴動，掀起"罷工、罷課、罷市"活動，亂用私刑殘害毆打記者、遊客和市民……這些行徑已經完全超出了和平示威的範疇，脫離了訴求軌道，扭曲了事件本身，徹底暴露了其政治野心和不可告人的陰謀。種種跡象顯示，激進暴力分子根本不是為了反修例訴求，根本就在於搞亂香港、搞衰香港，摧毀"一國兩制"，香港正面臨著自回歸以來最嚴峻的形勢。在這個關鍵時刻，中央及時發出權威聲音，堅決支持特區政府和香港警方，為處理當前局勢、謀劃未來發展指明了方向。特區政府深刻反思，積極施策，推出了一系列紓解民意新舉措；警隊不畏壓力，恪盡職守，勇擔維護社會安全的光榮任務；社會各界積極響應，團結一致，凝聚起愛國愛港的正能量。香港這顆飽受風雨的東方之珠，必將逐漸恢復往日的光彩！

文 | 本刊記者

一系列亂港活動逐漸出現恐怖主義苗頭，帶有明顯顏色革命特徵

　　一股頑固的極端分子在外部勢力的支持下，將遊行示威升級成"常態化"的暴力活動，不顧警方拒絕發放遊行"不反對通知書"，圍攻警署、對抗警察、毆打市民，還發起所謂"不合作運動"，衝突螺旋式惡化，將香港變成"戰場"。

　　7月26日，大批著黑衣、戴口罩的示威者湧入香港國際機場接機大堂，向旅客派發"旅遊警報"單張，舉著編造的辱警標語，叫喊口號，恐嚇剛入境香港的遊客。一名白髮老翁步出機場抵港大堂時，因拒絕接下傳單，被數十名示威者包圍，更有人將標語貼在老翁背上，老翁一度被逼到牆邊。

　　7月27日，在香港警方發出反對通知書的情況下，數千名身著黑衣的暴徒舉行"光復元朗"非法遊行集會。暴徒阻塞道路和交通，在南邊圍村、西邊圍村等多處鬧事，又包圍元朗警署襲擊警員，報案室被迫暫停服務。暴徒還衝擊警方部署在各村口的防線，與當地居民發生衝突，把元朗蹂躪得滿目瘡痍。

　　7月28日，"港獨"分子劉穎匡發起的中環遮打花園集會演變成暴力活動，掀起自7月21日衝擊中聯辦後的第二輪圍攻。暴徒先是堵塞馬路，隨後調動物資車運送武器，通過及時通訊軟件召集各路同夥，突襲中聯辦陰謀失敗後，暴

8月17日下午，"守護香港大聯盟"聯同社會各界在金鐘添馬公園舉行"反暴力、救香港"大集會

徒喪心病狂地向警方發起武力進攻，製成"火焰車"衝擊警員，焚燒垃圾桶、竹枝等雜物縱火，用弓箭、鐵通、鏹水彈、彈叉、土製煙霧彈、燃燒彈衝擊警察防線。

7月30日，一批戴頭盔、口罩的暴徒包圍葵涌、天水圍警署，叫囂讓警察釋放"7.28"港島騷亂事件落案嫌犯，向警察投擲雨傘、木板、垃圾桶等，擅取路邊護欄阻擋警車，塗污警署外牆，一輛黑色私家車駛經天水圍警署時，連續發射十多枚煙花，多人被擊中灼傷。還有一群極端分子搞所謂"不合作運動"，於早上上班時段肆意阻礙市民出行。他們以身體或物件阻礙車門關閉、拉動緊急手掣123次，導致四條鐵路超過66班列車服務受阻，部分路段需暫停服務，13.2萬乘客受影響。

7月31日，大批激進分子包圍東區裁判法院，高呼口號要求釋放"7.28"港島騷亂事件涉案疑犯，並包圍襲擊警車，辱罵警察。

8月1日，警方突擊搜查天水圍天瑞邨一單位，檢獲30枚煙霧彈、半製成煙霧彈、製造爆炸品的原材料硝酸鉀，以及製作工具，拘捕兩女一男。警方還在火炭喜利佳工業大廈搜獲一批頭盔、口罩、攻擊性武器及爆炸品等物資，並帶走八人調查，包括前"香港民族黨"召集人陳浩天。隨後，有暴力分子先後包圍沙田、馬鞍山警署，高叫口號，拆毀閉路電視，用黑漆塗鴉侮辱字眼，要求警方釋放被捕人員。另有數百名極端分子到沙田新城市廣場及鄰近的港鐵沙田站，發起所謂"接放工打氣行動"，到處散發和張貼便利貼，對內地品牌的商鋪進行搗亂，辱罵沿途行人和遊客。

8月2日，一批自稱公務員者在遮打花園集會，一度由花園走到德輔道中一帶，更佔據幾條行車線。附近的愛丁堡廣場也有一批服務公私營醫療機構的醫護人員舉行集會。

8月3日，曾參與違法"佔中"的伍永德發起所謂"旺角再遊行"，大批黑衣蒙面人高舉"港獨"旗幟和揮舞美國國旗，在油尖旺一帶大肆非法遊行、佔路，沿途用雜物堵塞道路，拆取圍欄、水馬、標誌筒。部分暴徒流竄到尖沙咀天星碼頭，拆開國旗旗桿底端的繩索，公然撤下國旗，將塗污的國旗揉成一團扔入海中，還當場宣讀"獨立宣言"，並在旗桿底座噴上象徵顏色革命的"光復香港 時代革命"黑字標語，遁逃時更向附近內地遊客大叫"返大陸"。當晚，暴亂分子兵分多路瘋狂鬧事，兩度堵塞紅隧九龍出口，襲擊尖沙咀、黃大仙警署，用巨型橡皮筋自製"人肉拋轉器"向尖沙咀停車場投射磚頭，以長棍打爛警署車窗，用滅火筒噴射攻擊防暴警察。

就在油尖旺騷亂發生的同時，亂港派頭目黎智英、李柱銘、陳方安生、陳日君等人，同黎智英的助手西蒙（Mark Simon）以及美國國家安全專家惠頓（Christian Whiton）在一高級餐廳搞"慶功宴"。黎智英席間大聲說："Welcome to HK and well done with the situation！"（歡迎來香港，現在局勢很好！）

8月4日，暴徒分別在將軍澳、西環、銅鑼灣、灣仔、紅磡、黃大仙、觀塘、天水圍等多區實施野貓式攻擊。將軍澳遊行途中，大量暴徒圍攻將軍澳警署，堵塞通往九龍交通。在堅尼地城集會後，暴徒企圖再次衝擊中聯辦大樓，由於有防暴警察布防，暴徒又轉往銅鑼灣堵路、縱火。有暴徒在灣仔軒尼詩道剪斷交通燈的電線，又到金紫荊廣場將金紫荊雕塑塗污。還有暴徒堵塞港島紅隧出入口道路，令行車線幾乎完全封閉。全天暴徒四處打遊擊戰，所到之處一片狼藉。

8月5日，暴徒發動全港性罷工罷市罷學的所謂"不合作運動"。從早晨起四處搗亂，"快閃"式堵塞龍翔道、鯉魚門道、紅隧九龍入口等地，路面交通一片混亂。港鐵炮台山站、荔景站、元朗站、屯門站、鑽石山站、大埔墟站都有大批暴徒阻礙列車開出，多條港鐵線路暫停服務。一名孕婦疑因等候時間太長、空氣侷促不適暈倒在炮台山月台。一市民在觀塘線鑽石山站大堂指罵暴徒，被暴徒打至眼角流血。在荃灣線荔景站，多位市民挺身阻止暴徒阻車惡行時，慘遭暴徒用滅火筒噴面。一名中通社女記者在車站拍照採訪期間，暴徒將其重重包圍，恐嚇並強行逼迫她刪除所拍圖片。當日機場航班亦受影響，超過200班航班取消，導致大量旅客及外遊港人出行受阻。

下午，暴徒發起的"七區集會"演變成13區暴力騷亂，映及多個警署及多條道路，不少報案室、緊急車輛通道、診所、康文署設施、勞工處辦事處、政府合署等公共設施服務受阻甚至暫停。暴徒圍堵天水圍、沙田、屯門、荃灣、葵涌、黃大仙、尖沙咀等地警署，包圍金鐘政府總部，在下班時段再度堵塞癱瘓紅隧。

2019 年 8 月 30 日，香港中國企業協會法律專業委員會舉辦"律師視角：走出社會紛爭"分享會

2019 年 8 月 15 日，廣東、福建、廣西、海南等 15 家香港各大同鄉社團聯合舉行"反暴力·救香港"記者會（圖：中新社）

8月6日，深水埗警員查獲浸會大學學生會會長方仲賢非法持有十支鐳射槍並將其拘捕，引來大批黑衣人圍攏，聚在深水埗警署外要求放人。一幫暴徒蓄意破壞經民聯立法會議員梁美芬位於石硤尾邨21座的辦事處，門外牆身和辦事處的招牌遭黑漆塗污，海報被撕毀。與其相連的經民聯深水埗區議員陳國偉辦事處門外的一海報亦被扯下。

當天，美國駐港澳總領事館政治部主管Julie Eadeh在交易廣場與李柱銘、陳方安生秘密見面，隨後又在金鐘萬豪酒店密晤"香港眾志"頭目黃之鋒、羅冠聰等4人。

8月8日，為聲援此前被捕的方仲賢，浸會大學學生會及屬會發動學生代表，以靜坐形式拒絕為新生辦理加入學生會、註冊宿舍等程序。學生會評議會主席雷樂希更夥同大群身份不明者包圍錢大康校長住所，於門外張貼譴責聲明，將宣傳單張折成飛機投進屋中。

8月9日，一群黑衣人在機場入境大堂發起一連三日的所謂"萬人接機"集會，高喊與接機無關的口號，在離境層天橋掛上"光復香港 時代革命"標語。一名市民因表達不同意見與示威者發生爭執，被黑衣人揮拳打傷鼻樑及左眼。

8月10日，暴徒不顧警方發出反對通知書，半日內流竄於大埔、沙田、大圍、尖沙咀、九龍灣、九龍塘、荃灣和觀塘等多地，在港鐵沿線四處堵路搗亂及圍攻警署，所到之處均作出非法堵路、掘磚、縱火、襲警等破壞行徑。暴徒更"快閃"堵紅隧，擅自讓車輛"免費"過隧道，造成交通混亂。

8月11日，暴徒於港島東和深水埗等地，實施大規模暴力襲警。另有一批黑衣人在維園發起非法集會，先後在銅鑼灣、灣仔、太古、北角、鰂魚涌拆毀公物構築路障癱瘓交通，又"快閃"堵塞紅隧，再次塗污金紫荊雕塑。

8月12日，繼9至11日連續滋擾機場之後，一些極端激進分子又煽惑約萬名黑衣人在機場發起"百萬人塞爆機場"非法集結，迫爆機場出入境大堂，突入登機櫃位阻礙旅客登機，部分未能進入機場的黑衣人在公路上步行"佔領"堵塞，使機場運作嚴重受阻，導致所有航班取消，從香港出發或返港的至少59個旅行團、約1,320人以及逾400班航班受影響，大批離境旅客被迫滯留機場。當天，有一撥暴徒再次包圍警察總部，多次挑釁警方。

8月13日，逾萬名黑衣人再次癱瘓機場，一些暴徒更以懷疑身份為由，濫用私刑，非法禁錮了持因私往來港澳通行證到香港機場送人的深圳居民徐某，用索帶將他綁上，用鐳射槍照射眼睛，對其拳打腳踢及淋水致浴血昏迷，暴徒阻止醫護人員救護，傷者被困機場逾五小時，生命危殆，最終在防暴警開路下才被送離機場。暴徒還毆打在機場正常採訪的《環球時報》記者付國豪，用索帶綁起他的雙手，以膠板拍打他身體，將其禁錮在行李車上。付頭破血流，但神色鎮定，面對暴徒威嚇仍然面不改容，高喊"我支持香港警察，你們可以打我了"。暴徒還將他的銀行卡、證件、單據等搶走並拍攝照片上載到社交網站，並盜刷銀行卡購買手機。警隊克服巨大

示威者搬來大量鐵馬，堵塞警察總部車路出入口

困難進入機場將付國豪救出。機場管理局下午四時半暫停所有航班登記服務，全日逾 400 班航班取消或延誤，數以萬計的旅客滯留。

8 月 14 日，暴徒以農曆七月十四盂蘭節為由，在大浦、天水圍、深水埗警署外以燒衣"祈福"名義發起非法集會，在警署附近燒衣、插香、撒溪錢，燒紙錢咒罵警員。還有幾十名暴徒聚集在立法會議員何君堯位於屯門美樂花園的辦事處外，鋪設祭品及化寶爐，燒香撒錢，並在辦事處鐵門上粘貼寫有侮辱字句的紙條。

當天，陳方安生暗自拜訪德國駐港總領事館，到灣仔一處商務中心與秘密人士會面。

8 月 17 日，暴徒藉紅磡、土瓜灣遊行到處滋事破壞，向民建聯立法會議員李慧琼、蔣麗芸在馬頭圍道的辦公室掟雞蛋，拆棄民建聯懸掛在庇利街、土瓜灣道的多幅橫額。暴徒用黑油在工聯會工人俱樂部外牆噴字塗污、破壞招牌。暴徒又流竄到太子、旺角、油麻地一帶騷擾警察。教協也發起示威活動，由遮打花園遊行到禮賓府，更搭建"大台"讓反對派人士輪流上台大放厥詞。

8 月 18 日，"民陣"發起"流水式"集會，搞所謂"和平、理性、非暴力"遊行，大批黑衣人在維園非法遊行，沿路走到灣仔、金鐘、中環港鐵站後解散，又折返至維園，並以佔路及"無限循環"的方式，製造人頭湧湧的假象。入夜後，暴徒用強力電筒及鐳射槍照射政府總部布防的警察及中環軍營的解放軍士兵，拆除上環粵海投資大廈懸掛的國旗，並扔在地上後揚長而去。還有暴徒煽動"去中聯辦打招呼"，圖謀再度衝擊中聯辦大樓，在遭到警方強力阻擊後最終逃棄。

8 月 21 日，近 2,000 名黑衣人非法佔據西鐵元朗站大堂，然後全副武裝逼近南邊圍，用鐳射光照射挑釁守護村民的防暴警察，瘋狂破壞地鐵大堂的公用

8月24日，暴徒在觀塘、牛頭角、九龍灣、彩虹、黃大仙、深水埗等地四處堵路，其間投擲磚頭及燃燒彈施襲，有暴徒舉起仿製格洛克半自動手槍指向警方

設施，在站內噴字塗鴉，隨後乘坐港鐵免費"專列"逃離現場。

8月23日，一些人發起所謂"手拉手"建"香港之路"活動，在港鐵港島綫、荃灣綫和觀塘綫共39個港鐵站組成人鏈，叫囂要仿效1989年發生的所謂"波羅的海之路"分裂活動，藉此博得國際社會關注。

8月24日，暴徒在觀塘、牛頭角、九龍灣、彩虹、黃大仙、深水埗流寇式流竄、四處堵路，其間投擲磚頭及燃燒彈施襲，更有暴徒舉槍指向警方，儼如恐怖分子。暴徒又以"侵犯私隱"為破壞藉口，用電鋸鋸毀並拉斷多根智慧燈柱。暴徒阻擋港鐵列車開出，並把一名勸阻的女市民大力推出車廂毆打。

8月25日，一幫极端分子在荃灣、葵涌、青衣等地發動示威遊行，與警方爆發激烈冲突。暴徒向警方投擲多個自製燃燒瓶及大量磚塊等雜物，多次向警方防線進行挑釁，手持棍棒瘋狂圍堵追打警察，有警察因此受傷，警察不得已鳴槍示警，並動用防爆水炮車到現場戒備。有出租車司機因被暴徒設置的路障無法通下車表達不滿，被暴徒用傘尖攻擊頭部。

據悉，暴徒還策劃了8月31日"民陣：8.31五周年遊行"、9月1日英國駐香港領事館集會等活動，在黑色日程表上，他們將衝擊一直安排到了10月國慶和11月的區議會選舉。

這一個月以來，反對派製造的活動數量越來越多、頻次越來越密、暴力程度越來越高、破壞性越來越大，形成一種"流水式"態勢，讓市民叫苦不迭，歎息紛亂看不到頭，急切盼望儘快停止亂象。

特區政府依法有效施政，
堅決捍衛法治及時紓解民困

作為特別行政區和特別行政區政府的"雙首長"，行政長官是香港貫徹落實"一國兩制"方針政策和基本法的第一責任人。林鄭月娥行政長官自從 2017 年上任以來，帶領特區政府管治團隊積極施政，在發展經濟、改善民生，推動香港融入國家發展大局方面做了大量工作，這些都是有目共睹的。中央對林鄭月娥行政長官是充分信任的，對她的工作也是充分肯定的。中央政府支持林鄭月娥行政長官和特區政府依法施政的立場堅定不移、毫不動搖。

林鄭月娥為代表的特區政府官員們，以"志不求易、事不避難"的精神，面對當前複雜嚴峻的政治形勢，不退縮、不動搖，盡心盡力為香港服務，體現出高度的責任感。對於這次修例工作中存在的不足，特區政府已經做了認真總結和深刻反思，行政長官在多個場合做了自我檢討，向市民表達真誠歉意，也表示將更開放、更包容地聽取民意。

面對當下形勢，特區政府呼籲全體市民堅決拒絕暴力、捍衛法治、支持警隊嚴正執法，團結一心讓社會儘快恢復安寧，集中精力重振經濟，共同度過艱難時刻。

林鄭月娥 8 月 9 日會見傳媒時表示，當前必須停止廣泛出現的暴力行為，讓香港走出經濟困境。會見傳媒前，林鄭月娥召開跨界別商界會議，33 位來自香港商會、旅遊、零售、金融、銀行等主要經濟領域的代表出席，共同商討特區政府和全港各界應該怎樣共同努力，走

出經濟困境。林鄭月娥在記者會上總結，在外有中美貿易矛盾升溫、內有兩個多月政治紛爭的情況下，商界對當前政治爭拗和經濟的逆轉非常擔心，且本次經濟情況更為嚴峻，經濟復原將經過一段漫長的時間。林鄭月娥表示，香港經濟要走出低谷，最重要的是必須停止目前香港廣泛出現的暴力行為。她呼籲社會各界放下分歧、減少對立，讓香港社會不再受到傷害。

連日來的修例風波，讓香港經濟滿目瘡痍，廣大市民深受其害。恢復經濟、紓解民困，成為特區政府當下亟待解決的重要問題。

8 月 14 日，特區政府舉行跨部門記者會，指出非法示威集會對香港經濟造成非常負面的影響。香港商務及經濟發展局局長邱騰華在記者會上提到，受非法示威影響，8 月份遊客人數，首 5 日下跌 31%，在 8 月份的第二個 5 日，這個數字同比下跌 33.4%。酒店入位率普遍跌破兩位數，有的酒店入住率下跌三成到五成。

為此，特區政府首先從刺激經濟、改善民生著手。日前，財政司司長陳茂波公布多項支援企業和市民的福利措施。市民最直接受惠的，是政府推出共七項"紓民困"措施，包括將上個課稅年度內薪俸稅、個人入息課稅及利得稅的稅務寬免百分比，由本年度財政預算案建議的 75% 提升至 100%，每宗個案上限為 20,000 港元。此外還包括向逾 90 萬中小學和幼稚園學生每人提供 2,500 元津貼；為全港住戶提供 2,000 元電費補貼以及豁免 27 類政府收費等，主要惠及中基

層，涉及約 191 億元；同時針對中小企業推出多項扶助措施。陳茂波表示，現時經濟環境欠佳，中小企經營困難，零售餐飲行業受到壓力較大，同時一般市民亦有感受到壓力，希望透過一系列紓困措施減輕市民壓力，鼓勵市民多消費，刺激零售餐飲等行業。他估計，有關措施將為香港經濟帶來 0.3% 的提振作用。

在 8 月 11 日的司長隨筆中，陳茂波指出，香港市民對香港未來的美好願景不可能通過激進的抗爭、暴力、衝擊，以及一連串滋擾活動來實現，這些只能令本已疲弱的經濟受到更沉重的打擊。"當前，在複雜多變和不利的外圍環境下，香港的進出口顯著轉弱，內部增長動力亦已大幅放緩，我們正進入一個非常困難的經濟環境。近期的一連串暴力衝擊更令零售、餐飲及交通運輸等行業收入顯著下跌，社會的低氣壓已令整個消費相關行業受到不同程度的打擊。"陳茂波表示，特區政府正努力謀求出路，呼籲大家為了全體市民和整個香港的利益著想，與暴力割席，一起共度時艱。

特區政府為尋找平息修例風波的各種解決之道，搭建溝通對話平台，邀請各階層、不同政治立場及背景的人士，一起對話探討，共同為香港尋找出路。

8 月 24 日，政商界、社福界、學術界、專業界別等多名人士獲邀到禮賓府，與政府交換意見，歷時三小時。林鄭月娥與財政司司長陳茂波、環境局局長黃錦星等多位司局級官員，以及全國政協常委唐英年、中文大學前校長沈祖堯、浸會大學校長錢大康、香港大學教授袁國勇、前立法會主席曾鈺成、前運輸及

房屋局局長張炳良、律師會會長彭韻僖等均有出席。

特區政府就正在起草的施政報告開展公眾諮詢，林鄭月娥、張建宗和陳茂波陸續與不同界別人士會面。8 月 15 日，林鄭月娥先後會見工聯會、民建聯代表，聽取建制派人士的意見。政府還廣開言路，開通專門網址、電郵、Facebook 和 Instagram 專頁，汲取各方智慧，聆聽廣大市民聲音。

林鄭月娥在 Facebook 發出題為"大家都累了"的帖文。她指出，在呼籲停止暴力的同時，必須為解開社會更深層次的"死結"提供出路。政府提倡的對話，是不分階層、不分顏色、不分年齡及持續一段頗長時間的對話，最重要的是整個社會都抱有相同信念，一起推動，透過溝通去互相理解、放下和寬恕。對話不是為對話而對話，而是希望找出社會不滿的根源和解決方向，最終達致改變。"我們希望先踏出第一步，儘管這一步可能小得看不見，我相信也是值得的。"

警隊嚴格執法平暴治亂，構築起維護香港正常秩序的堅強防線

在修例風波蔓延過程中，作為社會秩序的守護者，香港警方始終承受著巨大的壓力。針對社會的和平遊行集會訴求，警方一直依法批准並提供必要的協助，在現場盡職盡責維持秩序。然而，激進暴力分子有恃無恐，將警察作為攻擊的重點目標，不斷升級襲警手段，其手段之殘忍，已經到了令人髮指的程度。

警員在執法過程中遭到暴力攻擊，甚至冒著生命危險。8 月 10 日晚，在黃

部分警員徹夜布防後疲憊不堪，在通道中休息

大仙維持秩序的警務人員被大批示威者用鐳射光線照向頭部，警員雖嘗試用盾牌遮擋，但仍有三名警務人員被鐳射光線照到眼部，感到腫痛，眼睛出現血絲，需要送院治理。近期以來，已有九名警員被鐳射光所傷，部分人至今未能重返工作崗位。8月11日，流竄至尖沙咀的暴徒包圍尖沙咀警署，有暴徒將汽油彈擲入警署，警署內一度起火。一名在警署內的警員被汽油彈擊中，下肢燒傷，經診斷左腿有 10% 二級燒傷，右腿 3% 一級燒傷。8月24日，在處置觀塘暴力衝突的現場，有一名暴徒甚至手持疑似手槍向警員射擊。

　　警員要忍受社會的誤解和冷暴力。8月10日晚，警方在荃灣警署附近戒備，其間一名女警在四名男警務人員陪同下，進入附近在美環街近愉景新城商場洗手間，其後隨即離開。該商場當晚在 Facebook 發文，指有防暴警察未有通知、在場亦有大批家庭顧客情況下忽然進入商場使用洗手間，商場管理處表示遺憾。還有人在連登討論區發帖恐嚇要 "伏擊警察"，要 "禍及妻兒"，叫囂要 "血債血償"。香港華人基督教聯會真道書院助理校長戴健暉在網上公開詛咒警察子女 "活不過 7 歲" "20 歲以前死於非命"。

　　警員被暴徒造謠栽贓備受委屈。在 8月11日尖沙咀非法集會期間，一女性示威者被不明物體打中，右眼血流如注，被送上救護車。但在涉事者未報案的情況下，一些心懷不軌者立刻造謠是警察用布袋彈射擊所傷，並煽動示威者以控訴 "警察還眼" 為由佔據機場，致使機場癱瘓。

7月24日，極端分子在港鐵金鐘站发起所謂"不合作運動"，造成地鐵運行癱瘓

警員個人隱私遭到洩露。警方8月22日召開記者會表示，從今年6月至今，已有1,614名警員及家屬的個人資訊在網上被曝光，包括姓名、出生證明、身份證號碼、電話、住址同照片等個人隱私資訊。有警員個人資料被用作財務公司借貸，或被張貼於網上和公眾地方。警察足球隊8月6日出發往成都參加第十八屆"世界警員和消防員運動會"，一名疑為國泰航空地勤人員在WhatsApp員工內部群組，上傳一幀國泰電腦系統視窗的截圖，顯示國泰香港往成都的航班號，以及77名足球隊員的個人信息，並留言稱"黑警去踢波"，鼓動其他員工對警察作出滋擾，讓警員感到十分不安。

警察家人也被連累受波及。天水圍、黃大仙紀律部隊宿舍連日受到暴力示威者衝擊，宿舍內外滿目瘡痍，大閘密碼鎖被破壞；外牆遭噴上"禍必及妻兒"等仇恨字句；住戶的玻璃窗被磚頭砸爛，小童房間的睡床亦布滿玻璃碎，警員子女嚇得半夜驚哭。行政長官林鄭月娥得知後，實地察看警察宿舍受損情況，探望駐守當區的警務人員，感謝警員日以繼夜、盡忠職守地維護香港的治安，並要求政府產業署和建築署儘快修復損毀房屋，在宿舍大樓研究增加保安設施，讓警務人員及其家人生活恢復安寧。

面對暴徒的這些連環暴力手段，警方始終表現得非常專業、克制，儘量使用最低武力應對局面。之所以這樣，是因為警方想避免衝突升級，防止給社會帶來更大破壞。從一些國家和地區處理類似暴力違法行為的過程看，警察使用的武力遠大於目前香港警察使用的武力。如果在其他國家和地區，警方可能會使用武力程度更高的措施，但香港警方目前只使用最低的武力去應對，全世界有理性的人看到後都能明白香港警方的專業水平。

7月28日發生的葵涌警署暴力衝擊事件中，兩名警員被數十名暴徒以拳頭及雨傘等物件圍毆，更被搶去防暴頭盔，生命受到嚴重威脅。一名受傷且右眼紅腫的警長，被迫拔出裝著布袋彈的長槍鳴槍示警，才令暴徒四散逃開。後來兩名警員相互掩護，最終從暴徒群中撤離脫險，自始至終未再發一槍。有網民感慨："香港警察真是太冷靜了，被人打成這樣還能不開槍，如果換成美國警察早就鎮壓了。"

連日衝突使警察疲憊不堪，有前線警員發公開信盡訴心底的感受，讓人為之動容。他在信中提到，前線防暴警察背上近40磅裝備，連續30小時與示威者對峙，身體嚴重透支到用爛水馬、紙皮箱當枕頭席地而睡。有警員因要隨時處理突發情況，連食飯、上廁所都成問題，一個餐盒等了六、七小時仍未食完。更有幾次因為暴徒堵路，連送飯的警員都被打，前線警員連續十個鐘無飯食。很多警員生病都不敢請假，怕少了人手會置同事於險境。警司協會主席陳民德說，"這些辛苦和困難無法打倒我們，越是在這個時候我們的意志越堅定。"

於此同時，香港警方進一步加大執法力度，採取主動出擊的策略應對暴徒，堅決捍衛法律權威和尊嚴，有效打擊了暴徒的囂張氣焰。香港警察隊員佐級協會主席林志偉表示，警方在裝備和能力上完全可以處理香港任何極端分子的暴力事件，今後百分之百有信心繼續維持香港治安、保護香港市民。

針對暴徒連續多日野貓式"快閃"破壞活動，警隊調整戰術"轉守為攻"，迅速控制局面，拘捕暴徒。對於反對派提出的一些"遊行示威"申請，警方明確發出反對通知書，防止"遊行示威"演變成暴力活動。8月12日，有臥底警員依法拘捕15名"極端核心激進暴徒"。在8月9日至12日期間，警方共拘捕149人，涉非法集結、襲警、藏有攻擊性武器等罪名。8月10日晚，面對暴徒咄咄逼人的襲擊，警方在港鐵葵芳站內施放一枚催淚彈及發射橡膠子彈，防止暴徒傷害市民，並在太古站扶手電梯近距射擊胡椒球槍，及時驅散了聚眾暴徒。機動部隊副校長陳健國高級警司說，警方使用"最低武力"不是絕對的，而是相對的，要視現場示威者的暴力行為作出決定。

8月5日下午，警方舉行記者會，介紹近期在一連串示威衝突中的執法情況。警方表示，從6月9日至8月5日凌晨，在一連串示威衝突中，已拘捕420人，涉嫌非法集結、暴動、襲警等罪行。其中，8月5日當天警方就拘捕82人，包括在天水圍拘捕76人，涉嫌非法集會；另在多區拘捕多人，涉嫌藏有攻擊性武器或可用作非法用途物品，以及危險駕駛等。香港警務督察協會主席伍偉基表示，中央對警方的高度肯定和讚揚，給我們打了一針強心針。警方堅信執法是對的，違法的極端激進分子是錯的。警方一定會繼續把所有違法的人繩之以法。今後警方會著重拘捕搞破壞最嚴重的激進示威者，以更有效地制止暴力。

香港回歸祖國 22 周年之際，香港警隊亦迎來了 175 歲生日。在過去的 175 年間，香港警隊經歷無數挑戰，由 1844 年成立初期只有 171 人的隊伍，發展至今天三萬多人的專業紀律部隊。作為香港對外推廣的一張"金名片"，香港警隊用文明和專業維護治安，助力香港蓬勃發展為今日的國際大都會和舉世公認的最安全城市之一。最新數據顯示，2019 年上半年，香港的罪案數字再創新低，整體罪案共計 25,295 宗，創下自 1977 年有半年統計數字來的最低紀錄，較上一年同期下跌 1,255 宗，跌幅達 4.7%，這些都與警隊的努力密不可分。特別是在近年開展的掃毒行動、反"三合會"行動、打擊科技罪行中，警隊接連破獲了一批重大案件，有效維護了社會安全與穩定。

表現卓越的香港警隊一直勇於改革、精益求精，得到國際社會的廣泛認同，在近年多項聚焦全球安保的權威調查中，香港一直名列前茅。世界經濟論壇 2018 年 10 月發表《世界競爭力報告書》顯示，在全球 140 個受評估的經濟體系中，香港在"警隊服務可靠程度"方面排行全球第六。在世界銀行公布的"全球管治指標調查"中，香港 2017 年在"法治指標"方面排在全球第十四位。英國公共政策智庫列格坦研究所的調查

顯示，2018 年，香港在"安全與保安"方面的全球繁榮指數位列全球第四。此外，根據 2018 年蓋洛普"全球治安指數"，香港在 142 個國家和地區中排名全球第五；根據 2017 年世界正義工程法治指數，香港在"秩序與安全"一項位列全球第四。這些都是對香港警察的充分肯定。

7 月 24 日，入境事務處處長曾國衞、香港海關關長鄧以海、消防處處長李建日、懲教署署長胡英明及政府飛行服務隊總監陳志培發表聯合聲明，"作為香港特別行政區的紀律部隊，我們一直維護香港法治，致力維持香港繁榮穩定及安全。就近日發生的連串暴力行為，已嚴重破壞社會秩序，威脅市民安全，我們予以嚴厲譴責。各紀律部隊將一如既往，緊守崗位，團結一致，堅定不移支持行政長官及特區政府依法有效施政，竭盡所能維護香港法治。"

之後，政府人員協會、國家行政學院香港同學會、香港公務員總工會等三個香港公務員團體，香港警察隊員佐級協會、香港總商會、香港中華總商會等工商界代表，泛海國際、長江實業、恆基兆業、恆隆地產、太古集團、信德集團、新世界發展等 41 家香港地產商也陸續發表聲明或聯署聲明，表態支持特區政府止暴治亂，支持香港警察嚴正執法。

在香港警察總部三樓大堂，展示著許多普通市民寫給警方的感謝信。其中一封落款為苗小姐的信上寫著"強力支持香港警察"。另一封信則寫著"支持警隊嚴正執法，多謝你們代沉默的大多數市民付出一切，請你們加油！"落款

2019 年 7 月民陣反對修訂《逃犯條例》遊行（圖：香港特區政府新聞處）

為 "一班沉默的市民"。

8 月 8 日晚，在成都 "世界警員和消防員運動會" 會開幕式上運動員入場儀式環節，香港代表隊步入會場時，現場看台爆發出震耳欲聾的歡呼聲，全場觀眾起立向來自香港的警察及消防員代表致敬。有警員激動地說，"好多人説警察加油！真的很感動。當我們香港警察兄弟看完這些視頻，我們真的感動到哭了！香港警隊有內地的同行們！有 14 億人民在支持我們！我們並不孤單！這帶給我們無比的力量！在此請代我們香港警察感謝內地所有支持我們的警察兄弟！謝謝！" "香港警察，祖國是你們最堅強的後盾！" 一名四川網友在微博深情留言，眾多網友亦紛紛為香港警察加油打氣。

各界團體和廣大市民用實際行動抵制暴力守護家園，唱響香港社會愛國愛港的最強音

每每在事關香港前途命運的重要時刻，愛國愛港力量始終發揮維護香港社會穩定的中流砥柱作用。在這場反修例風波中，愛國愛港力量無畏無懼、挺身而出，以各種方式紛紛站到鬥爭的最前線，是維護法治、反對暴力、恢復社會穩定的中堅力量。大家用良知、正氣、行動守護香港，匯聚維護國家主權、安全、統一和香港繁榮穩定的強大正能量。

香港多個社團、商會和知名人士在報紙上刊登聲明或發表談話，支持特區政府及警方止暴治亂、恢復秩序。

8 月 8 日，香港中華總商會、香港中華廠商聯合會、香港工業總會等近 10 家香港主要商會發表聯合聲明，希望社會各界摒除成見，在這個艱難時期團結一致，為香港的真正福祉著想，停止一切違法暴力行為，讓社會儘快恢復正常運作，攜手聚焦經濟民生發展。各商會重申繼續堅定支持行政長官及特區政府依法施政，支持警方嚴正執法，堅決維護國家主權，堅持 "一國兩制"，維護香港繁榮穩定。

8 月 8 日，香港地產建設商會發出聯合聲明，對日益升級的暴力作出強烈

2019 年 8 月 7 日，國務院港澳辦和中央政府駐港聯絡辦在深圳共同舉辦香港局勢座談會。國務院港澳辦主任張曉明通報了中央關於穩定香港當前局勢的重要精神，中央政府駐港聯絡辦主任王志民就落實中央精神提出希望（圖：新華社）

譴責，希望香港儘早回歸安寧與法治，人人安居樂業。參與聯署的包括長實、恒基、新鴻基、新世界等在內的 17 個主要地產開發商。8 月 13 日，香港地產建設商會再次發表聯署聲明，強烈譴責近日不斷升級惡化的暴力行為和破壞事件。

8 月 9 日，包括港區全國人大代表、全國政協常委在內的近 40 名社會知名人士舉行記者會，呼籲社會各界反對暴力，凝聚香港主流民意，儘快恢復社會秩序。唐英年、譚耀宗、容永祺、吳秋北、黃錦良、黃一峰等發言，紛紛譴責暴力分子的亂港禍港行徑，疾呼社會停止暴力，市民放下成見，讓社會重回正軌。

8 月 10 日，香港各界 700 多位知名人士聯署呼籲："香港不能再亂下去了！"參與聯署的包括王冬勝、何柱國、何超瓊、吳康民、吳光正、李家傑、李澤鉅、林建岳、邱達昌、范徐麗泰、唐英年、郭炳聯、陳智思、陳馮富珍、曾鈺成、曾憲梓、黃志祥、劉業強、鄭家純、酈保羅等 726 位各界人士。聯署人士表示，感謝警務人員過去一段時間的辛勞與汗水，支持行政長官和特區政府儘快止住亂局，在社會民生上改革向前，令市民生活得更好。

8 月 13 日，香港中律協的律師及大律師成員，在報章刊登廣告，支持警隊嚴正執法。中律協在廣告中指出，近日香港不斷出現暴力違法行為，社會安寧及公共秩序受到嚴重衝擊；該會支持警隊嚴正執法，並與市民分享有關警隊權力的法律。

8 月 15 日，包括香港福建社團聯會、香港廣東社團總會、香港廣西社團總會、香港浙江省同鄉會聯合會等 15 個愛國愛港同鄉社團，聯合舉行"反暴力·救香港"記者會，共同簽署《反暴力、救香港共同聲明》，齊聲譴責 8 月 13 日在香港國際機場發生的暴力事件，呼籲各界共同守護香港的法治，共同抵制違法暴力行為。

香港社會在暴徒四處衝擊的情況下陷入混亂，特別是一些從事服務業的市民生計受到很大影響。他們對此十分憤慨，紛紛站出來，強烈反對暴力分子騎劫民意搞亂香港，熱切期盼停止暴力，讓香港經濟重回正軌。

對香港旅遊、零售等行業來說，七、八月份本應是旺季，但對大部分從業者來說，這個暑期，日子格外難熬。"我們做遊客生意，受到很大影響。"香港一間酒店的房務員王女士無奈説，因入住率低，酒店只能要求員工儘快休假或者無薪休假。香港導遊周女士更形容今年行情"比'非典'那年還差"，由於暴力事件愈演愈烈，近 30 個國家對香港發出旅遊警示，眾多遊客對香港望而卻步，"我當導遊十幾年了，生意從來沒有這麼糟糕過，8 月份可能一文錢都沒有。"如今，周女士最大的希望就是大家都停手，安安穩穩過日子。香港酒店業主聯會代表廣大酒店業從業者發表聲明，批評持續的非法集會和暴力活動對旅遊業造成重創，嚴重影響從業者的生計，呼籲各方堅守香港核心價值，尊重法治，立即制止暴力事件蔓延，重振香港酒店業信心。

從業 17 年的出租車司機周展圖説，最近兩個月來，他與不少出租車司機每天"平均少揾幾百元"，收入減少約四成。周展圖説，暴力和混亂如果繼續下去，"各行各業都面臨倒閉和失業潮"，因此，"我覺得首要是平亂，早日將那些擾亂香港的主要人物繩之以法。""守護香港大聯盟"聯合香港的士司機從業員總會，於 8 月 23 日晚發起"守護香港風雨同舟"大行動，近 600 輛車身上張掛中國國旗、貼著"我愛香港 我愛中國"等標語的出租車，分別從港島筲箕灣、九龍尖沙咀出發，圍繞港島、尖沙咀前往觀塘、尖沙咀前往荃灣的主要道路行駛，香港出租車司機通過這樣的方式向廣大市民和遊客展示香港的正面形象，呼籲香港社會共同反對暴力，儘快恢復正常秩序。

此外，香港金融業志同會、香港幼稚園協會、香港教育工作者聯會、香港校董學會、香港紡織商會、香港電影商協會、香港影業協會、香港製片家協會、香港中華文化總會、香港海南商會、香港潮屬社團總會等，也紛紛在媒體上刊發聲明和廣告，表達對目前局勢的擔憂，堅決支持警方嚴正執法、止暴治亂。

廣大愛國愛港團體自發舉辦了一系列撐警隊、反暴力、促和平主題活動，吸引了成千上萬市民參加。這些活動讓"沉默的大多數"不再沉默，他們通過一封封質樸平實的信、一件件"撐警"藍色文化衫、一張張寫滿愛心話語的卡片，表達"求穩定、求安定"的主流民意，呼籲香港儘快恢復社會正常秩序，凝聚起愛國愛港的正力量，發出了反暴治亂最強音！

8 月 10 日這一天，"守護香港大聯盟"發起"全民撐警日"活動。眾多市民穿上藍衣，自發前往觀塘、中區、葵涌等警署，向警務人員表達感謝和支持。見到警察時當面道謝，用行動支持辛苦的香港警察。他們喊出的口號是："全民穿藍，香港天藍。"

在這之前，香港市民已自發到各警署慰問警察。

在觀塘警署，約一小時內，前後有數百名市民前來支持警察，他們有的送上畫有警察卡通圖像和愛心的慰問卡；有的揮舞小幅國旗和區旗，與警察開心地合影；還有的給警方送上了餅乾、礦泉水等物資。

距觀塘警署約 10 公里的中區警署內，數十名市民舉著寫有"多謝你們保護香港"的彩色卡片，喊著"支持警察""反對暴力"等口號，為警方加油打氣。56 歲的蔡志忠和朋友們一起為警方送上慰問卡、礦泉水等。他說，"自己是特意過來支持警察的，警察是維護香港繁榮穩定的重要力量，如果他們被別有用心的人衝垮了，那對香港會產生更大的破壞。"

臨近中午，一批市民來到葵涌警署慰問警方。他們拿著標語、橫幅，高聲呼喊"反暴力、護法治"等口號。今年 30 多歲的陳先生帶著妻子和小孩一同來到警署，陳先生的孩子還繪製了一張心意卡送給警方，他表示"要讓下一代懂得熱愛和平，知道該怎麼樣去做人做事，也希望社會秩序能儘快恢復，不想看到暴力事件再發生。" 還有市民提議將 8 月 10 日定為每一年的"香港警察日"。香港警方葵涌分區指揮官王偉康警司說，看到很多市民來給警察加油，感到非常開心。這說明大部分市民對警務工作是認同的，警方會繼續依法履行職責。

8 月 17 日下午，"守護香港大聯盟"聯同社會各界在金鐘添馬公園舉行"反暴力、救香港"大集會，呼籲廣大市民反對一切形式的暴力，儘快恢復社會正常秩序。雖然天氣不佳，不時落雨，也不能阻礙廣大市民冒雨參加集會的熱情。許多熱心市民提早超過一小時到集會現場，遊行隊伍從公園綿延到幾百米外的地鐵站。現場聚集了 47.6 萬人，五星紅旗、香港特區區旗處處飄揚，市民舉著標語表達訴求，齊聲呼籲"香港不要再亂了！"此次集會提出"亂夠了、停暴力、勿擾民、止破壞、守法治、阻撕裂、返正軌"七大項主要訴求，呼籲停止無休的非法遊行、集會、佔路；停止一切扔汽油彈、縱火、扔磚等暴力攻擊行為；停止影響市民日常生活的滋擾活動；停止污損國旗國徽、破壞警署和公共設施；恢復守法傳統，勿自毀"一國兩制"；不同政治取向市民，不再互相攻訐；社會重回正軌，政府改革向前。

集會現場播放了一位警嫂寫給孩子的一封信，情真意切，令人動容。儘管備受委屈和欺凌，但警嫂對於作為警察的丈夫和丈夫的工作，依然充滿愛意和敬意；對於香港這座正在遭受磨難的城市，依然充滿眷戀和深情。她在心中寫道，"你若問我爸爸可不可以不做警察，我會答你不是不可以，但這份工作是爸爸所愛的工作，我們不應要求他離開自己的崗位。""你若問我可不可以離開香港，我會答你不是不可以，但香港是我們所愛的城市，我們不想離開自己的家。""遇上難過的時刻，請記住，你不單要做好警察的孩子，你還要努力做好一個人。爸爸媽媽會一直守護你，守護香港。"

"撐警"藍色文化衫在集會現場頗為醒目。很多市民身穿這一款文化衫，胸前是"我愛警察"字樣，後背則印著"我支持香港警察，你們可以打我了"。集會現場有大批維護秩序的警察，市民對他們豎起大拇指，高喊"加油！""我們支持你！"警察也對市民的支持報以點頭微笑，場面溫馨。集會結束後，不

8 月 13 日，大批非法示威者堵塞機場，過往旅客寸步難行（圖：中新社）

少市民主動找警察合影留念，並高呼撐警口號。身穿文化衫的李小姐説，"如果暴徒沒用暴力，警察就不會用武力。我們支持香港警察嚴正執法，制止暴力。"帶著女兒和侄女來參加集會的陸女士自豪地説，"我們要告訴小孩子，我們的集會和平、有秩序，跟暴力遊行不一樣！""看到這麼多年輕人在街上實施暴力行為，我一定要給小孩樹立榜樣，讓她們學會理智。"

香港社會各界人士踴躍出席集會，共同發聲"反暴力、救香港"。九龍倉集團首席顧問吳光正、會德豐主席吳宗權父子倆一起參加此次集會，作為集會發起人之一的吳光正説，見到老人在機場被欺凌，"70 幾歲的人都不被放過"，自己也 70 多歲，在香港生活多年未見過這種事情，深有感觸，所以要出來發聲。全國人大常委會香港特區基本法委員會副主任譚惠珠説，有些人提出不合理、對香港市民沒有好處的要求，就要拒絕，

比如要求犯罪後進行特赦。自由不包括損毀公物、破壞警察宿舍、欺凌警察家屬，以及在機場上演全世界都覺得醜陋的暴亂。知名藝人鍾鎮濤一直堅定支持警察，他動情地説，無國不會有家，香港是大家土生土長的地方，沒人有權破壞，很高興見到沉默大多數出來"反暴力、救香港"，希望更多演藝界人士站出來。在港英時代做過警司的陳欣健在參加集會時表示，他會擁抱任何和平示威的香港人，但對於用暴力達到目的的人，他一定抗拒到底。

此前，一些香港激進暴力分子接連做出侮辱國旗、國徽的違法行為，他們將五星紅旗扯下扔到海裡，這種惡劣行為引起愛國愛港市民的強烈譴責。一些香港市民自發趕到現場，重新升起國旗。為防止激進暴力分子再破壞，市民自發組成"護旗隊"，以實際行動彰顯守護香港、守護"一國兩制"的信心和決心。

香港升旗隊總會 8 月 11 日在新界元

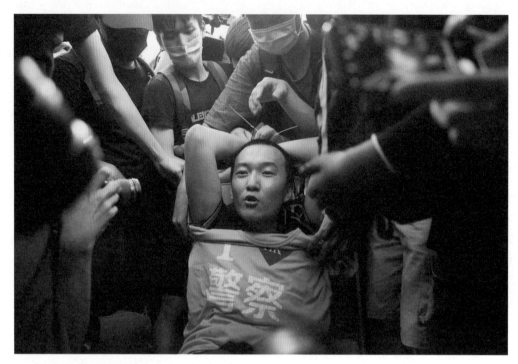

8月14日凌晨時分，激進暴力分子以懷疑《環球時報》記者付國豪假扮記者為名，將其雙手捆綁並圍毆，致使付國豪多處受傷

朗一家中學舉行"家在中華"升旗禮，吸引眾多市民參與。正午時分，豔陽高照，由香港多家中學組成的升旗隊伍，護送國旗到學校操場的旗杆下。五星紅旗伴隨著國歌冉冉升起，氣氛莊嚴。香港升旗隊總會總監許振隆勉勵年輕人說，要關心社會，關心國家，希望年輕人以國為榮，為國爭光。活動接近尾聲，參與者在中國地圖上貼上中國國旗，象徵大家共同努力建設國家。最後，全體人員合唱《明天會更好》，為香港送上美好祝願。

今年15歲的郭紫晴在香港土生土長。她表示，這次升旗禮是特別為香港加油而舉行的，希望大家都懂得尊重自己的國家。"看著國旗升起，想到自己在中國這片土地上成長，感到十分自豪。"作為當天升旗隊成員之一的高中生趙穎賢說，國旗和國徽代表了一個國

家的尊嚴，不容踐踏，很期望當天的活動能向廣大市民傳達這一信息。即將升讀初三的蔣靖軒認為，近日香港發生一連串暴力事件，當天的升旗儀式更顯意義，希望香港快快恢復平靜，港人都團結起來。

中央政府和全國人民堅定支持，為香港止暴治亂提供堅強後盾

近段時間以來，中央領導和國務院港澳辦、外交部、香港中聯辦、外交部駐港公署、解放軍駐港部隊等部門，通過接受媒體採訪、發表講話、舉辦座談會、召開新聞發布會等方式，系統闡述對香港時局的看法，及時傳遞中央的權威聲音。充分說明中央對香港問題高度重視，堅定支持特區政府依法施政及香港警方執法，希望儘快恢復社會秩序及法治尊嚴。這無疑給高溫悶熱的香港下

了清涼的"及時雨"，給徬徨焦慮的香港市民送來"定心丸"，更為香港儘快走出亂局、恢復正常生活軌道指明了方向。

中共中央政治局委員、中央外事工作委員會辦公室主任楊潔篪就近期涉及香港有關問題接受新華社記者採訪。楊潔篪表示，香港回歸祖國以來，"一國兩制"、"港人治港"、高度自治方針得到切實貫徹落實，香港融入中華民族偉大復興的征程，與祖國共同發展，繼續保持繁榮穩定。事實證明，"一國兩制"實踐取得舉世公認的成功，"一國兩制"是解決歷史遺留的香港問題的最佳方案，也是香港回歸後保持長期繁榮穩定的最佳制度安排。中央政府將繼續堅定不移貫徹"一國兩制"方針。今年6月以來，圍繞修訂《逃犯條例》和《刑事事宜相互法律協助條例》問題，香港發生了數次較大規模的遊行集會活動，其間一些激進的示威者蓄意挑起、製造暴力事件，嚴重威脅公眾安全，對香港的法治、社會秩序、經濟民生和國際形象造成了嚴重的影響。中央政府堅定支持香港特區政府依法處置。必須指出的是，美國等一些西方國家政府在香港的修例風波中顛倒黑白、混淆是非，不斷就香港局勢煽風點火、妄加評論，還安排高級官員會見反中亂港頭面人物，為香港激進暴力分子的違法行為撐腰打氣，竭力破壞香港的繁榮穩定和安全。上述行徑是對中國內部事務的粗暴干涉，是對國際法和國際關係基本準則的公然踐踏，也嚴重損害中國與這些國家關係的健康發展。中方對此表示強烈憤慨和堅決反對。香港事務純屬中國內政，任何外國政府、組織和個人都無權干預。我們絕不容許外部勢力破壞香港的繁榮穩定。任何企圖搞亂香港、損害中國良好發展局面、阻撓中華民族偉大復興的圖謀和行徑都是註定要失敗的。我們嚴正要求美國等一些西方國家政府遵守國際法和國際關係基本準則，恪守自身作出的不插手香港事務的承諾，立即停止以任何形式干預香港事務。

7月31日，中共中央政治局委員、廣東省委書記李希在廣州會見了由名譽團長戴德豐、團長霍啟山帶領的香港廣東外商公會青委會廣州訪問團。李希表示，廣東將繼續竭盡所能支持香港，為促進香港長期繁榮穩定作出努力。他希望大家為香港的發展注入更多正能量，廣東將與港澳一起強力推進粵港澳大灣區建設，不斷增進三地民生福祉。李希表示，長期以來為促進香港繁榮穩定，廣東省按照中央決策部署做了大量實實在在的工作，協助香港解決了許多具體問題。廣東將繼續竭盡所能支持香港，為促進香港長期繁榮穩定作出努力。希望大家堅定不移貫徹"一國兩制"方針，堅決支持林鄭月娥行政長官帶領特區政府依法施政，堅決支持香港警方嚴正執法，堅決支持香港特區政府有關部門和司法機構依法懲治暴力犯罪分子，堅決支持愛國愛港人士捍衛香港法治的行動，帶動更廣泛社會力量，旗幟鮮明反對和抵制暴力犯罪，堅定守護香港法治和社會穩定，為香港發展注入更多正能量。廣東將與港澳一道，強力推進粵港澳大灣區建設，不斷增進三地民生福祉。

8月21日，在第九次中日韓外長會舉行期間，韓國外長康京和、日本外相河野太郎分別向王毅詢問當前香港局勢，對其在港企業和僑民安全表示了一些擔憂。國務委員兼外交部長王毅介紹了當前香港局勢的演變經緯和外國勢力插手干預的問題實質。王毅指出，少數極端暴力分子打砸立法會，打傷多名警察，突破了法律的底線；圍堵毆打無辜民眾，限制內地記者和旅客人身自由，踐踏了道德的底線；舉著外國國旗招搖過市，污損中國國旗國徽，挑戰了"一國兩制"的原則底線。任何一個負責任政府和法治社會都絕不能容忍坐視。王毅強調，香港事務是中國內政，不容外部勢力干預。中國中央政府堅定支持香港特區政府依法施政，支持香港警方嚴正執法，支持香港司法機構依法懲治暴力犯罪分子。中央政府將繼續堅定不移貫徹"一國兩制"方針，維護香港的繁榮穩定。王毅表示，極端暴力行徑引發了一些國家對其在港企業和僑民安全的擔憂，我們對此表示理解。相信特區政府將會依法保護他們的正當合法權益。各方應理解和支持特區政府依法止暴制亂，對此採取客觀和公正的立場。

7月29日，國務院新聞辦公室舉行新聞發布會，邀請國務院港澳辦新聞發言人楊光、徐露穎介紹對香港當前局勢的立場和看法。楊光表示，中央政府一直密切關注近期香港局勢的發展變化。發生在香港的遊行示威和暴力衝擊活動已經持續了一個多月，對香港的法治、社會秩序、經濟民生和國際形象造成了嚴重影響，令所有關心香港、珍愛香港的人倍感痛心。為此，楊光表明了"三點意見"，包括：希望香港社會各界人士旗幟鮮明地反對和抵制暴力、希望香港社會各界人士堅決守護法治；希望香港社會盡快走出政治紛爭，集中精力發展經濟、改善民生。他亦強調"四個堅決支持"，即中央政府堅決支持林鄭月娥行政長官帶領特區政府依法施政、堅決支持香港警方嚴正執法、堅決支持香港特區政府有關部門和司法機構依法懲治暴力犯罪分子、堅決支持愛國愛港人士捍衛香港法治的行動。楊光強調，"我們特別理解和體諒香港警隊及其家人所承受的巨大壓力，藉此機會，謹向一直堅守崗位、恪盡職守、無懼無畏、忍辱負重的優秀香港員警，致以我們崇高的敬意！"

8月6日，國務院新聞辦公室在京舉行吹風會，繼續邀請楊光、徐露穎介紹對香港當前事態的看法，並答記者問。楊光指出，現在的香港事態已經從和平遊行集會演變為少數人肆意妄為的犯罪行徑，已經由和平的表達意見演變為對"一國兩制"原則底線的挑戰。中央絕不會放任少數人以自己的暴力行徑把香港拖入危險境地。他強調，當前香港壓倒一切的最迫切、最重要的任務，就是"止暴制亂 恢復秩序"。楊光亦指出，中央政府堅定不移地、毫不動搖地支持林鄭月娥行政長官。反對派想讓林鄭月娥行政長官辭職的圖謀不會得逞；他再次對香港警隊果斷執法、嚴正執法表示由衷的敬意，"全國人民都是你們堅強的後盾。"

8月7日，國務院港澳辦和中央政

8月16日，行政長官林鄭月娥（中）在禮賓府會見新民黨代表，諮詢他們對施政報告的意見（圖：香港特區政府新聞處）

府駐港聯絡辦在深圳共同舉辦香港局勢座談會。國務院港澳辦主任張曉明通報了中央關於穩定香港當前局勢的重要精神，中央政府駐港聯絡辦主任王志民就落實中央精神提出希望。港區全國人大代表、全國政協委員、省級政協常委，香港主要愛國愛港政團社團領袖，有關青年團體、教育團體、專業團體負責人，駐港中資企業負責人等550餘人參加會議。

　　張曉明指出，中央高度關注當前香港局勢，並從戰略和全域高度作出研判和部署。香港正面臨回歸以來最嚴峻的局面，當前最急迫和壓倒一切的任務，就是止暴制亂，恢復秩序，共同守護我們的家園，阻止香港滑向沉淪的深淵。張曉明強調，對挑戰"一國兩制"原則底線的行為絕對不能容忍。在近期的遊行示威和暴力活動中，一些人鼓吹"港獨"，喊出"光復香港 時代革命"的口號，包圍和衝擊中聯辦，肆意侮辱國旗、國徽和區徽。這些行為嚴重挑戰"一國兩制"原則底線，正如香港不少人士所說，修例事件已經變質，帶有明顯的"顏色革命"特徵。他還強調，挺特首、挺警隊是當前穩定香港局勢的關鍵。他指出，雖然當前社會上有各種各樣的民意和訴求，但當前香港最大的民意是求穩定、求安寧，儘快恢復社會正常秩序。香港不能再亂下去了！這是廣大香港市民包括"沉默的大多數"的共同心聲。張曉明希望，愛國愛港力量要發揮維護香港繁榮穩定的中流砥柱作用。希望大家把一切個人利益和恩怨放到一邊，顧全大局，團結一致向前看，用良知、正氣、行動守護香港，用我們的力量滙聚成維護國家主權、安全、統一和香港繁榮穩定的強大正能量，為實現中華民族偉大復興這一包括700多萬香港同胞在內的全體中華兒女的共同目標而不懈努

8月4日晚，銅鑼灣一帶集結的暴力示威者大規模堵路，警方施放催淚煙，使用最低武力驅散示威者。圖為示威者向警察照射激光

力。

王志民在講話中指出，現在這場鬥爭已經是一場關乎香港前途命運的"生死戰""保衛戰"，已經到了退無可退的地步，"止暴制亂"已成為香港社會各界最迫切最強烈的訴求，也是最廣泛共識。當前最重要的就是按照中央要求，堅決"止暴制亂，穩控局勢"。希望大家繼續堅定不移地挺特首、挺政府，維護特區政府的管治權威。希望大家堅定支持警隊果斷嚴正執法，維護香港社會的和諧安寧。希望大家全力組織和參與改善社會氛圍、提升社會正能量的各類活動。王志民指出，習近平總書記2017年會見香港各界代表人士時談到的"四個帶頭"，不僅是對大家能力的尊重和肯定，更是對大家的一份囑託、一份期許。儘管當前香港局勢嚴峻複雜甚至險惡，但我們堅信，在香港街頭暴力不斷升級、"黑色恐怖"蔓延的時刻，一定會有越來越多的人帶頭挺身而出，率先支持特區政府和警隊維護法治；在香港歪理橫行所造成的"寒蟬效應"面前，一定會有越來越多的人帶頭打破"萬馬齊喑"的可怕沉默，率先發出正義之聲；當一些人還在選擇猶豫、觀望、抱怨甚至投機的時候，一定會有越來越多的人帶頭率先行動起來，盡己所能為時局好轉創造有利時機和條件。

外交部、外交部駐港特派員公署就對美西方勢力干預香港事務多次召開記者招待會，發表聲明，表明嚴正立場和態度。針對媒體報導美參議院共和黨領袖麥康奈爾等日前發表"暴力鎮壓不可接受"、"北京侵蝕港人自治和自由"等錯誤言論，外交部駐港公署發言人表示，美國會有關議員無視事實，顛倒黑白，毫無根據地詆毀中央和特區政府，向極端暴力分子發出嚴重錯誤信號，中方對此表示強烈不滿和堅決反對。針對媒體報導美國會眾議長佩洛西、議員盧比奧等發表"香港員警加強使用武力並將示威者定性為暴力罪犯令人震驚"、"敦促特區政府撤回修例、禁止員警使用暴力"等謬論，外交部駐港公署發言人表示，美有關議員混淆是非、顛倒黑白、煽動暴力犯罪，他們用自己的言行表明，他們就是極端暴力分子背後的黑手。特派員公署在聲明中多次強調，香港是中國的香港，香港事務純屬中國內政。任何打壓遏制中國發展的企圖都將註定失敗，任何損害中國主權安全的行徑都必將遭到堅決回擊，任何破壞香港繁榮穩定和"一國兩制"的外國干預勢力都將自食惡果。

中國人民解放軍駐香港部隊司令員陳道祥表示，駐香港部隊是中國人民解放軍序列中的一支英雄部隊，進駐22年來，堅決貫徹"一國兩制"偉大方針，依法履行防務職責，堅定支持特區政府依法施政，始終保持人民軍隊本色作風，鍛造了維護香港繁榮穩定的定海神針。近段時間以來，香港發生一系列極端暴力事件，嚴重破壞了香港繁榮穩定的大局，嚴重挑戰了香港法治和社會秩序，嚴重威脅到香港市民的生命財產安全，也嚴重觸碰了"一國兩制"的原則底線，絕對不能容忍，我們對此表示強烈譴責。陳道祥強調，駐軍將堅決貫徹基本法和駐軍法，堅決支持行政長官帶領特區政府依法施政，堅決支持香港警方嚴正執法，堅決支持特區政府有關部門和司法機構依法懲治暴力犯罪分子，堅決支持愛國愛港人士捍衛香港法治的行動，堅決維護國家主權安全和香港繁榮穩定，

與社會各界攜手開創香港更加美好的明天。

繼中央領導和有關涉港部門持續發聲之後，相關部門和地方也行動起來。

8月9日，國家民航局表示，國泰航空先後發生機師涉嫌參與暴力衝擊被控暴動罪卻未被停飛，以及惡意洩露航班旅客信息等事件，存在嚴重威脅航空安全隱患，造成了惡劣社會影響，增加了香港至內地的輸入性航空安全風險。基於對安全隱患零容忍原則，為維護航空運輸秩序，切實保護旅客安全，防範航空活動對空中、地面和水面第三人發生損害，民航局對國泰航空發出重大安全風險警示。民航局在安全風險警示中，對國泰航空明確提出三點要求：一是自2019年8月10日零時起，對所有參與和支持非法遊行示威、暴力衝擊活動，以及有過過激行為的人員，立即停止其執飛內地航班或執行與內地航空運輸活動相關的一切職務活動；二是自2019年8月11日零時起，向其在內地的運行合格審定機構報送所有飛往內地和飛越內地領空的機組人員身份信息，未經審核通過，不予接收該航班；三是於2019年8月15日零時前，向其在內地的運行合格審定機構報送公司加強內部管控、提升飛行安全和安保水平的措施方案。民航局責成民航中南地區管理局約見國泰航空。據悉，這是民航局首次對香港航空公司發出類似的安全風險警示。

民航局這一舉措得到廣大民眾的支持，國泰航空和香港民航處也很快作出回應。8月13日，國泰航空和其最大股東太古公司分別發表聲明，表示譴責一

6月至8月22日共有1,614名警員及家屬個人資料被非法洩露。圖為香港特區政府警務處網絡安全及科技罪案調查科警司莫俊傑在記者會上展示警方獲得的資料（圖：新華社）

切挑戰"一國兩制"原則和基本法權威的非法活動和暴力行為，堅決支持香港特區政府、特區行政長官和警方在止暴制亂、恢復法律秩序上做出的不懈努力。隨後，國泰航空行政總裁何杲、顧客及商務總裁辭職，空勤人員協會主席施安娜和4名機師被解僱。8月22日，國泰航空再向員工發內部工作指引，表示對於任何支持或參與非法示威、暴力或過於激進的行為，採取零容忍態度。

與香港一河之隔的深圳，也出現一些引人注目的新情況。

根據廣東省公安廳統一部署，深圳市公安機關開展夏季大練兵行動。8月6日上午10時30分，深圳公安1.2萬名警力快速集結，在深圳寶安海濱廣場舉行"深圳亮劍"行動誓師大會。行動中，深圳市公安機關展開了反恐處突、海空聯合巡邏、防暴等三個科目的演練。主場地行動結束後，參訓警力兵不卸甲，分東、南、北三條線路奔赴到全市治安一線展開武裝巡邏。在行動現場，1.2萬

名警力整齊集結，裝備精良，50輛裝甲車、200輛衝鋒車、1,200台鐵騎摩托車、5架直升機、8艘船艇、2輛水陸兩棲車以及其他裝備分列周圍，海陸空警種齊上陣。防暴警察現場用粵語喊話："停止暴力！回頭是岸！"

8月10日，深圳灣口岸附近亦見到大批武警集結，舉行演習。8月15日深圳灣體育中心場外集結大批裝甲車及軍車，數千名武警在館內接受檢閱。

此外，美國太平洋艦隊副發言人克里斯滕森中校8月13日對媒體表示，兩棲攻擊艦"綠灣"號（LPD-20）和導彈巡洋艦"伊利湖"號（CG-70）訪問香港的請求被中方拒絕。

在此次修例風波中，中央各大媒體以前所未有之勢就香港局勢紛紛發聲。

8月5日至11日，人民日報連續7天在頭版刊發評論員文章評析香港局勢。《堅決支持香港警方嚴正執法制止暴力》《堅定支持行政長官帶領香港特區政府依法施政》《"一國兩制"底線不容挑

戰》《愛國愛港是香港社會主流》《穩定繁榮是香港市民之福》《外部勢力干預是香港社會之禍》《發展經濟改善民生是香港社會之本》等文章，從7個方面闡述了對香港局勢的立場和看法。新華社也接連發表《看清香港亂局的由來和本質》《香港不能再亂下去了》等評論員文章，表達對特區政府、香港警隊的堅定支持，對暴力行為的堅決反對，對外部勢力干預香港的強烈譴責，對香港發展經濟改善民生的希望和呼籲。中央廣播電視總台、經濟日報、光明日報、中國日報、環球時報等也製作推出了一系列香港主題的視頻節目、新聞報道和評論文章，在全社會引發高度關注和熱烈討論。

尤其值得注意的是，對於"反中亂港"分子，各大媒體給予了充分的揭露和強烈的批判。8月17日，人民日報用戶端刊發圖文，起底"禍港四人幫"和禍港青年頭目。隨後，新華社以每日一篇的頻率，連續發表《"反中亂港"的民族敗類黎智英必被牢牢釘在歷史恥辱柱上》《"反中亂港頭目"李柱銘難逃正義審判》《陳方安生何以"不安生"？》《請看投機政客何俊仁的真面目》等文章，分別詳細起底"禍港四人幫"的醜惡嘴臉，揭露他們挾洋自重、反中亂港的卑劣行徑。

中央各部門的持續發聲和鮮明立場以及各大媒體對香港局勢全方位、多層面的報導，令香港市民和內地廣大同胞對香港當前面臨的局勢有了更加清晰的認識，兩地民眾同仇敵愾，強烈譴責亂港分子及其幕後黑手，共同期盼香港社會儘快止暴治亂，恢復秩序。尤其是內地青年人和廣大網民，懷抱對香港的熱愛之情，通過多種方式紛紛表達他們的心聲。

8月3日晚，香港極端激進示威者侮辱國旗一事，引發全國人民強烈憤慨。人民日報隨即在微博發文，表示"護旗手在哪裡？此刻，一起轉發！""五星紅旗你是我的驕傲"。隨後，央視新聞發文"我是護旗手"，亦帶上"五星紅旗有14億護旗手"的話題，更設為置頂文章。8月4日，新浪微博話題"五星紅旗擁有14億護旗手"登頂熱搜榜，護旗手紛紛前來報到！成龍、陳小春、劉愷威、陳曉東、陳勳奇、向佐、王嘉爾、楊穎、劉愷威、佘詩曼等香港藝人紛紛轉發微博，發聲力挺。

"飯圈女孩""帝吧網友"等青年網絡群體，主動奮戰在與亂港分子進行"網絡鬥爭"的第一線。他們洋溢著青春朝氣的愛國行動，形成了一道美麗的風景線。人民日報微博客戶端、央視《新聞聯播》、共青團中央微信公眾號等都對此作了報道，點讚孩子們長大了、青年成熟了，為祖國發聲！"沒想到'飯圈女孩'和'帝吧網友'會以這種方式出現在新聞聯播！"主流媒體和愛國青年的密切互動，讓廣大青年備受振奮。大家紛紛表示，要把愛國熱情轉化為愛崗敬業的實際行動，把國家建設得更加強大、更加美好。

海內外華人同心同向，拳拳愛國心和民族自豪感把大家緊緊團結在一起

香港局勢牽動著全球各地海外華人

和留學生的心，暴徒的惡行也激起了中華兒女的赤子愛國情。連日來，歐美多處均有中國留學生和華人華僑舉行集會，他們齊唱國歌、守護國旗，齊聲討伐暴力行為，表達愛國愛港的情懷。澳大利亞、英國、德國、法國、英國、美國、加拿大等地均可見五星紅旗飄揚。

自7月以來，澳大利亞昆士蘭大學、悉尼大學等學校的一些人多次舉辦支持香港"港獨"示威者的活動，引發中國留學生強烈不滿和抗議。

8月16日，墨爾本州立圖書館外約有500人搞所謂集會，高喊"香港自由"，"與香港站在一起"的口號，還用英語和粵語宣揚一些帶有"港獨"色彩的內容。不過，在集會開始後不久、組織者還沒來得及發言之前，一名愛國人士開始召集現場的中國人齊唱國歌，揮舞五星紅旗。起初至少有30多人在現場自發唱起國歌，到了晚上9點後，愛國人士越聚越多，超過了示威人群，後者只好悻悻散去，但中國留學生依然留在原地。儘管當時墨爾本十分寒冷且開始下雨，但他們一邊給國旗打起了傘，一邊繼續高唱國歌，每次唱完後現場都湧起陣陣歡呼聲。

8月17日上午，澳大利亞華人繼續發聲，數千人在悉尼發起"愛國護港"的遊行，人們高呼著"一個中國""反對暴力"口號，從貝爾莫爾公園出發，途經唐人街、喬治街、悉尼市政廳等地，所到之處都成了五星紅旗的海洋。路上不時有華人加入隊伍，據澳洲警方統計，現場遊行人數有大約3,000人。

受澳大利亞愛國人士所鼓舞，世界各地的愛國留學生和華人華僑義憤填膺，自發走上街頭，發出愛國愛港和支持"一國兩制"的聲音。

英國當地時間8月17日中午12點半，數百名愛國留學生和僑胞走到倫敦市中心，他們揮舞著大大小小的五星紅旗，打出"一個國家 一個中國"等標語，並高呼"我愛中國 我愛香港""反暴力撐港警"等口號，高唱國歌。他們還向駐足觀看的外國民眾和媒體解說活動的原因和真相。

自發參加倫敦愛國行動的張同學表示，他對"港獨"分子及其暴力亂港行徑感到憤慨，自己作為中國人必須要站出來，讓全世界知道香港是屬於中國的，讓全世界看到中國人的團結，英國的留學生也是14億護旗手的一分子。

來自曼徹斯特的黃同學表示，他當天專程買票來到倫敦，下午還要坐車返回，來參加活動就是要支持理智和非暴力，支持香港政府和香港警察。他說，現在到了90後該承擔起國家和歷史責任的時候了，"我有嗓子和聲音，我可以說話，我想為我的國家和民族盡一份微薄之力"，國家和民族在五千年來每當遇到這樣的時刻總能團結和站在一起，是最讓他感動的地方。

在德國柏林、漢堡和科隆等城市，愛國留學生和僑胞們也上演了感人的一幕，他們揮舞五星紅旗、高唱國歌，以宏偉氣勢淹沒了"港獨"支持者。

法國巴黎亦有數百名華僑和留學生，於市中心聖米歇爾廣場集會，高唱《歌唱祖國》《東方之珠》等歌曲，並高呼"反對暴力""中國加油"等口號，抵制當地激進分子的集會，並向巴黎市民派發傳單，介紹香港的實際情況。

連日來，一些國家政府和海外華人社團持續發聲，紛紛支持中國政府在香港問題上的立場。

巴勒斯坦總統府日前發表聲明，重申巴勒斯坦支持中國維護國家主權和領土完整、拒絕外部干涉、維護香港穩定。

朝鮮勞動黨中央機關報《勞動新聞》發表評論文章強調，朝鮮完全支持中國黨和政府為堅持"一國兩制"方針、堅決捍衛國家領土完整而采取的一切措施。

荷蘭荷中商務理事會主席哈克馬表示，香港近日騷亂暴力程度不斷加劇，損害香港作為地區經濟和金融中心的聲譽，恐影響香港長期繁榮穩定。

菲律賓中國和平統一促進會會長張昭和表示，香港事務純屬中國內政，絕不允許任何外部勢力干涉。任何企圖搞亂香港、破壞中國和平發展的圖謀和行徑都注定要失敗。海外華僑華人堅定支持中央政府和香港特區政府對相關問題采取的措施，支持止暴制亂、維護香港安定祥和的環境。

巴西中國和平統一促進總會會長李錦輝表示，近來激進勢力在香港製造了一系列"暴"和"亂"，企圖破壞香港的繁榮穩定。海外華僑華人決不會任由這種"暴"和"亂"持續下去，堅決支持中央政府的嚴正立場，堅決支持香港特區政府依法施政，堅決支持香港警方嚴正執法。

埃及中國和平統一促進會會長陳建南說，在埃及的華僑華人和留學生一致支持中央政府和香港特區政府為維護"一國兩制"和香港穩定所做的努力，對維護香港治安、保護香港人民利益的警察表示慰問。"我們堅決反對暴徒破壞'一國兩制'、企圖分裂國家的行徑，堅決反對境外勢力干涉中國內政。"

意大利中國總商會會長陳正溪表示，我們強烈譴責外部勢力插手香港事務。部分國外媒體在報道時斷章取義，甚至故意曲解，這種不實報道是站不住腳的，是不得人心的。作為海外華人，我們有責任不遺餘力地向當地民眾說明事實真相。

美國南加州華人聯合總會會長邵聞說，香港的繁榮穩定來之不易，香港一些激進勢力訴諸暴力等手段妄圖達到不可告人的目的，絕對不會得逞，也必將遭到全球華人的堅決抵制。所有關心香港前途的人此刻都應堅定站出來，向一切犯罪行為說不，向一切暴力分子說不，牢牢捍衛"一國兩制"，牢牢捍衛香港的法治尊嚴，守護全體中國人心中的"東方之珠"。

比利時中國和平統一促進會會長朱海安指出，少數激進分子企圖搞亂香港的圖謀是絕對不會得逞的，一切挑戰"一國兩制"原則底線的行徑都必須依法得到嚴懲。

澳大利亞20多個華人社團發表聯合聲明，反對破壞香港基本秩序的違法行為，反對任何外部勢力干涉香港事務，反對所有分裂中國的行徑。聲明還呼籲香港市民阻止極端激進分子的暴力亂港行為，團結一致，守護"一國兩制"，維護香港的繁榮穩定。

新加坡九龍會會長、新加坡香港商

會會長陳文平認為，香港激進分子的暴力活動嚴重破壞法治，他們目無法紀，爭取的是"犯罪的自由"。香港需要警惕這些人打著所謂"民主自由"旗號肆意破壞法治、滑向恐怖主義的苗頭。

香港暴徒暴行愈演愈烈，這些也被各國網友看在眼中，美英政客支持暴行的言行也越來越不得人心。在美國國家安全顧問博爾頓就香港問題發出威脅中國的"瘋言亂語"後，立刻有國外網友嘲諷稱："充滿謊言和沒有證據的聲明就是博爾頓的人生！他唯一做的事就是成為美國假新聞系列的新假貨。"幾乎已經被人遺忘的美國前國務卿希拉里也跳了出來，發推文稱"要和香港抗議者站在一起"。有網友稱："不用了。你此前說要與利比亞、敘利亞、伊拉克、也門人民站在一起，但那些地方現在都已成了一片廢墟。"

外交部發言人耿爽 8 月 22 日表示，維護香港繁榮穩定是 14 億中國人的共同意志，海外華人華僑和中國留學生對妄圖分裂國家、抹黑中國形象的言行表示憤慨理所應當。耿爽說，近來在外國的一些城市，確實有一些海外華人華僑和中國留學生走上街頭來表達他們支持祖國統一、要求維護香港繁榮穩定的願望和訴求。他們對妄圖分裂國家、抹黑中國形象的言行表示憤慨和反對，這完全理所應當，也是情理當中。當前包括廣大香港同胞在內的 14 億中國人民對香港局勢最大的訴求就是要止暴制亂、恢復秩序，最大的期待就是要維護香港的繁榮與穩定。這是 14 億中國人的共同意志。

"你覺得 14 億人的意志是可以組織和操控的嗎？"

"香港好，國家好。國家好，香港更好。"這句話道出了香港與國家密不可分的關係。

極端分子亂港陰謀接連破產，極力鼓吹挑起更大衝擊終將失敗

隨著事態不斷發展，廣大市民逐漸認清了暴力極端分子掩藏在口罩頭盔之下的醜惡面目，看穿了反對派頭目和外國反華勢力懷揣的可怕政治陰謀，大家不再被他們的謠言所蠱惑，勇敢地向暴力說不，整個社會氣氛更加理性。大家堅信，反對派註定會被拋棄，釘在歷史的恥辱柱上！

"香港眾志"頭目羅冠聰 8 月 15 日在臉書上發文，稱已經抵達紐約，正準備 9 月進入耶魯大學，修讀一年的東亞研究系碩士課程，"臨陣脫逃"，竄到美國。正義網友為羅冠聰起了新外號"羅冠松"，"叫人衝，自己松"，諷刺他一邊鼓動香港學生罷課，反而自己逃竄到美國上課——滿腔激情的學生慘被利用，而所謂學生領袖吃著"人血饅頭"，前程似錦。有網友精闢總結道，"He's going to Yale, You're going to jail（他進耶魯，你進監獄）"還有網友對他喊話："您所在的團體不是號召罷課嗎？怎麼不在耶魯罷課？一眾跟著你的小兄弟怎麼辦？說好的齊上齊落呢？"很多市民頭腦清醒，提出質疑說，羅冠聰以前明明是"學渣"，究竟如何得以進入耶魯大學？

近些年，反對派的年輕頭目"搞事"後，獲得英美知名院校取錄早有先例。

8 月 10 日，“守護香港大聯盟”發起“全民撐警日”活動，市民手持“愛香港 撐警隊”“阿 Sir 我撐您”等標語，向警務人員表達感謝和支持

“港獨”頭目梁天琦 2017 年曾在哈佛大學擔任研究員；學聯前秘書長周永康獲得英國倫敦政治經濟學院取錄，之後又進入加州大學柏克萊分校讀博士；鼓吹暴徒佔領立法會的梁繼平，在華盛頓大學修讀政治學博士；身負暴動罪的“本土民主前線”召集人黃台仰，獲德國批出難民資格，並在哥廷根大學進修。有網民諷刺梁繼平、黃台仰、羅冠聰是“逃犯三人組”。

無獨有偶。在煽動極端分子肆意鬧事、青年和市民上街之際，反對派立法會議員毛孟靜 8 月 15 日也以“兒子娶妻”為由，宣布離港 10 天，“名正言順”地“開溜”；公民黨郭榮鏗、楊岳橋去了美國紐約見律師公會；黃之鋒 8 月 15 日去了台灣出席一個座談會……

對於過去多次支持“反修例”運動的毛孟靜突然說要離港，有網民質疑，結婚只是 1 至 2 天的事情，為何要去 10 天之久？也有網民留言抱怨稱，其一邊聲稱“支持港人”，卻在關鍵時刻離港 10 天之久，可謂“叫人衝自己松”。

港區全國政協委員、香港新時代發展智庫主席屠海鳴 8 月 5 日在刊登於香港大公網的文章——《為什麼亂港派頭目的子女無一上街遊行？》中寫道，人們發現，“被煽動起來搞事的年輕人當中，黎智英、李柱銘、陳日君、毛孟靜、梁家傑、余若薇等亂港派‘大佬’的子女無一上街遊行”。直指反對派頭目把年輕人“當槍使”，做“政治炮灰”。

亂港分子還策劃了一系列企圖擾亂正常社會秩序、引發民眾恐慌的非法活動，但是這些活動註定不得人心，被擦亮眼睛的市民看清了真相，一個個相繼破產。

亂港分子號召 8 月 7 日早上 11 點在灣仔稅務大樓舉行"千人堵塞稅局"行動。當天大樓貼出維修工程告示，部分出口關閉、側門被木板封堵。現場僅出現寥寥數人，至始至終沒有出現示威者聚集，大樓平靜、運作正常。大樓保安員稱，因應網上號召，大樓內有增加少量保安人手，但各出入口照常開放，巡邏期間亦未見有行跡可疑人物出現。大樓地下大堂便利店職員表示，早上 8 點開始營業，未有特別延遲開門，亦未見大樓有衝突或圍堵。"千人堵塞稅局"行動發起者後稱因宣傳不足，取消堵塞稅局行動。

"港獨"分子陳浩天和極端分子發起所謂的 8 月 16 日提款日、曬錢日，並未獲得市民的認同和響應，直至早上十時許亦未出現人龍及提款失敗情況。恒生、中銀、東亞及渣打銀行，有分店的櫃員機仍可以撳錢，全部運作正常。

在美西方反華勢力的支持操縱下，反對派不甘心一次次失敗，他們潛伏而動，伺機反撲，不斷翻新花樣，準備挑起更大規模、更高強度的暴力衝擊。

開學在即，"中學生反修例關注組"、"青年反修例關注組"及"香港眾志"三個反動團體，密謀以"中學生罷課籌備平台"的形式，發動"每周一罷""無限期罷課"等活動，並為學生罷課提供各種支援和便利。

激進分子謀劃在港鐵、機場發動新一輪的遊行示威和暴力活動，企圖藉助地鐵等公共交通隨時集結和撤離。但是，

最近港鐵公司、香港機場管理局分別獲得高等法院頒布的臨時禁制令，禁止任何人非法地及有意圖地故意阻礙或干擾其正常使用。警方也在地鐵和機場加大警力投入，增強執法力度。

面對極端分子在全港範圍挑起的暴力衝突，面對暴徒公然與國外反華勢力狼狽為奸，面對癱瘓機場、毆打記者後的虛假道歉，面對栽贓警察的信口雌黃，廣大市民眼明心亮，不再沉默、忍讓，越來越多的人勇敢地站出來，用雙手掃除這座城市的垃圾！

大家始終堅信，"反中亂港"勢力或能猖狂一時，但那些暴行已經違背民心，難逃一敗塗地的結局。等待他們的，將是歷史和正義的莊嚴審判！

回顧這兩個月來發生在香港的嚴重暴力事件，不難發現，修例事件已經變質，正如不少香港人士所指出的，帶有明顯的"顏色革命"特徵。如果任由"暴"和"亂"持續下去，不僅會危及香港市民的生命和財產安全，而且會毀掉特區政府的管治權威，毀掉維護香港正常秩序的警力防線，毀掉香港的法治基石，毀掉香港的繁榮穩定，毀掉"一國兩制"，廣大香港市民不會答應，全國人民也不會答應。

香港是中國的香港！

香港市民說："我們香港人的事情，我們香港人自己會處理，我們也有國家作後盾。"

內地同胞說："一天傍晚，我跑到深圳灣看日落，看到海的遠處就是香港。希望局勢早日安定下來，這顆'東方之珠'能夠一直閃耀！"

（原文刊於《紫荊》2019 年 9 月號）

2019 年 9 月 14 日，香港市民在獅子山頂揮舞國旗和區旗，表達對止暴制亂、恢復秩序的渴望（圖：新華社）

堅決奪取反暴救港鬥爭的全面勝利

本刊評論員

　　6月以來，在西方敵對勢力操縱資助和禍港"四人幫"挑唆策動下，香港激進反對派藉反修例之名發起的黑色暴力抗爭步步升級，蒙面暴徒肆虐香江，殘忍行徑令人髮指，完全暴露顏色革命特徵，開始出現恐怖主義苗頭，嚴重破壞香港法治和社會秩序，嚴重威脅市民旅客生命財產安全，嚴重毒害涉世未深的青少年，嚴重挑戰"一國兩制"原則底線。香港，正面臨回歸以來最為嚴峻的險惡局面，到了懸崖深淵就在身後的緊要關頭。

　　退無可退，唯有奮進。一系列暴力亂港行徑激起廣大港人、內地同胞和海外華人華僑的強烈憤慨和嚴厲譴責。香港沉默的大多數開始站出來，不同界別的團體及市民紛紛發聲，近50萬市民暴雨中集會，發出反暴救港的最強音。特區政府、警隊果斷執法，一批骨幹暴徒落入法網。中央機構和權威媒體嚴正發聲，內地警方夏季大練兵，對暴徒形成極大震懾。

　　在強大民意壓力和依法打擊下，暴徒越來越失去人心，近期發動的多場抗爭以慘敗收場，不得不在一些場合又打出"和理非"（和平理性非暴力）的幌子，妄圖欺騙更多的青少年充當炮灰。在此情況下，一些市民幻想暴力衝擊將就此退潮，提出政府可以作些讓步；一些機構明哲保身，不積極配合警隊執法；一些銀行輕視暴徒破壞力，認為他們不可能對金融安全造成什麼大的影響；還有一些商家兩邊押注，故意發表有明顯歧義的言論……這些話音未落，暴徒就惡性再發，縱火堵路、磚石如雨，甚至對警察舉起黑槍，還公然摧毀重要公用設施。必須看到，黑色暴徒打出和平幌子，喊叫願意對話，絕不是良心發現放下屠刀，只是在為發動更強烈、更長期的暴力衝擊積聚力量，在黑色日程表上，他們早已將衝擊一直排到了10月國慶和11月的區議會選舉。一旦我們稍稍放軟反暴救港的手腳，暴徒勢必掀起更大的風浪。所有愛國愛港力量一定要始終保持清醒的頭腦，以更加團結的精神，更加有力的行動，堅決奪取反暴救港鬥爭的全面勝利。

要更加清醒地認識暴力顏色革命的本質。回歸後香港居民一直擁有基本法保障的遊行集會自由權利，“和理非”長期是港人集會遊行中的核心價值。而此次持續暴亂中，黑色暴徒早已衝破香港法治底線和“一國兩制”底線，砸毀立法會、向警察投擲汽油彈、隨意禁錮毆打市民，衝擊中央駐港機構、屢屢損毀國旗國徽、喊出“光復香港，時代革命”的口號，罪行可謂罄竹難書。他們搞的不僅是顏色革命，更是暴力顏色革命，並呈現恐怖主義苗頭。在反暴壓力下，暴徒不得已披上“和理非”外衣。後台還是那些後台，組織還是那些組織，骨幹還是那些骨幹，外衣怎能改變本質？事實上，近期他們除了改變口號，堵塞交通、衝擊警察、損毀公物、毀壞國旗、侮辱同胞，壞事一樣沒有少幹。為了迫使政府答應無中生有、毫無理據的所謂“五大訴求”，他們還在集中催谷 9 月初的罷課，醞釀再次發動全港性的“罷工、罷課、罷市”，隨時製造出更大規模的暴亂。反對派頭子口頭許諾的“更好的世界”根本不會到來，“攬炒”製造滿目瘡痍的“暴力之城”是他們不會放棄的手段，奪取香港管治權是他們圖窮匕見的目標，以香港亂局牽制中國發展大局是他們幕後黑手的如意算盤。如果到了今天，還不能認清暴徒的醜惡本質，還對他們心存幻想，香港就會始終徘徊在最危險的邊緣。

要更加堅定地撐特首撐警隊撐法治。行政長官是香港貫徹落實“一國兩制”方針政策和基本法的第一責任人，也是特區政府管治團隊的核心。警隊是維護香港社會治安的中流砥柱，是守護社會穩定的堅實屏障。暴徒要奪取香港管治權，必然首先想方設法打擊特首及管治團隊權威，傳播仇警辱警的對立情緒。最近，一些特區官員家庭資料被公開，警署警察宿舍成為衝擊對象，一些無良媒體散布種種造謠挑撥之辭，就是暴徒企圖削弱打擊政府和警隊的管治權威和執法意志。暴徒越是堅決反對，我們越要堅定支持。如果我們自亂陣腳，相互抱怨指責；如果天真地以為在一些原則問題上作出讓步，暴徒可能就會少些衝擊；如果以為警察不要在我這裡執法，暴徒就不會再來破壞，那就正正中了亂港勢力的圈套。不管敵人直接扔來汽油彈，還是扔來糖衣炮彈，我們都要毫不動搖地支持林鄭月娥行政長官帶領特區政府依法施政，毫不動搖地支持香港警隊嚴正執法，毫不動搖地支持香港司法機構公正司法。只要我們團結一心，扎穩腳跟，在強大的反暴救港力量面前，暴徒無論搞什麼花招，都不會有任何得逞之機。

　　要更加果斷地儘快平息亂象。動盪日久百病生。持續兩個多月的黑色暴亂，嚴重破壞香港發展，東方之珠不再璀璨：旅遊、餐飲、零售等多個行業受到極大影響，訪港旅客持續下跌，大批員工失業；第二季度經濟增速降至 10 年新低，全年經濟增長大幅下調；國際金融及商業中心的聲譽嚴重受損，發生重大金融衝擊風險上升。一批青少年最初只是被騙參加遊行，時間越久越容易被反對派編織的"道義""悲壯"洗腦，情感被綁架，甚至成為暴力幫兇。整個社會也極易被仇恨撕裂，不久前就有一位導遊因旅遊業受到衝擊導致家庭經濟緊張，在醉酒下做出傷人行為……暴徒的險惡用心，就是要讓香港長期亂下去，最好一直亂到區選、亂到立選、亂到特首選舉。亂，他們才好亂中取利。而香港，已經根本沒有再長期亂下去的資本。面對亂局，既要有"亂雲飛渡仍從容"的信心與定力，更要有"金猴奮起千鈞棒"的果斷與決然。愛國愛港力量要進一步行動起來，各政團、團體、界別要更加勇敢地站出來，以獅子山下的團結精神，匯聚起反暴救港的強大合力。特別是各類工商機構對暴徒要零容忍不屈服，絕不做亂港勢力藏身之所和利用工具；各類學校要立場鮮明地反對暴力嚴明校紀，絕不做好好先生誤校誤生；各類媒體要以專業精神客觀真實地揭露亂港醜行，絕不做暴徒的幫兇和同路人。特區政府要敢於和善於運用各種法律手段，果斷拘捕違法暴力分子，嚴格依法懲治犯罪，對暴力行為露頭就打，儘快恢復社會秩序。特別要抓住策劃、資助暴徒的幕後黑手，堅決鏟除禍港亂港的毒瘤。中央是香港繁榮穩定的堅強靠山，如果香港發生特區政府不能控制的危及國家統一或安全的動亂，中央絕不會坐視不管，也完全有足夠多的辦法、足夠強大的力量迅速平息可能出現的各種動亂。

　　當前，香港不僅依然處在回歸以來最危險的境地，還面臨著最複雜的形勢。面對這場關乎香港前途命運的"生死戰""保衛戰"，我們不僅退無可退、唯有奮進，而且必須放棄幻想、放棄觀望，一鼓作氣、務求全勝。有包括 700 多萬香港同胞在內的全體中國人民的共同奮鬥，東方之珠必然浴火重生，"一國兩制"在香港的實踐必然煥發出全新的生機與活力。❀

（原文刊於《紫荊》2019 年 9 月號）

團結努力，恢復秩序，讓香港再出發

面對嚴峻的局面，問題不容易解決。但只要我們團結，一起努力，定能雨過天晴、再現彩虹，香港再出發。

文｜香港　梁愛詩

修例堵塞漏洞
方向正確合理

梁愛詩（本刊記者 趙珊 攝）

過去兩個多月，香港面對回歸以來最嚴峻的暴亂，令我們生活在恐懼中，尤其是每個周末的晚上，都擔心示威行動會不會變成暴動，會不會有人命傷亡？而事實上"和理非"（和平、理性、非暴力）的示威，每次幾乎都以暴力收場，造成財物和經濟深遠的影響，市民和警察都有受傷，警察總部和地區警署都被圍堵侵襲、中聯辦大樓受到衝擊、立法會大樓被破壞到不能運作，最不合理是對警察宿舍和家人的暴力，害及無辜。

事情的起因是在今年2月特區政府建議修訂《逃犯條例》（即《2019年逃犯及刑事事宜相互法律協助法例（修訂）條例草案》，簡稱"修訂草案"），目的在堵塞它的兩個法律漏洞：現時條例不適用於中國其他地區，即內地、澳門和台灣；另一是沒有和香港簽訂移交逃犯協議的國家，可以個案式申請處理，但必須由立法會通過附屬條例，需時28至49天，其間逃犯便可逃之夭夭。為什麼要移交逃犯？一個人是否犯法，要視乎當時當地的法律，且人證物證都在當地，所以在當地審訊最為適宜。香港的《逃犯條例》來自1997年把英國的《引渡法令》本地化，以免回歸後沒法可依。《逃犯條例》以聯合國引渡公約模範條文作藍本，回歸22年來從沒有人質疑它對人權保障不足，只是有些人對內地的法律制度缺乏信心，因此對"修訂草案"有恐懼。但經過22年，大家應該清楚中央政府和特區政府都是嚴格按照"一國兩制"辦事。誠然，內地的法律和司法制度與我們的法律和司法制度有所不同，但是與香港簽訂移交逃犯協議的其他國家（包括馬來西亞和菲律賓等）中，有多少個國家的法律與司法制度和我們相等或比我們更好呢？況且回歸這麼多年來，中國的法律制度和司法

香港市民在尖沙咀海港城外舉起國旗與區旗

制度已經有了很大的進步。中國和 39 個國家簽訂了引渡協議，其中包括法國、意大利、西班牙、葡萄牙等，就算是沒有和中國簽訂引渡協議的國家，也會以個案式或國際刑警的紅色通緝令把逃犯移送中國，例如加拿大遣返貪污犯賴昌星，美國遣返中國銀行開平分行盜竊巨款的高管等。這些國家都崇尚法治和人權，在平衡公義與人權下，仍然覺得應該把這些逃犯移交中國。有法律界人士批評港府不應遣返逃犯至外地，除非該地的司法制度和我們的司法制度相若。如果加拿大、美國、法國、西班牙和意大利都認為中國內地是可被接受的逃犯遣送的司法管轄區，為什麼香港卻認為內地不是？

至於台灣，按民間協議及雙軌立法，大陸曾移交 446 個逃犯到台灣而台灣移交了 11 個逃犯給大陸。以不相信內地司法制度為理由而反對修訂《逃犯條例》，寧願放走罪犯也不會合作，是沒有道理的。何況移交逃犯程序在香港按照香港法律進行，並非按內地法律進行，嫌疑人有充分的抗辯和提出反駁證據的機會。香港法官在國際上享有良好的信譽，司法水平高，獨立而公正。香港法治在亞洲和世界都名列前茅，我完全相信他們審判的能力，能夠給予逃犯充分的人權和法律上的保障。因此，我一直深信"修訂草案"方向正確，內容合理。

推動修訂有缺憾 五大要求不合理

既然如此，為什麼"修訂草案"引起如此強烈的反應呢？我認為政府在立法過程中不夠敏感，未充分認識可能受影響的人的數量和反抗力量，未能掌握

即使香港事態升級到要出動解放軍，也不代表“一國兩制”完結，這還是在基本法的軌道上運行。圖為解放軍駐港部隊

民意，而推動手法有缺憾，解釋“修訂草案”太遲和不夠。政府已就此道歉，並答應改善施政，但無論如何，政府的錯誤與社會的反應大不相稱。反對者的目的既已達到，政府宣告“修訂草案”永久擱置，但示威者卻訴諸暴力，並日漸升級。示威者認為政府沒有回應他們

they've had riots for a long period of time.

美國總統特朗普在一次訪問中表示香港發生的是“暴動”（紅圈示。訪問畫面截圖）

的五大要求，而堅持這些要求，缺一不可。

這些要求是：一是撤回“修訂草案”。特區政府已表明永久擱置“修訂草案”，沒有人懷疑“修訂草案”已死。二是修改暴力事件的定性為群眾運動。各位一直在電視上關注事件的發展，自有公平定論。美國總統也指這些行為是暴動。三是不檢控被捕人士。按照香港基本法第 63 條，律政司主管刑事檢察工作，不受任何干涉。司法機關屢次說明“違法達義”並不構成辯護的理由，也在量刑上佔輕微作用。況且如果行政機關接受第二和第三項條件，將有違法治精神，司法問題應由法院處理。行政長官的赦免權，應在判刑以後才行使。四是成立調查委員會。有些示威者要求調查警察“濫權”，過分行使暴力。現時已有監警會（獨立監察警方處理投訴委員會）處理，並已經開始工作。有些人

大家都累了

對話找出路，好嗎？

行政長官林鄭月娥建議由政府構建對話平台，努力化解分歧和矛盾。圖為林鄭月娥 facebook 專頁上發表的圖片

序漸進的原則進行。2014 年"佔中"就因政改開始，以現在社會的撕裂情況，再來討論雙普選，不但不會成功，還會引致更大的磨擦，騷亂更沒法停下來。因此，不是政府沒有回應，而是政府沒有 100% 投降，示威者不會接受。以暴力威脅政府答應做不到的事，這是不講道理的。

構建對話平台 化解分歧矛盾

行政長官在 8 月 20 日建議由政府構建一對話平台，直接和各階層、不同政治立場、不同背景的人士溝通，努力化解分歧和矛盾，透過對話，互相諒解，一起走出今日的困局，我完全支持這個做法。

在這個平台，什麼都可以談：包括一些令市民不滿的深層次問題，例如貧富懸殊、住房置業難、青年人往上流動的困難等。這些問題，有些是多年積聚下來的問題，在一個有秩序的社會，我們可以齊心合力，一步一步地去解決；在一個動亂的社會，我們沒法開始嘗試去解決。甚至調查委員會的模式、範圍、成員、證人應得的保障，都可以經過對話，希望達成共識。我希望以有心人為起步，可以伸展到各行各業各階層，甚至意見和政府不同的人。

香港是個很可愛的地方。香港的成功，不但靠西方的核心價值，如法治、民主、人權自由和廉潔，還有中華民族的美德：禮義廉恥、忠孝仁愛、信義和平。香港是許多代人的勤奮努力而建立的。上世紀 60 年代，一家八口一張床，8-10 歲的孩子當童工，沒有綜合援助計

要求調查一連串事件的起因和政府處理的手法。調查委員會的性質，可能是法定的調查委員會，也可能是香港律師會提出的以 2011 年英國倫敦、伯明翰和曼徹斯特暴動的非法定調查委員會為藍本，還有民主思路提出的以南非及其他國家採用的真相與和解委員會為藍本。雖然它們的性質和運作方式都不一樣，但最重要的一點是：這些組織都是在事件完結以後才能進行。而現在暴力事件幾乎每天都在發生，在未清楚委員會的方式、範圍等情況或在暴力事件停止之前，政府怎能承諾成立調查委員會呢？五是重啓政改，要求雙普選。基本法規定民主發展，要按香港的實際情況和循

香港是許多代人的勤奮努力而建立的。圖為上世紀60年代的香港，一有天旱便供水緊張，這一情況直到東江供水工程落成後才得以緩解

控制。美國槍擊案槍殺不認識的人，或者是砍斬無辜，皆因仇恨。

其次，關心身邊的人，疏導他們的情緒。溝通平台民間也可以構建，對不同的意見有錯要勸解，好的建議可代轉有關方面。香港是個有愛心的社會，每每災難發生時，捐款最多最快的是香港人，從來不缺義工，讓我們以大愛感動社會。

再次，在今天資訊泛濫的社會，要分清黑白是非，未經證實的信息，不要轉發。

最後，支持特首，支持政府，支持警隊，止暴制亂，恢復社會秩序。我相信，特區政府和警隊一定能處理好這場風波。萬一出現特區政府無法控制的情況，中央有責任有辦法也有能力解決好香港的問題。根據基本法第14條，特區政府在必要時可以向中央政府請求駐軍協助維持社會治安。而如果香港發生了特區政府不能控制的危及國家統一或安全的動亂，根據基本法第18條，全國人大常委會有權決定香港進入緊急狀態，中央政府可發布命令將有關全國性法律在香港實施。中央依法出動解放軍，並不代表"一國兩制"完結，因為解放軍在港亦須依循駐軍法及香港法律，在處置完事態後就會回到駐地。"一國兩制"依然會持續下去，會繼續行穩致遠。

雄關漫道真如鐵，而今邁步從頭越。面對嚴峻的局面，問題不容易解決。但只要我們團結，一起努力，定能雨過天晴、再現彩虹，香港再出發。🌺

（作者係香港執業律師、香港基本法專家。

小標題係編者所加）

（原文刊於《紫荊》2019年9月號）

劃，沒有法律援助計劃；70年代才有男女同薪同酬，1971年才有六年免費教育，後來從六年增加到九年再到今天的十二年免費教育。回歸後的22年裡，我們繼續改善人權和民生，通過了《種族歧視條例》《最低工資條例》等，成立了婦女事務委員會、安老事務委員會、扶貧委員會、青年事務委員會；人均壽命增長了3.8歲，社會福利的開支增加兩倍。還有許多問題，需要時間才能解決。

只要團結努力 定能雨過天晴

最近許多人都問，我們能做什麼？我建議大家考慮一下：

首先，目前最主要的任務是"止暴制亂"。我們要敢發聲，利用每一個機會告訴大家如果不能停止暴力，香港將會沉淪，暴力解決不了問題，只會把我們推下深淵。仇恨養育仇恨，越來越難

只有心平氣和對話才能找出解決方案

我在世衛組織工作了 14 年。在世衛組織的平台上，194 個國家都在為自己爭取最大的利益。這麼多的國家各有不同立場，我們如何尋求共識、找出方案？就是通過對話。有的問題比較簡單，一天或者一個會議就可以找出方案；有的問題比較複雜，我們就反復對話直到找出每個國家都可以接受的方案，我自己經歷過的最長的談判持續了 4 年。194 個國家都能通過對話找出各方都能接受的方案，我相信香港也絕對可以通過對話達成社會共識，香港市民絕對有能力團結一致再搞好香港！

文 | 香港　陳馮富珍

陳馮富珍

"顏色革命"留給老百姓的只有重擔和災害

我在聯合國世界衛生組織工作的時候，正好遇到北非的幾個國家都發生了現在我們所稱的"顏色革命"。我十分擔心、痛心、傷心地看到，香港目前的這場政治風波，已經初步具備一些"顏色革命"的特徵。我希望這是我的誤判，希望現在香港不是正在上演一場"顏色革命"。因為以我看到的情況，發生過"顏色革命"風波的國家沒有一個有好的結果。

印象最深刻的是利比亞。利比亞生產石油，曾是北非最富有的國家之一，國民生活很好。發生"顏色革命"后，當時的利比亞總統死了，政府也垮台了，但是內戰仍在繼續，民不聊生。有能力的人逃難到鄰國，又給附近的國家帶來很大壓力。為什麼我對此印象深刻？因為當時無政府狀態中的利比亞醫療資源極度匱乏，老百姓患病沒有藥醫，首當其衝的是那些長期依靠藥物的高血壓、糖尿病等慢性疾病患者和癌症病人，他們一旦停藥，生命就會受到威脅。所以當時我們本著人道主義原則，在世界衛生組織大會期間舉辦了一場邊會，希望有能力的國家可以幫助利比亞及其鄰國籌措一些藥物。這已經是很多年前的事了，可直到現在，利比亞的老百姓仍然衣、食、住都得不到保障，更談不上國際地位。不只利比亞，埃及、伊拉克等

8月3日，團體"香港政研會"在維多利亞公園舉行"希望明天"反暴力音樂會。現場大批民眾手持"真心保護我家園"等標語表達反暴力心聲（圖：中新社）

我所見到的曾發生"顏色革命"的國家，無一例外留給老百姓的只有重擔和災害。我們難道想要香港也變成這樣？當然是不想！香港是中國的一部分，包括700多萬香港市民在內的全體中國人民，都絕對不會允許一小撮人搞亂香港，絕對不會讓"顏色革命"在香港得逞！

香港每一個人都應果斷對暴力説不

如今，香港已經到了一個非常危險的時刻，一些人的暴力行為遠遠超出了和平集會、和平遊行、自由表達意見的界限。過去兩個月裡，他們發起所謂的"不合作運動"，阻礙交通，不僅地鐵、巴士運行受到影響，機場正常運營也受到破壞；在警方不批准的情況下他們仍然非法集會，甚至使用汽油彈、燃燒彈、激光筆等傷害性武器，還出現過毆打記者和普通遊客的情況……暴力行為不單

是擴散、升級，而且已經嚴重影響到香港老百姓的日常生活，嚴重影響到餐飲、交通、零售、旅遊等多個行業的發展，嚴重影響到香港的國際聲譽。

8月7日，國務院港澳辦和中央政府駐港聯絡辦在深圳共同舉辦香港局勢座談會，與會的每一個港區全國政協委員都完全同意眼下的重中之重、頭等大事就是要止暴治亂。我相信這也是廣大老百姓的願望。畢竟誰願意眼睜睜看著自己的家園被毀掉呢？我相信沒有一個人。

止暴治亂，就要香港每一個老百姓都挺身而出，通過各種渠道對暴力和動亂説不。香港的核心價值是有自由的社會，但更重要的是還有法治的基礎。香港的繁榮穩定是因為實行了"一國兩制"。如果不對暴力行為説不，我們是不是要讓一小部分極端暴力的分子毀掉

陳馮富珍表示，香港目前的這場政治風波，已經初步具備一些"顏色革命"的特徵，希望這是她的誤判。因為以她看到的情況，發生過"顏色革命"風波的國家沒有一個有好的結果。圖為8月13日，一名香港警察被暴徒擊倒在地（圖：新華社）

"一國兩制"、毀掉香港繁榮穩定的基石？所以我們一定要跟他們說，我們受夠了，香港受夠了！另外，我看到其實極端暴力分子只是一小部分，有不少人可能只是旁觀，但這樣會造成一種在支持暴力行為的假象。所以也呼籲大家，就算是為了自身的安全，也不要出來觀看，不要給暴力分子這樣的假象。

止暴治亂，就要挺特首、撐警察。因為只有香港特區政府才能夠依法治港，止暴治亂，讓香港儘快恢復穩定，回歸發展經濟改善民生的正途。香港一定是要有政府的，我剛才也講過，我所見到的無政府狀態只會導致民不聊生。因此我也呼籲香港市民，儘管有不同的政治取向，也一定要遵守法律，要通過對話要求政府改革及多聽老百姓的訴求，找出解決社會深層次矛盾的方案。如果不停一停、想一想、談一談，只是一味地搞亂香港，哪有機會找出最大的公約數呢？

我最近在報紙上看到新加坡律政兼內政部長尚穆根說過這樣一句話：意識形態固然重要，但必須符合現實。他講的是什麼意思？就是不管你的政治取態是什麼，現在最重要的就是要實事求是，先平息這場風波，然後坐下來心平氣和地溝通，修補社會撕裂。只對罵不對話，如何能修補社會撕裂呢？

結合我自己的經歷，我是非常認同這個觀點的。我在世衛組織工作了14年。在世衛組織的平台上，194個國家都在為自己爭取最大的利益。這麼多的國家各有不同立場，我們如何尋求共識、找出方案？就是通過對話。有的問題比較簡單，一天或者一個會議就可以找出方案；有的問題比較複雜，我們就反復對話直到找出每個國家都可以接受的方案，我自己經歷過的最長的談判持續了4年。

194個國家都能通過對話找出各方都能接受的方案，我相信香港也絕對可以通過對話達成社會共識，香港市民絕對有能力團結一致再搞好香港！🌸

（作者係全國政協常委、
聯合國世界衛生組織原總幹事）

（原文刊於《紫荊》2019年9月號）

透視香港局勢
高揚"一國兩制"旗幟

香港正面臨回歸以來最嚴峻的動蕩局面，"一國兩制"遭遇嚴峻挑戰。當此情況，香港何去何從，香港市民何以自處，特區政府、中央政府何以應對，全中國人民都在關注、焦慮和企盼。

文｜北京　饒戈平

7月1日下午，香港漁民在維多利亞港舉行慶祝香港回歸祖國22周年漁船巡遊活動。來自香港仔、筲箕灣、屯門和長洲的70艘漁船，懸掛中華人民共和國國旗和香港特別行政區區旗環繞維多利亞港進行巡遊（圖：中新社）

認清香港當前局勢

1、香港面臨回歸以來最嚴峻的動蕩局面

香港回歸22年了，"一國兩制"取得舉世公認的成就，也經歷著嚴峻的風雨洗禮和考驗。今年春夏之交以來，香港正在經歷一場由逃犯條例修訂爭議引發的曠日持久、愈演愈烈的政治風波和社會暴亂，其暴力化程度不斷升級，社會波及面越來越廣，政治訴求越來越明顯，矛頭直指"一國兩制"原則底線。這場前所未有的持續暴亂不僅嚴重危及香港市民的生命財產安全，任其肆虐下去還將可能毀掉特區政府的管治權威，毀掉香港的法治基石和社會秩序，毀掉香港的繁榮穩定，毀掉"一國兩制"的前景。香港正面臨回歸以來最嚴峻的動蕩局面，"一國兩制"遭遇嚴峻挑戰。當此情況，香港何去何從，香港市民何以自處，特區政府、中央政府何以應對，全中國人民都在關注、焦慮和企盼。

日前，國務院港澳辦、中聯辦兩位主任代表中央表態，指出求穩定、求安寧、儘快恢復社會正常秩序是香港社會當前的最大民意；強調止暴治亂、恢復秩序，是當前最急迫和壓倒一切的任務，而挺特首、挺警隊是當前穩定香港局勢的關鍵，期望愛國愛港力量發揮維護香港繁榮穩定的中流砥柱作用。講話表示，中央絕不容忍挑戰"一國兩制"原則底線的行為，將會依法採取一切必要措施。人們從中央聲明中看到了維護"一國兩制"的決心、力量和信心，企盼港警治暴能夠有效扭轉當前亂局，特區政府能夠採取有效措施，儘快恢復香港社會秩

序。

2、香港社會既有的深層次矛盾

香港當前出現的動蕩局面並非偶然，而是有著深刻的歷史和現實根源，有著內部和外部、思想觀念和社會現實的多種影響因素，是各種力量疊加作用、綜合作用的結果。

隨著"一國兩制"進入深入實施階段，香港社會既存的深層次矛盾一一浮出水面。回歸以來香港的政治生態始終未有根本轉變，遠未能適應"一國兩制"憲制秩序。

香港的社會結構和居民構成基本保持回歸前的狀態。相當多的市民尚未從思想上、政治上接納、適應國家憲政秩序，對內地制度仍存在不了解、不讚同、質疑、甚至敵視與抗拒的情況。人心回歸、國家認同的轉變遠未完成。

回歸前既已產生的兩大對立政治陣營繼續存在，社會撕裂加劇，直選中的"64"定律基本未變。"民主抗共"勢力活躍，他們屢屢以政改、普選、抗拒基本法和中央管治權為目標，策動政治風波，以致漸次發展出"港獨"和暴力激進勢力。

宣傳教育存在重大缺失，去殖民化措施嚴重缺位，港英殖民管治影響根深蒂固，遺留下多方面的政治樁腳。社會意識形態和市民價值觀多元，親資反社的傾向明顯。

話語權長期操控在反對派手裡，坊間流行對"一國兩制"和基本法的另類詮釋，謬種流傳，嚴重誤導民眾和青少年。

教育界長期為反建制力量佔據主導

4月28日，"有問有答《基本法》問答比賽"決賽暨頒獎禮與得獎者合照（圖：香港特區政府新聞處）

地位，國民教育嚴重缺失，"一國兩制"和基本法正面宣傳教育薄弱。青年學生受學校和社會影響，多傾向於反對派的政治主張。

23條立法被冷凍起來，維護國家安全無法可依。香港內部激進反對勢力借維護民主、人權之名，為所欲為，肆意挑戰國家安全和憲政體制；美英及台灣政治勢力在香港十分活躍，扶植激進反對勢力，如入無人之境。內外勾連，屢屢挑起對抗"一國兩制"的政治紛爭和社會動盪。

經濟發展滯後，民生問題嚴峻，構成社會不穩定的經濟根源。香港經濟掌控在大財團和外國金融勢力手中，政府缺乏宏觀調控市場的能力，經濟改革乏善可陳。20多年來香港缺失創新性經濟

領域和新的經濟增長點，競爭力不足，發展速度減緩。貧富懸殊、民生問題嚴重，低收入階層處境堪憂；青年發展空間小、生活壓力大，往往借政治議題發泄不滿。

上述深層次矛盾在香港長期存在，持續發酵。它們有的是港英管治時期遺留下來的，有的是香港作為一個特殊的資本主義社會形態所固有的，是國家收回香港時不得不承接的一份政治遺產。這些問題如何在回歸後的新憲制秩序下得到合理解決，對於缺乏管治經驗的特區政府和習慣於內地治理的中央政府都構成重大考驗。更何況香港和中央還要共同面對實施"一國兩制"後新產生的更具挑戰性的矛盾，從而大大增加了香港管治的難度。這些問題如果長期得不

期待特區政府儘快恢復政府管治權威，提升依法施政能力，率領香港市民走出低谷、重振旗鼓，邁向新的發展階段。圖為8月16日，香港特區行政長官林鄭月娥在行政長官辦公室會見青年企業家，諮詢他們對《施政報告》的意見（圖：香港特區政府新聞處）

到足夠重視與合理解決，經年累月，很難設想香港社會能夠保持長治久安，政治爭議和動盪勢難避免，類似"佔中"、反修例事件遲早都會發生，隨時有可能爆發，以後甚至可能反復出現。

3、"一國兩制"憲制秩序下的深層次矛盾關係

談到香港的深層次矛盾，不能不涉及回歸後的新憲制秩序，涉及中央對港政策。一個社會主義國家的中央政府要管治一個被允許實行資本主義的香港，客觀上勢必引發香港社會內在矛盾的深刻變化。人們注意到，在"一國兩制"實踐中，這些矛盾往往集中折射到"一國"與"兩制"、社會主義制度和資本主義制度、中央管治與地方高度自治之間的關係上。這三對關係在一定意義上帶有"一國兩制"與生俱來的結構性矛盾特徵，體現了新憲制秩序內在的對立統一、不同而和的辯證關係。將這三對矛盾同置於一國之中，不但彰顯了"一國兩制"設計的高明之處、點睛之作，也意味著"一國兩制"實施的複雜性、艱巨性，需要極高的政治駕馭能力。這些矛盾在一國之內本應該是非對抗性的，必須也能夠在一國之下得到妥善處理和解決，否則"一國兩制"就難以推行了，而基本法恰恰提供了處理好這些矛盾關係的法律依據。現在的問題是，對於"一國兩制"內在的結構性矛盾關係往往未能得到足夠正視和重視，實踐中似欠缺長遠有效的應對策略。香港當前面臨的各種社會問題，只要一涉及上述三對關係，立刻有可能被政治炒作，升級為政治紛爭和對抗，既無法回避又不會自行解決。

香港深層次矛盾的焦點突出表現為對管治權的認識問題，特別是中央如何行使管治權的問題，解決的關鍵須嚴格按憲法和基本法辦事。從法理上看，對香港的管治首先應表現為中央代表國家對香港恢復行使主權，中央理當擁有管治權；其次是中央授權香港高度自治，兩種管治權必須有機結合，不可偏廢。基本法不但是一部授權法，而且也是明確規定中央管治權的憲制性法律，載明中央享有的管治權至少有十二大項，絕不限於外交國防。香港反對派鼓吹中央除外交國防外不再具有別的管治權，否則就是干預、破壞高度自治，顯然是對法律的曲解和漠視，客觀上產生了嚴重負面影響。

對港工作的認識也在經歷一個不斷深化、與時俱進的過程。回歸初期，內地曾流行一些說法，譬如說內地、香港應該是"河水不犯井水、井水也不犯河水"、對香港"不管就是最好的管"。這種說法似乎把"一國兩制"的實施看成是一個可以放逐自流、自生自滅的過程，是一個可以完全由香港自行掌控的過程，未能充分意識和發揮中央在其中的主導性、決定性作用，沒能全面有效地行使中央管治權。"一國兩制"實踐中似一度存在"七重七輕"的傾向：重回歸、輕治理，重兩制、輕一國，重高度自治、輕中央管治，重政策宣示、輕制度建設，重政改選戰、輕經濟發展，重戰術應對、輕戰略謀劃，重上層、輕下層，如此等等，致使對港工作一定意義上缺乏方向感和主導性，表現出被動、軟弱、不作為或不當作為的問題，造成後來工作的被動和困難。現在回過頭來看，有些事情，譬如去殖民化措施、國家安全立法、國民教育等，如果從回歸一開始就抓緊做的話，阻力就會小多了，就可能避免現在許多十分棘手的障礙。

這種傾向在後來工作中有了很大改觀。特別是中共十八大以後，以習近平為核心的中央領導集體在科學總結香港實施"一國兩制"經驗的基礎上，提出了一系列新論斷、新思想、新措施，集中體現為"兩點論"的提出：強調要堅定不移、全面準確地理解和貫徹"一國兩制"與基本法，中央要行使全面管治權，要加強中央管治權與香港高度自治權的有機結合，把握好"一國兩制"發展方向。習近平治港治澳思想豐富發展了鄧小平"一國兩制"構想，為正確處理"一國兩制"實踐中的深層次矛盾指明了方向，有效推進著港澳工作開展。

高舉"一國兩制"大旗，維護香港持久繁榮穩定

1、正確認識評價"一國兩制"的

成就和價值

　　"一國兩制"是中國改革開放時代的產物，開創了前所未有的治國理政實踐，香港和祖國一起櫛風沐雨，砥礪前行。

　　如何收回香港，維護國家主權安全和發展利益；如何治理回歸後的香港，保持香港繁榮穩定，是新時期擺在中央面前的重大課題，以鄧小平為代表的老一輩領導人的答卷是"一個國家、兩種制度"。這一創新性政治構想後來被轉化為基本國策，載入憲法，寫進中英聯合聲明，制定為香港基本法；中央歷屆領導一以貫之，成功實施於香港地區。

　　首先，"一國兩制"保證了香港和平順利回歸，完成了國家統一大業中的一項大工程。與通常非殖民化過程充滿血與火的經歷截然不同，中國沒有動用一槍一炮，沒有流一滴血，從英國人手中收回香港，恢復行使主權，開創了非殖民化歷史上和平脫殖的成功範例，為世人稱道。

　　其次，回歸後的香港實行"一國兩制"、港人治港、高度自治，避免了通常脫殖地區可能出現的社會動盪、經濟凋敝，保障了香港持續繁榮穩定，東方之珠依然熠熠生輝，樹立了非殖民化歷史的成功典範。實踐證明，"一國兩制"是歷史遺留的香港問題的最佳解決方案，是香港回歸後保持長期繁榮穩定的最佳制度安排，是"行得通、做得到、得民心的"。

　　國家主體堅持社會主義，既允許也需要香港保留資本主義，"一國兩制"將在香港長期實施。鄧小平曾多次談到，"香港回歸祖國後它的現行制度五十年不變，五十年後更沒有變的必要"，"社會主義國家裡允許一些特殊地區搞資本主義，不是搞一段時間，而是幾十年、成百年不變"。習近平主席 2017 年 7 月 1 日在香港講話中表示，"中央貫徹'一國兩制'方針堅持兩點，一是堅定不移，不會變、不動搖；二是全面準確，確保'一國兩制'在香港的實踐不走樣、不變形，始終沿著正確方向前進"，"我們既要把實行社會主義制度的內地建設好，也要把實行資本主義制度的香港建設好。我們要有這個信心"。這些講話擲地有聲、意向明確，表達了中央始終堅守並長期實施"一國兩制"的原則立場。

　　"一國兩制"業已深入人心、厚植於香港，有廣泛的民意基礎。今年春天，香港民主思路公布的一份民意調查顯示，在回答"是否期待 2047 年後繼續實行'一國兩制'"的設問中，超過 76.5% 的香港市民，不分年齡、教育程度和政治傾向的差別，都明確表達了肯定和支持的立場。這從一個側面表明，經過 22 年的風雨歷程，"一國兩制"已成為香港市民認知的最大公約數，高度凝聚了香港各界的共同利益，已成為香港社會的主流民意。從全國範圍看，"一國兩制"也是國家利益和香港利益最大化的體現，能夠而且已經構成內地民眾和香港市民的政治共識，構成國家和香港特區共有的政治基礎，是國家和香港繼續堅守、成功實施"一國兩制"的最大力量來源，具有強大的生命力。"一國兩制"的旗幟將持久飄揚於香港上空。

2、堅守"一國兩制"，維護香港持久穩定繁榮

"一國兩制"下的香港正在經受一場前所未有的暴風驟雨，當前局勢似仍未見明顯緩和，暴亂現象還在蔓延加劇，問題並未得到根本解決。但有跡象表明，在中央表態後出現了向好趨勢，社會開始凝聚止暴治亂、恢復秩序的主流民意，民眾翹首企盼中央政府、特區政府當前及長遠的對應措施。

法治是香港社會穩定繁榮的基石，法治遭到挑戰破壞必然導致暴亂動盪，而恢復秩序也必須從回歸法律、嚴格執法入手。香港警察是法治的守護神，堅守在止暴治亂第一線，挺警無疑十分必要；但僅僅依仗警隊單兵作戰恐怕遠遠不夠，眾多香港市民就在擔心"警隊前面抓人，法院後面放人"的舊劇重演。法治是一個系統工程，由守法、執法、司法多個環節共同組成，必須嚴格依法辦事。倘若沒有社會各界的支持配合，沒有律政司果敢及時的檢控，沒有法院公正嚴明的審理，何以能將暴亂犯罪行為繩之以法，還香港一個朗朗乾坤？香港並不乏治暴法律，現存法律中就有許多處置暴力激進行為的條例擺在那裡，現在的問題是敢不敢、能不能及時啟用、有效實施這些治暴條例。以法治暴，恢復秩序，可說是對香港法治的又一個重大考驗，全香港、全中國、全世界民眾都在拭目以待。

恢復秩序後的香港治理同樣十分艱巨。香港業已遍體鱗傷、亟待修復，首當其衝的恐怕是對政府管治權威、施政能力的考驗。人們有理由期待特區政府能夠從這場政治風波中吸取經驗教訓，深刻反思和大力改革各方面工作，加強同社會各界溝通協調，儘快恢復政府管治權威，提升依法施政能力，繼續高舉"一國兩制"旗幟，率領香港市民走出低谷、重振旗鼓，邁向新的發展階段。

中央肩負"一國兩制"掌舵人的重要職責。當此攸關香港興衰的緊要時刻，相信中央一定會從國家大局和香港整體利益出發，高瞻遠矚、力排干擾，繼續堅守、高揚"一國兩制"旗幟，堅定不移、全面準確地貫徹"一國兩制"和基本法。既要充分行使中央管治權，又要充分尊重、維護香港高度自治權，加強兩類管治權的有機結合。相信中央會全面深刻總結20多年來香港工作的經驗教訓，提升對"一國兩制"全面準確的認識，改進對港工作思路和工作機制，著力解決好一些重大問題，制定出未來28年繼續成功實施"一國兩制"的對策部署。習近平主席多次指出，關鍵是要做好內地的事情。相信中央會加強國家主體的全面改革，特別是民主法制建設和司法改革，以內地的改革成就和制度合理性來增強港人的信服力、向心力和認同感，增強兩制、兩地之間的親和力、融合力，真正有效促進香港社會的人心回歸、國家認同。

不畏浮雲遮望眼，風物長宜放眼量。相信香港當前出現的風雨陰霾終將不過是過眼煙雲，注定阻擋不了"一國兩制"這艘歷史巨輪劈波斬浪、行穩致遠。✿

（作者係北京大學法學院教授）

（原文刊於《紫荊》2019 年 9 月號）

堅決捍衛法治 努力凝聚共識
香港止暴制亂曙光初現

　　過去一個月裡，隨著香港特區行政長官宣布採取旨在止暴制亂、恢復秩序的四項行動，越來越多之前保持沉默的市民開始站出來用行動反對暴力、匡扶正義；越來越多一度被反對派誤導的市民與暴徒割席，街頭暴行參與者明顯減少；越來越多的國際媒體逐漸認識到風波的真相，開始揭露暴力分子的謊言。更加孤立的激進示威者妄圖做出最後掙扎，暴行變本加厲，令人髮指。香港社會已形成儘快止暴制亂的主流民意。特區政府順應民意，一方面拓展對話平台，積極與各界溝通，並落區儘可能廣泛地傾聽市民意見；另一方面果斷加強執法，儘量降低街頭暴行對市民生活的影響，讓違法分子得到應有的懲罰。止暴制亂已初現勝利曙光。

文 | 本刊記者

9月4日，香港特區行政長官林鄭月娥宣布採取旨在止暴制亂、恢復秩序的四項行動。9月5日，她聯同特區政府政務司長張建宗、民政事務局長劉江華會見傳媒（本刊記者 莫潔瑩 攝）

政府主動搭建對話交流平台，積極推出紓困解難措施

　　9月4日，香港特區行政長官林鄭月娥向全港市民發表講話，提出了四項具體行動，以期"盡一切努力，在種種局限下尋找社會向前行的機會"。

　　第一項行動是特區政府會正式撤回條例草案。第二項行動是全力支持監警會工作，除新聘5位國際專家小組成員外，還新委任了廉政公署首任社區關係處處長余黎青萍和資深大律師林定國加入監警會。第三項行動是由9月開始，行政長官和所有司局長都會走入社區與市民對話。第四項行動是邀請社會領袖、專家和學者，就房屋和土地供應、貧富懸殊、社會公義、青年人的機遇，以及公眾參與政府決策等社會深層次問題進行獨立研究及檢討，向政府提出建議。

自 6 月以來，特區政府就有意加強與社會各界的溝通，已經進行了超過一百場與不同界別人士的深度對話。在此基礎上，為更廣泛了解各界訴求，特區政府在 8 月底宣布構建對話平台，擴大對話的範圍。對民間搭建的對話平台，林鄭月娥也明確表示，只要情況許可，她和司局長也都會積極考慮參與。8 月 26 日，林鄭月娥就率領民政事務局局長和教育局局長出席了一場由民間自發構建的對話。特區政府強調，社區對話平台一是對象要廣泛，不分階層、不分立場；二是會儘量公開、透明，讓傳媒可以在現場採訪；三是議題亦是開放的，即不預設特定議題。

對話安排獲得市民積極支持。9 月 26 日在灣仔伊利沙伯體育館舉辦的首場社區對話，設計規模約為 150 人，短短幾日就有上萬市民報名，要用電腦抽籤決定出席人士。

特區政府還堅持走訪各界，聆聽各界聲音。

8 月 29 日，林鄭月娥率教育局局長楊潤雄與 30 多位中學校長見面，了解開學準備工作。

9 月 9 日，港鐵中環站被激進示威者大肆破壞後的次日，林鄭月娥視察港鐵中環站。她感謝港鐵職員日以繼夜搶修令中環站當晨可以重開，又到站內商舖與市民短暫傾談。之後她還與多位司局長、警務處處長以及港鐵公司和香港機場管理局管理層舉行會議，總結各方應對示威及破壞行為的經驗和商討日後的部署，以便再遇到類似挑戰時能夠將影響減至最低。

9 月 13 日中秋節，林鄭月娥到油麻地視察一幢舊樓的樓宇更新情況，並探訪一對長者夫婦，了解他們的日常生活以及在樓宇維修方面所得到的支援。其後她又分別到位於葵涌和筲箕灣的護老院探訪長者，並承諾政府會繼續增加安老宿位供應，加強整體安老院的服務質素。

9 月 18 日，林鄭月娥邀請十八區區議員會面交流。區議員中有 38 人獲抽中現場發言，議題涵蓋不同的地區、民生事務，而過半數發言區議員都有共識，認為現時社會的最大公約數就是止暴制亂。

過去三個月的社會風波加之中美貿易戰影響，給香港經濟、民生帶來挑戰。在加強聆聽市民聲音的同時，特區政府還因應需要，及時推出各類扎實具體的紓困措施。

為緩解住房和土地問題，9 月初，特首會同行政會議通過向立法會提交《2019 年差餉（修訂）條例草案》，向空置逾 1 年的一手樓單位徵收"額外差餉"，以增大住房市場供給。

為幫助中小企業應對貿易戰及香港社會風波影響，9 月 4 日，財政司司長陳茂波宣布推出進一步支援中小企業的措施，以降低企業融資困難和營運壓力，包括為中小企業提供最多 600 萬元（港幣，下同）貸款，最長分五年歸還，以協助中小企業周轉；以及容許參與"中小企融資擔保計劃"的企業可以先還息後還本，延期後再分攤歸還等。

為發展經濟改善民生，9 月 15 日，政務司司長張建宗發表網誌表示，將"為低收入劏房住戶改善家居環境援助計劃"

香港特區行政長官林鄭月娥9月13日探訪一對長者夫婦，了解他們的日常生活以及在樓宇維修方面所得到的支援（圖：香港特區政府新聞處）

的資助上限由 8,500 元增至 13,000 元；同日陳茂波發表網誌表示，政府已宣布增加小型工程項目及加快推展項目，如提前推展改善碼頭計劃、優化升降機資助計劃等，創造更多就業，發揮"逆周期"擴張開支對經濟的提振作用。

紓困措施還包括過去一、兩個月已經在進行的 2019 年《施政報告》籌備工作。截至 9 月 17 日，特區政府已經召開了 20 場《施政報告》諮詢會。9 月 16 日有關土地和房屋的諮詢討論尤其熱烈，一共 4 小時的會面中，超過 30 位在房屋、土地領域富有經驗的人士暢所欲言，建言獻策。

越來越多的市民不再沉默，用實際行動反對暴力匡扶正義

愈演愈烈的暴力行徑，香港人受夠了！越來越多的香港市民不再沉默，挺身而出以實際行動撐警方、撐法治、撐和諧，旗幟鮮明地向暴力說不。

香港愛國愛港人士也紛紛在國際平台上講述香港局勢的真相，澄清"亂港"派散布的謠言。

9 月 9 日，聯合國人權理事會第 42 屆會議在瑞士日內瓦開幕，香港各界婦女聯合協進會主席何超瓊、監察顧問伍淑清作為非政府組織代表出席會議。何超瓊在發言時澄清了警察執法的真相：激進示威者屢次在交通要道設置路障，損壞交通燈，癱瘓道路運輸甚至國際機場，更破壞火車軌道，水漫地鐵站，在街道縱火……這些暴力抗議者無視警方的多番警告，向警察投擲磚塊、玻璃瓶、金屬物乃至燃燒彈，亦用激光筆照射警察眼部，在這種情況下，警察才使用了世界各地警察廣泛使用的催淚彈和橡膠子彈。

伍淑清則在會前接受採訪時誡香港年輕人，不要受到外部勢力的蠱惑參與違法活動，而應開拓視野，真正了解自己所處的世界，發展自己的事業，做有意義的事。

9 月 17 日，香港民建聯主席李慧琼、副主席周浩鼎與美國駐港總領事史墨客會面。李慧琼表示，美國國會計劃通過《香港民主與人權法案》屬過度反應和沒有必要。

不忍看到極少數人的暴力和其他非法行為重創香港，各界人士在多份報章刊登全版廣告，600 名醫護人員登廣告實名聯署，譴責街頭非法暴力嚴重挑戰香港法治，一批香港新聞工作者在網上發起譴責香港記協"雙重標準""偏袒暴徒"的聯署行動，三天內就有超過 5,000 人參與，其中包括約 200 名新聞界人士。

市民紛紛走上街頭"清潔香港"，在旺角、在上環、在銅鑼灣、在筲箕灣……在香港許許多多的角落，都有普通市民自己帶著鋼絲球、小鏟子，走上街頭清掃垃圾，清潔被塗污的燈柱、電箱，清除不堪入目的標語、海報。在9·18事變88周年前夕，香港唯一一個國家級抗戰遺址烏蛟騰抗日烈士紀念碑，被鬧事者塗污。此事激起許多有良知的香港市民極大憤慨，多個市民群體不約而同地連夜趕到，清理被暴徒塗污的痕跡。新界社團聯會連同原港九大隊抗日老戰士代表、地區義工聚集在碑前，唱國歌、獻花圈，發表愛國宣言，表達對革命先烈的追思之情，提醒港人毋忘歷史。

國慶臨近，很多機構、團體都組織了豐富多彩的慶祝活動，與祖國同胞共享70華誕的喜悅，也表達希望香港恢復秩序的心聲。

9月8日，香港升旗隊總會、香港島各界聯合會等組織近千名市民到金紫荊廣場參與升旗儀式。人群中有幼兒園稚子、中小學生，有老師、家長，還有全港各地的青年和老者，大家引吭高歌《歌唱祖國》，並齊喊"中國香港加油！"不少人身穿紅衣，手持國旗，廣場仿佛變成紅色的海洋。

9月11日，東華三院王余家潔紀念小學的李老師面對大批公然唱"港獨"歌曲的黑衣人，毫不畏懼，動情地高唱國歌，被追罵被打流血仍不退縮。社會各界紛紛慰問支持李老師，教聯會向他致以深切慰問和崇高敬意，眾多網民發起"一人一電郵支持李老師"行動，更有大批愛國愛港市民接連幾日在中環國際金融商場、

香港各界婦女聯合協進會主席何超瓊（左）、監察顧問伍淑清在出席聯合國人權理事會第42屆會議期間接受媒體記者採訪，譴責香港暴力示威者（圖：新華社）

奧海城商場、淘大商場、太古廣場等地，自發組織多場"快閃齊唱國歌"活動。市民們揮舞國旗和區旗，高喊"中國香港加油！"，高唱國歌和《歌唱祖國》，懸掛起巨幅五星紅旗，現場掌聲、歌聲、歡呼聲，聲聲入耳，傳達著愛國愛港人士期望香港和平安寧、守護香港、反對暴力的呼聲，點燃了每一顆愛國愛港心。

獅子山是香港的著名地標，刻苦拼搏、自強不息、同舟共濟和理性包容的香港精神也被稱為"獅子山精神"。9月14日，一批身穿印有"守護中國香港"紅衣的愛國愛港市民，將國旗和香港區旗舉上了香港的獅子山頭，並在山頂展示寫有"慶祝中華人民共和國成立70周年""止暴制亂，恢復秩序"的橫幅。還有一些市民涉險攀爬到對面山頭懸崖，摘除反對派黑色標語。不少路過的行山客豎起大拇指為他們打氣加油。

9月17日的金紫荊廣場上，100名香港青年手舉一面專門訂製的巨幅國旗和

69 面小幅國旗，與金紫荊雕像"同框"，合唱國歌和歌曲《歌唱祖國》，並高喊"祝福祖國、祝福香港"。

香港各界還組織了豐富的慶祝新中國成立 70 周年文化展覽、文藝晚會、宴會、酒會等。

8 月 28 日，香港紫荊雜誌社借慶祝新中國成立 70 周年契機，舉辦了"慶祝中華人民共和國成立七十周年——開國元勳朱德總司令（香港）大型展覽"。在開幕式上，香港特區行政長官林鄭月娥、中央政府駐港聯絡辦副主任盧新寧、朱德之孫朱和平到場致辭，發出了止暴制亂的強音。近萬名香港市民無懼反對派搗亂，在香港中學生義工的導賞下觀看了展覽，上百家海內外媒體紛紛對此進行報道。

9 月 14 日，近千名來自三大語系佛教的高僧大德和嘉賓們齊聚香港舉行祈福盛典，凝聚海峽兩岸暨港澳地區佛教界力量，表達對祖國和香港的美好祝願。

9 月 17 日，香港中華文化總會主辦的"2019 繪夢香港赤子心——中外名家書畫美術大展"開幕，逾百幅中外藝術家作品在香江展出，包括國畫、油畫、書法作品，與香港市民共賀國慶。

當晚，香港音樂舞蹈界舉行慶祝國慶聯歡晚會，數百名文化界人士歡聚一堂，以精彩的鋼琴獨奏、男女二重唱、音樂組奏及爵士舞等表演共賀新中國 70 華誕。

類似的慶祝活動比比皆是，在香港掀起一股國慶熱潮。香港醫學界、中醫中藥界、金融界、會計界、建造界、香港專業及資深行政人員協會、香港房地產協

9 月 18 日，在香港新界大埔的烏蛟騰烈士紀念園，數十名香港市民在此集會，表達對暴徒破壞、污損烈士紀念園的強烈憤慨與譴責（圖：新華社）

會、香港中華文化總會、香港的士總會、香港文娛會、香港上海總會、香港江西社團總會、香港浙江省同鄉會、香港漳州同鄉總會、香港晉江社團總會、香港泉州社團聯會、香港島各界聯合會等等，都陸續舉辦了國慶慶典儀式，為祖國 70 華誕獻上深情的祝福。

越來越多國際媒體認識到風波真相，開始揭露暴力分子謊言

愈演愈烈的暴力行徑挑戰人類道德底線，不得人心，那些戴著有色眼鏡的西方敵對媒體，再難以用謊言掩蓋真相。負責任的國際媒體也開始揭露真相、譴責暴力，並揭露一些西方媒體的"雙標"報道。今日俄羅斯（RT）8 月 27 日刊出一則署名為愛爾蘭媒體人、專欄作家丹妮爾·瑞恩（Danielle Ryan）的專欄文章，揭露美國有線電視新聞網（CNN）在 8 月 18 日報道香港示威活動時，發布了面向香港街頭潛在示威者的"著裝"指南，並尖銳地指出這份具有挑釁性的"示威者指南"清楚表明，西方媒體不僅對反華抗議活動進行報道，而且還積極支持海外"暴動"。文章還表示，與對香港的報道形成鮮明對比的是，西方媒體對已經 41 周還未平息的法國反政府的"黃馬甲"運動的報道方向則截然相反。

9 月 18 日，美國有線新聞網（CNN）刊登一篇題為《香港的遊行規模正

在縮小，但變得更加暴力和醜陋》的報道，被其他媒體評為"CNN 終於承認'香港暴亂變得更加暴力醜陋'"。CNN 在該篇報道中承認，他們的記者在香港街頭目睹了一些很醜陋的現象，比如一夥"蒙面示威者"在天后站襲擊了一名男子，最終該男子鮮血淋淋地暈倒在地；CNN 的記者還看到了一段網絡視頻，視頻清楚拍攝到一名身穿藍衣服的中年男子，僅因為喊了幾句支持警察的口號，便被一大群帶著黑衣黑面罩的年輕"示威者"毆打至不省人事。同時，其他媒體注意到，在這篇報道中，CNN 也沒有像不少西方媒體慣常的那樣，將這些黑衣暴徒統統說成"民主派示威者"，而是改用了"反政府示威者"這個相對客觀的表述。

在此之前，很多西方媒體已經認識到風波真相，開始揭露暴力分子及其幕後指使者的謊言。

英國《衛報》8 月 11 日以《示威、衝突和缺乏信任：香港新常態》為題發表

香港市民自發在國際金融中心舉行唱國歌快閃活動

143

香港教育工作者聯會黃楚標中學舉行開學升國旗儀式 （張筠 攝）

文章，承認抗議活動在最近幾周變得趨於黑暗，衝突變得更加暴力。

德國《青年世界報》8 月 15 日發表文章揭露，中國在世界市場上的經濟崛起、中國對亞非拉許多國家而言不斷增長的合作吸引力、中國在必要時抵禦軍事攻擊的能力不斷提高：這些都是跨大西洋國家竭盡全力阻止中國成為世界強國的原因。圍繞"一帶一路"的爭吵針對的是中國的經濟雄心，南海問題是在攻擊中國的防衛能力，而其他外交沖突則意在從內部削弱對手——在西藏、新疆，現在則是在香港。

加拿大通訊社 8 月 17 日報道，隨著香港抗議者與警察之間的緊張關係升級，加拿大外交部長克里斯蒂婭·弗里蘭譴責了香港的暴力活動。報道稱，她是在 8 月 17 日和歐盟外交與安全政策高級代表莫蓋里尼發表的聯合聲明中作出上述表態的。

英國《泰晤士報》網站 8 月 17 日報道，在接受中國環球電視網（CGTN）採訪時，65 歲的英國前議員喬治·加洛韋表示："這些人應該知道香港屬於中國。沒有哪個國家，絕對沒有哪個國家會允許在其領土上出現對其主權構成的致命威脅，而不以控制局勢的方式作出反應。"

西班牙《世界報》網站 8 月 17 日報道，持續數周的危機導致香港社會出現明顯的分化，甚至影響到普通的香港家庭。

伊朗法爾斯通訊社 9 月 15 日發表題為《關於華盛頓對香港抗議活動的虛假擔憂》的報道稱，香港的暴力抗議活動頭目和蒙面暴亂者仍在向外界展示其"受歡迎"的形象。然而,他們無法改變的事實是,他們與"捍衛民主基金會""國家民主基金會"和美國國際民主研究院等美國智庫關係密切。

**孤立的暴徒越來越不得人心,
一度被誤導者逐漸與他們割席**

越來越孤立的暴徒妄圖做最後的掙扎,他們的暴力行徑變本加厲、愈演愈烈。

中小學開學時,一些激進分子罔顧義務教育法,公然煽動罷課,乃至將魔爪伸向了涉世未深的小學生。甚至還有號稱舊生的蒙面人在學校門口鬧事,塗污學校名牌,拉起橫額不停叫囂,為安全考慮很多家長不得不請假護送學生。

大學校園裡也出現了一些違背公序良俗的出格行為。9月16日,浸會大學居然發生一小撮學生破壞門鎖暴力闖入校長辦公室打鬧的事件,他們擊碎玻璃、塗污閉路電視鏡頭,甚至用粗口辱罵趕到現場的老師和職員。

街頭暴力行為的傷害性也在提升。8月31日,暴徒於香港灣仔當街堆放大量雜物及縱火,大火橫跨多條行車線,其間至少兩次發生爆炸,一度觸發附近酒店的自動消防灑水系統,雜物焚燒產生的難聞氣味侵入附近居民家中,已經嚴重危害居民的生命健康和財產安全。更有甚者,竟在地鐵站出口縱火。中環站、灣仔站等多個站點都曾因出口起火不得不暫時關閉。暴徒還向鐵路、輕軌路軌投擲大量鐵枝、磚頭和石塊等雜物,嚴重威脅行車安全。

暴徒投擲燃燒彈的行為也越來越無法無天。僅8月31日一天暴徒就投擲了

水炮車驅散違法聚集的暴力示威者

暴徒在香港街頭縱火

逾百枚土製汽油彈,甚至多次發生暴徒直接對著警車和警員近距離投擲汽油彈的情況,有的汽油彈滾到車底,隨時有引爆汽車的危險。

目無法紀的暴徒竟然還無差別傷害意見不合的普通市民。9月15日下午5時,一名男子因為看不過眼暴徒的所作所為,與他們理論,並高呼"愛中國,我是中國人",結果就被數十名黑衣暴徒圍毆,情況一度危殆。

暴徒的行為越來越猖狂,已經超越了道德底線。即使是反對派內部,也有很多人已不齒與他們為伍,有些人雖然嘴上不承認,行動上則已與他們割席。香港市

民都能感受到，走上街頭鬧事的暴徒人數在明顯減少，在暴力現場肆無忌憚為暴徒站台的反對派"大佬"已幾乎消失，就連一名"禍港四人幫"成員在接受 CNN 採訪時也假惺惺地表示"反對暴力"。

警隊加強部署嚴正執法，
堅決止暴制亂恢復秩序

正如林鄭月娥所說，有了對話平台，並不代表無須嚴正執法，當前首要工作仍是遏止暴力。面對喪心病狂的暴徒，警方加強部署，果斷執法。

針對 8 月底以來激進分子愈演愈烈的非法暴力活動，警方連續 3 次對激進團體的示威遊行申請下達反對通知書，連續召開新聞發布會讓市民了解警方動態和暴徒行徑，及時發布警示公告，幫助大家避開危險地帶，在敏感地區提前部署搜控危險物品。

8 月 31 日清晨 5 時半左右，警方從 2 男 1 女身上搜出一批用作製造粉塵爆炸物等武器的原材料，以及一把約 20 厘米長的刀和面罩、護甲等；中午警方又在銅鑼灣一間酒店房間檢獲一批頭盔、裝甲、防毒口罩等裝備，及超過四萬元現金；在西環搜查 6 男 2 女時，警方又檢獲通渠水、噴漆、油漆、斧頭、電動棒球發射器，還有大量假記者證。當天警方還在各區搜獲近百個汽油彈。

警方還因應暴力升級的新情況及時優化應對措施，有效阻斷了多次暴力事件。9 月 7 日有激進分子在網上煽動堵塞機場交通，警方於是一早就在機場及附近道路戒備，並安排防暴警察駐守機場快線香港站，站內亦有廣播，提醒乘客需要持有效機票才可以搭乘快線。在青馬收費廣場，警方也安排了數十名軍裝警員檢查機場巴士，並截停檢查了 29 輛可疑私家車，檢獲通渠水、高爾夫球棍、索帶等危險物品。

警察的布防中，水炮車終於發揮了作用。9 月 15 日，兩部水炮車出動前往港島，在敏感區域戒備。下午水炮車向東推進，在政府總部、添美道、夏愨道位置噴射水炮及藍色水，直至深夜在北角將暴徒全部驅散。

針對暴徒鬧事地點越來越分散且有襲擊休班警員的情況，警方也及時調整武力使用指引。9 月 10 日，警方批准向休班警務人員發放伸縮警棍，以便他們於休班期間執行警察職務。9 月 15 日，多個警方工會更是警告，當暴徒舉起汽油彈作投擲狀，警方有可能視作對自身及其他人作致命攻擊而使用相應的武力與武器制止，包括實彈槍械。

在做好預案的同時，警方還加大了暴力現場拘捕力度。截止 9 月 20 日，警方在衝突中拘捕 1,474 人，其中 207 人被檢控。在 9 月 21 日和 22 日的衝突中，警方又拘捕了約 80 人。被依法拘捕者不乏反對派"小頭目"，包括：前香港民族黨召集人陳浩天，香港眾志秘書長黃之鋒，立法會議員區諾軒、譚文豪，香港眾志主席林朗彥等，對暴徒形成極大震懾。

沉舟側畔千帆過，病樹前頭萬木春。幾個月的修例風波，只會使廣大市民更加清晰地辨認出那些暴力禍港者、那些偽善亂港者、那些隨風搖擺者。暴力永遠不得人心，而"一國兩制"的航船必將乘風破浪，更加堅定地行穩致遠！ ✍

（原文刊於《紫荊》2019 年 10 月號）

2019 年 8 月 18 日，有上千英國華人華僑和中國留學生參加的"反暴力，救香港"大集會在倫敦市中心特拉法加廣場舉行（圖：中新社）

數千名香港市民參與"反暴力 愛和平 撐警察 護安寧"集會（圖：中新社）

施政報告：為大眾謀求福祉的決心毫不動搖

文│香港特別行政區政府政務司司長　　張建宗

10月18日早上，香港特區政府政務司司長張建宗（中）出席電台節目，談《施政報告》（圖：香港特區政府新聞處）

　　在外圍環境波譎雲詭的陰霾下，香港剛渡過了一個風高浪急的夏季。《逃犯條例》修訂引致的風波及衝突，已演變成暴力破壞，對香港的經濟、社會和民生都造成重大打擊。儘管如此，行政長官林鄭月娥迎難而上，在這個困難時候仍堅持按原定計劃，在10月公布了以"珍惜香港　共建家園"為題的《施政報告》，回應各階層、各領域的訴求，讓市民盡快重建信心重拾步伐，與政府攜手向前應對各種新挑戰新機遇。

行政長官在《施政報告》的前言，開宗明義說明無論在處理當前的重大危機，或繼續履行管治責任，特區政府會堅守四個原則：

一、堅守"一國兩制"，維護受基本法保障的人權和自由，但對任何鼓吹"港獨"，危害國家主權、安全及發展利益的行為絕不容忍。

二、竭力維護法治，不容有失。法治是香港極為重要的核心價值，是香港賴以成功的基石。

三、維護香港制度的優勢，不容損毀。

四、捍衛香港重視的核心價值，珍惜港人共同擁有的城市、國際的認許和尊重。

市民取閱最新《施政報告》 （圖：香港特區政府新聞處）

房屋土地政策跳出傳統思維框架

房屋是長期困擾香港社會最嚴峻、最艱難的民生議題，也是部份民怨的根源。《施政報告》在房屋及土地政策的著墨也最多。政府引入新思維，著力解決問題，大刀闊斧地"覓地"，提出多項短中期措施，回應市民的房屋需求。我們重視社會公義，首要扶助對象是中低收入家庭，積極增加公營房屋的供應，包括預留 50 億元（港幣，下同）在未來三年提供 10,000 個過渡性房屋單位；邀請關愛基金為非公屋和沒有領取綜合社會保障援助（綜援）的低收入住戶，於下個財政年度發放"一次過生活津貼"，以便政府爭取在 2020 年年底前完成推出恆常現金津貼計劃的研究；加快出售 42,000 個"租者置其屋"單位；以及在明年預售高達 12,000 個"綠置居"單位等實在的惠民政策。

對於夾心階層的市民，特區政府也顧及他們置業的困境。為協助首次置業人士，我們已即時放寬由香港金融管理局委託的香港按證保險有限公司提供的首次置業人士申請樓宇按揭保險的樓價上限，讓有足夠供款能力的市民能夠置業安居。至於我們在職的年輕一代，特區政府理解他們對擁有自己空間的渴望，並會全力推展七個青年宿舍計劃，合共可提供 3,300 個宿位，包括在未來兩年內將落成的 1,760 個宿位。同時，我們容許青年宿舍租戶繼續申請公屋，紓緩較基

特區政府會以先導形式將"學校外展疫苗接種計劃"由小學擴展至幼稚園和幼兒中心。圖為學生正在接受疫苗接種（圖：香港特區政府新聞處）

層年輕人的住屋需要。

　　建屋需要土地，覓尋適合足夠的住宅用地是一個"老、大、難"的問題，也必須社會各界通力合作去走出困局。本屆特區政府迎難而上的決心和魄力，直接反映在《施政報告》提出以《收回土地條例》收回可具發展潛力由私人擁有的新界土地，用以興建公營房屋，突破政府向來擔心出現法律挑戰的思維。預計未來五年收回 400 多公頃，數量是過去五年收回的逾 20 倍。

　　我們明白收回私人土地可能面對的挑戰，特區政府並沒有輕視。對於香港中長期土地需求的挑戰，本屆政府提出了"明日大嶼願景"，可為香港新增 1,000 公頃的土地。我們期望社會各界以理性

客觀的態度討論，以社會整體利益和我們的下一代發展前景為大前提，作出投資。

心繫民生 重視教育

　　與此同時，特區政府一如以往心繫民生。在教育方面，政府已預留 10 億元為 600 多所資助學校校舍進行內部改裝工程，提升教學環境及效能。至於支援家庭方面，今年《施政報告》提出恆常化每年向全港 900,000 名中學、小學及幼稚園學生提供 2,500 港元學習津貼，並增加到校學前康復服務名額，推行幼稚園及幼兒中心早期介入服務試驗計劃，以及增加全費豁免課餘託管服務名額。同時，我們將全面調高在職家庭津貼金額，

包括大幅提升兒童津貼四成、一個育有兩名合資格的兒童的家庭可領取的最高金額由現時每月 3,200 元增加超過百分之三十至每月 4,200 元。增加"公共交通費用補貼計劃"的補貼比率至超出 400 元的每月公共交通開支的三分之一，並把每月補貼上限提高至 400 元，減輕市民在交通上的負擔。

扶貧助弱 改善民生

市民面對生活困難，政府不會視而不見，聽而不聞。政府關心普羅平民生活的質素，堅守扶貧助困。在扶貧方面，《施政報告》建議改善綜援計劃以鼓勵就業，包括大幅提升豁免計算入息上限至 4,000 元（增幅達六成），以及全數豁免計算從新工作所賺取的首兩個月入息（受助人須在過去兩年內未獲此項豁免）。此外，我們會向合資格非長者的健全綜援受助人提供多項補助金和特別津貼，並增加綜援家庭的租金津貼最高金額。

醫療服務方面，政府會以先導形式將"學校外展疫苗接種計劃"由小學擴展至幼稚園和幼兒中心，並透過醫社和公私營合作，在 18 區推出不同規模的基層醫療健康服務。為回應市民在中醫藥治療方面的需求，中醫教研中心會提供超過 60 萬個資助中醫門診、推拿和針灸服務的配額，而中西醫協作住院服務費用由每天 200 元降低至 120 元。

改善生活環境方面，我們計劃向"樓宇更新大行動 2.0"額外撥款 30 億元，並向"長者維修自住物業津貼計劃"額外撥款 20 億元，協助更多有需要的業主檢驗及修葺其樓宇。此外，我們亦會額外撥款 20 億元以擴大資助升降機數目至 8,000 部。環境局亦已籌備 20 億元先導計劃，在現有私人樓宇停車場安裝電動車充電設施。

"珍惜香港 共建家園"，絕非單單一句口號，而是特區政府最懇切真誠的呼籲。《施政報告》的各項新政策的出發點也是愛惜香港、保守家園。香港要回歸和平理性，社會各界就必須團結一起，譴責暴力違法行為，維護法治這個香港核心價值和社會支柱。對於堅守崗位應對衝突的香港人，包括警隊及其他執法人員、公務員、公共交通設施員工，以及其他機構、企業和市民，特區政府對他們致以由衷感謝！

儘管《施政報告》未必盡如人意，尤其在這個關鍵時刻，但即使千頭萬緒，我們會以堅忍意志，一步一腳印向前邁進。特區政府為大眾謀求福祉的決心毫不動搖，服務市民的初衷也並沒有改變。我衷心希望香港市民能放下分歧，向暴力說"不"，讓香港可以回復平靜、重回正軌。止暴制亂既是香港當務之急，也是社會民生和經濟發展的大前提。

特區政府深信憑藉我們多年建立的法治精神、核心價值、"一國兩制"的獨特優勢、國際地位、開放的市場、優秀人才及港人理性務實、同舟共濟的拼搏精神，香港最終能跨過困難，重新啟航。

《施政報告附編》詳列政府提出超過 220 項新措施，我們歡迎市民提供意見去豐富或調整政策，我們會盡最大的誠意善意用心聆聽和落實。✿

（原文刊於《紫荊》2019 年 11 月號）

「一國兩制」何以行穩致遠——當務之急和長遠之計

王振民 Ｉ清華大學國家治理研究院院長、清華大學港澳研究中心主任

編者按：本文係清華大學國家治理研究院院長、清華大學港澳研究中心主任王振民教授在全國港澳研究會於 2019 年 8 月 24 日舉辦的「重溫鄧小平同志關於香港問題的重要講話 維護以憲法和基本法為基礎的特別行政區憲制秩序」專題座談會上的發言，經作者授權全文發表。小標題係編者所加。

「一國兩制」的前提是「一國」

參加今天的會議心情十分沉重，大家熟悉的那個充滿正能量的香港漸漸離我們而去，一個十分陌生、誰也不願意面對的香港正向我們走來。近來我有機會與香港一些大中學生交流，有學生問我：「香港現在發生這麼大事情，國家是否會收回香港的司法權和『高度自治』？」我很吃驚她提出這樣的問題，就反問這位同學：「這麼說，你對香港『一國兩制』下的『高度自治』和司法獨立很滿意，擔心國家是否還允許香港繼續實行『一國兩制』，是嗎？」她說：「是的，其實我們都滿意現在的『一國兩制』，所以才害怕將來突然失去。」

這位同學的疑慮很有代表性，近日我常常聽到香港朋友提出類似問題，希望了解中央、內地怎麼看香港目前的亂象。能夠提出這樣的問題說明了三點：第一，香港絕大多數人內心從深處贊同、滿意現在的「一國兩制」，珍惜香港的法治。香港青年人其實並不希望因為一些人今天的不理性行為，迫使所有人將來大學畢業後，在他們的成年、中年乃至老年的時候

香港成為「一國一制」，失去今天正在享有的獨特的高度自治、人權、自由和法治。第二，現在香港出了大事，極端分子不斷突破底線和紅線，會不會「玩」得太過，如果持續動亂下去，會否真的動搖「一國兩制」的根基，從而毀掉「一國兩制」的前程。第三，希望中央不管香港出任何問題，都能夠允許香港繼續實行「一國兩制」。

我也在想，當初國家允許香港實行「一國兩制」是否有前提條件？如果有，是什麼？這些條件現在是否還具備？此時此刻，特別需要溫習鄧小平先生關於「一國兩制」的論述以及習近平主席有關「一國兩制」的重要講話。我發現，國家允許香港實行「一國兩制」還真的有條件，不是無條件的。條件其實就一個，即必須滿足「一國」的基本要求，如果「一國」得不到應有的尊重和維護，甚至「一國」都被肆意威脅、侮辱和攻擊，怎麼可能還有「兩制」？你先放棄了「一國」，怎麼還要求我繼續給你「兩制」？皮之不存，毛將焉附？維護「一國」當然包含維護香港的穩定安寧，既不能破壞香港，也不能利用香港破壞國家。

三條底線絕不允許觸碰

鄧小平先生當年一再強調「愛國者治港」，其目的就是為了維護「一國」。他說：「港人治港有個界線和標準，就是必須由以愛國者為主體的港人來治理香港。……什麼叫愛國者？愛國者的標準是，尊重自己民族，誠心誠意擁護祖國恢復行使對香港的主權，不損害香港的繁榮和穩定。」他一早就預計到香港回歸後一定會存在破壞「一國兩制」的力量，預計到有人會利用香港、利用「兩制」來損害「一國」，多次提醒後人一定要防止出現損害國家和香港根本利益的行為，因此在制定「一國兩制」政策、起草基本法時已經為我們如何處理極端情況預留了錦囊妙計。他英明指出：「特別行政區是不是也會發生危害國家根本利益的事情呢？難道就不會出現嗎？那個時候，北京過問不過問？難道香港就不會出現損害香港根本利益的事情？能夠設想香港就沒有干擾，沒有破壞力量嗎？……總有一些事情沒有中央出頭你們是難以解決的。中央的政策是不損害香港的利益，也希望香港不會出現損害國家利益和香港利益的事情。要是有呢？……基本法要照顧到這些方面。有些事情，比如一九九七年後香港有人罵中國共產黨，罵中國，我們還是允許他罵，但是如果變成行動，要把香港變成一個在『民主』的幌子下反對大陸的基地，怎麼辦？那就非干預不行。干預首先是香港行政機構要干預，並不一定要大陸的駐軍出動。只有發生動亂、大動亂，駐軍才會出動。但是總得干預嘛！」

習近平主席 2017 年 7 月 1 日在香港的講話也指出，任何危害國家主權安全、挑戰中央權力和香港特別行政區基本法權威、利用香港對內地進行滲透破壞的活動，都是對底線的觸碰，都是絕不能允許的。

由此可見，中央對實行「一國兩制」設定的前提條件一直非常明確、一以貫之，那就是「一國」，只要尊重、維護好「一國」，「兩制」就有無限發展空間。沒有「一國」，就沒有「兩制」。

香港法治和「一國兩制」命懸一線

香港「一國兩制」遭遇回歸 20 多年來最大的挑戰，對「一國兩制」底線衝擊最集中表現在對「一國兩制」法治體系的肆意破壞，香港的憲制秩序和法治正在遭受前所未有的衝擊。

上世紀 80 年代初提出「一國兩制」的時候，很多港人擔心「一國兩制」將來是否會變，害怕中央說話不算數。為了解決港人的擔憂，國家決定把「一國兩制」法律化：首先 1980 至 1982 年全面修改憲法時，在中華人民共和國最高憲制層面為「一國兩制」提供最高法律保障，這就是憲法第 31 條以及相關條款。其次，把「一國兩制」所有具體的政策一一法律化、制度化，寫成一部特別的法律，這就是香港特別行政區基本法。此外，1997 年 2 月 23 日全國人大常委會還根據基本法對香港原有法律進行了全面審查，港英年代制定的絕大部分法律被允許過渡到 1997 年以後，採納為中華人民共和國香港特別行政區法律，形成了「一國兩制」的法治體系，成為維護「一國兩制」最重要、也是唯一的法治保障。

暴力是法治的天敵，是「一國兩制」的大敵，也是文明社會的公敵。暴力不僅毀掉年輕人的前程，而且摧毀香港的憲制秩序和良好的法治，摧毀香港的「一國兩制」！當前香港形勢極為嚴峻，禮崩樂壞，暴力蔓延，一些暴行震驚全國和全世界！繁榮穩定的根基正在被一點點動搖、蠶食和削弱！來之不易的憲制秩序和法治每時每刻都在流血，「一國兩制」的根基和底線正在被瘋狂破壞，道德和法治的底線不斷被突破，香港國內國際形象遭受重創，香港法治和「一國兩制」命懸一線，危在旦夕，前途堪憂！香港病了，得了大病、重病，全國人民、國際友人都在問，香港的病還能醫嗎？還有希望嗎？

今天一些人正在做的事情，與他們所期待並追求的目標越來越遠。長時間街頭抗議和暴力衝突就能夠換來國家允許香港繼續實行「一國兩制」嗎？這簡直就是南轅北轍！可以設想，如果街頭暴力不斷升級，持久化，深入全港各個地方，今天圍攻政總，明天攻佔立法會，攻擊警察，襲擊無辜平民和遊客，癱瘓機場、癱瘓金融，破壞香港安定；攻擊中央駐港機構、侮辱國旗國徽，傷害全國人民的感情；最可怕的是，沒有人再把違法犯罪當回事，法不責眾，私刑泛濫，法律面前不再人人平等，一直引以為傲的法治蕩然無存，就像過去兩個多月全世界看到在香港發生的一切，如果這樣，全世界的投資會逐漸離開香港，公司企業就要大量關門，大學畢業後找不到工作的人越來越多，香港勢必日漸衰落，目前大家享有的一切都將不復存在，一個繁榮穩定的香港正在從地球上消失，代之的是一個法治蕩然、動盪不安、經濟蕭條、

民不聊生之地！安全繁榮之都成為暴力之都，世人「敬」而遠之！需知，如果「一國兩制」不復存在，如果香港被毀了，國家自然損失慘重，但終究可以承受，無非中央直接接管香港，在香港實行內地法律和社會主義制度！但對香港所有市民、對所有持份者，這是滅頂之災，是百分之百、毀滅性的損失，是不可承受之重。只要街頭暴力不立即停止，這個結局是完全可以預見得到的。難道這就是那些人所追求的嗎？這樣就能爭取到中央允許香港繼續實行「一國兩制」嗎？

本來我們「一國兩制」的小日子過得好好的，有滋有味，為什麼要突然遭此劫難？我們為誰而戰、為何而戰？為什麼為了達到外人的目的，而犧牲我們自己，犧牲我們自己的家園、犧牲青年人的未來、犧牲「一國兩制」、犧牲香港的法治？我們又得到了什麼？自己家裡的事情，有什麼天大的糾紛解決不了，犯得著把家燒掉，搞得全家老少雞犬不寧？我們不能不清不楚，不明不白，不知所以自殘自傷、自毀長城？

不要再做破壞「一國兩制」和香港法治的事

因此，請不要問國家是否還會允許香港繼續實行「一國兩制」，世界上沒有誰比國家更希望香港的「一國兩制」可以繼續，沒有誰比國家對「一國兩制」付出更多的真心真情和巨大努力，中央反復重申要堅持「一國兩制」不動搖，不會變。要問就請問你自己，你是否真的希望自己的明天是「一國兩制」，而不是「一國一

制」？主動權在你的手裡，不在中央手裡。今天的因就是明天的果。你今天的所作所為才是決定香港「一國兩制」前途命運最重要的因素。從鄧小平先生到歷代領導人，到習近平主席，一直對香港關懷備至，關愛有加，中央一直希望「一國兩制」能夠行穩致遠，但實際上能否做得到，全看今天我們每個人都在做什麼。

既然你很享受「一國兩制」帶來的人權、自由、法治和父輩（而不是你）創造的繁榮穩定，既然你內心覺得「一國兩制」好，so far so good，既然你希望「一國兩制」可以繼續，既然繼續實行「一國兩制」符合所有持份者的根本利益，「一國兩制」是所有人最大的公約數，那麼，從現在開始，誰都不要做有違「一國兩制」、破壞「一國兩制」憲制秩序和香港法治的事情。請珍惜當下的一切，珍惜「一國兩制」，立即停止一切暴力，與一切暴力行為做堅決的鬥爭。

在此危急存亡之秋，很多人都在問有什麼好辦法盡快平息目前的亂局？有的，所有的「錦囊妙計」都寫在憲法和基本法、寫在香港法律裡邊了。只要回歸法治，回歸「一國兩制」，嚴格按照憲法、基本法和香港法律辦事，就一定能夠找到解決問題的良策。前提是立即停止暴力，恢復秩序，恢復法治！讓香港不再流血，讓法治不再流血，讓社會重回正軌。這既是當務之急，也是長久之計。政府要遵守憲法、基本法和香港本地法律，堅決捍衛法治，切實嚴格執法，在法治的軌道上處置目前事態。香港特區每一個居民無論是中國居民或者外國居民都是持份者，都要維護香港來之不易的憲制和法律秩序，嚴格依法行使權利自由，不做任何損害「一國」根基和香港法治的事情。

香港已經流血兩個多月了，全世界都說「夠了」，enough is enough！請給大家喘一口氣，給社會休養生息，給政府機會安靜下來，讓政府以行動表達對你們訴求的回應，而不是一而再、再而三地上街表達同樣的訴求。激情過後，日子還是要過的。遊行示威本身是手段，不是目的，無休無止的騷亂、暴力無益解決任何問題，只會把香港推向萬劫不復的深淵。

香港過去一直是國家的也是世界的「優等生」，是文明法治的表率，也是內地很多改革尤其是法治、司法改革學習的標杆。如果香港變得這麼暴力，這樣破壞法治，讓我們還如何學習香港？香港將失去在全體國人、全世界面前的道德高地。很多香港市民擔心國家是否會就此拋棄香港、犧牲香港？請放心，祖國不會感情用事，絕不會犧牲香港、放棄香港，祖國與香港同胞永遠站在一起，不離不棄，共渡難關。香港廣大市民包括犯了錯的青年人不是我們的敵人，大家都是受害者，是我們要保護的對象。我們對香港有信心，對香港青年有足夠耐心，等待他們回心轉意的那一天！我們一起守護香港，保衛香港！

當然，對這場浩劫背後的黑手、對毒害青年的毒手，祖國絕不會饒過他們，一定會讓他們付出沉重的代價，讓他們得不償失。有人想看我們笑話，想看我們自相殘殺，家人大打出手。讓他們做夢去吧，我們絕對不會上他們的當！擁有 5,000 年文明的中華民族歷經滄桑，經歷過各種各樣類似的風險挑戰，每次都能夠逢凶化吉，浴火重生。同樣，這次我們也一定有智慧、有能力、有辦法與香港同胞、與香港青年一起努力，克服任何艱難險阻，解決目前的危機，還給祖國和世界一個祥和、穩定、繁榮的東方明珠！

香港，且行且珍惜！祖國永遠與你在一起！論壇

（原文刊於《紫荊論壇》2019 年 9-10 月號）

冷靜堅定理智穩妥
以高度戰略定力
奪取止暴制亂最後勝利

一個月來，行將就木的暴徒行為更加瘋狂，製造一個又一個香港的"黑暗一夜"。這些亂港分子圖窮匕見，企圖借助修例風波炮製香港版的"顏色革命"，最終謀奪香港管治權。他們越是瘋狂，香港社會止暴制亂、恢復秩序的期盼就越是迫切，香港市民決不會讓他們的陰謀得逞。在特區政府的依法施政下、在社會各界的共同努力下、在中央的堅定支持下，只要我們保持戰略定力，必將奪取止暴制亂的最後勝利！

文｜本刊記者

黑色暴力愈加瘋狂殘暴，
市民日常生活及政治權利受到嚴重影響

一個月來，暴力示威者人數明顯下降，遺留下來的頑固分子企圖做最後的掙扎，行為愈加瘋狂殘暴，嚴重威脅公共安全。

暴徒殘忍襲警造成嚴重傷害。10月1日國慶節，有暴徒專挑舉國歡慶的時節鬧事，煽惑"扮警員殺人"，又煽惑"殺警察"。有暴徒用鏹水槍襲警，導致 30 名警員受傷，其中屯門一名警員被腐液淋中致身體多個部位三級嚴重灼傷，右手神經壞死，需進行植皮手術。10月 13 日在觀塘 APM 商場外天橋，有暴徒混在記者中間，突然出手從側邊用鎅刀襲警割頸，致使一名警員傷及頸動脈，瞬間血流如注，險些喪命。另有

兩名執勤便衣警在將軍澳被暴徒圍堵，被暴徒以士巴拿、鐵槌等凶器追打至頭破血流，需要送院醫治。在大埔超級城附近曾有暴徒向警員擲出內裝大量蟑螂的袋子。警方在旺角清場時，路中花槽突傳來一聲巨響，其後有人在花槽發現電線、損壞的手機電池及電路板、電話卡等物品，疑似有人設置土製的手機遙控炸彈。

路過的無辜市民遭受殘暴對待。10月 6日，一名的士司機途徑暴徒鬧事地點，驚慌下誤撞入人群，被大批暴徒拉出車廂圍毆，有人更企圖用鐵槌施襲奪命，司機被打得滿臉是血，傷勢恐怖。正義市民看不過眼暴徒自毀家園的行徑，與其理論，結果有的被拳打腳踢至昏迷，有的被淋腐液毀容。香港藝

慘遭暴徒縱火的街邊門店（本刊記者 梅肯 攝）

人馬蹄露因拍下暴徒毀爛中資銀行櫃員機罪證，被恐於惡行被揭的暴徒追打、噴漆及搶走手機，馬蹄露口角及頸部受傷流血。過去一個月裡，諸如此類的"私了"接二連三，暴徒一點兒也聽不得市民的不同意見，甚至不分青紅皂白就把手無寸鐵的無辜市民往死裡打。

破壞港鐵等公共設施的行為也在升級。暴徒不僅繼續損毀港鐵設施，甚至在港鐵站投擲燃燒彈，多個港鐵站出口至今仍有被焚燒過的痕跡、無法正常投入使用。10 月 4 日晚，十多名黑衣蒙面暴徒甚至直接襲擊了一輛載有乘客的直通車。他們衝到港鐵粉嶺站月台，用鐵槌、鐵棍打碎列車車窗玻璃，全然不顧無辜乘客安危。車上當時有老弱婦孺，也有外國乘客，大家慌亂躲避飛濺的玻璃碎，有人驚哭泣，場面混亂。

街邊合法經營的商家、店鋪也遭了殃。多家中資銀行門店被塗污、鐵閘被撬開、玻璃被敲碎，櫃員機屏幕被砸爛甚至被燃燒彈燒毀。香港中國旅遊集團有服務門市被暴徒撬開鐵閘入內，打爛玻璃和自助服務機等設施。星巴克有門店不僅玻璃被砸碎，店內的枱椅也被暴徒搬出街外用來堵路。《大公報》前辦公室所在大廈大堂亦被縱火。10 月 20 日夜，旺角小米之家旗艦店遭暴徒縱火，招牌及閘門燒穿，濃煙更一度波及附近民居。位於旺角洗衣街的優品 360 門店亦同被縱火，店內貨物被燒毀，貨架更被燒至變形，此前優品 360 長沙灣道的一間分店還被暴徒用不明氣體弄得臭氣沖天，並在店內"放生"多袋蟑螂。

還有暴徒趁亂洗劫店內商品。網上有視頻短片顯示，兩間不同的優品 360 分店大閘遭打爛後，分別有中年女子及蒙面男子從該店取走物品。另有人從遭破壞的中國移動分店內取走疑似電話及平板電腦的物品。

花樣百出、令人髮指的行為是有幕後黑手教唆的。有媒體記者在網上發現起碼有 3 個所謂 "戰術 Post" 被四處傳播，帖文內列出各種可能出現的情景，最終結論都是 "要開打"，主要目標是中資銀行，以及暴徒們自認為 "政見不同" 的商舖等。網上還有人煽動 "自己帶鎅刀，我要 4 件狗／藍屍做目標，唔夠 4 件唔好返屋企！" 甚至貼出 "割頸教程"，公然教唆如何確保 "五分鐘內實現腦死亡"。

暴徒瘋狂的破壞行為給香港帶來重創，首當其衝是普通打工仔。根據特區政府 10 月 18 日公布的數據，香港餐飲服務活動業的失業率大幅上升至 6%，創 6 年來新高。香港工會聯合會理事長黃國在接受媒體採訪時表示，餐飲業界的經營狀況持續受社會風波影響，近 2 個月以來已有 100 多間食肆結業，這是導致餐飲服務活動業失業率大增的原因。由於旅遊、酒店、零售、飲食業員工被迫放無薪假甚至失業，最低工資委員會主席王沛詩會見傳媒時表示，不排除未來最低工資水平可能下調或凍結。

市民日常生活也受到嚴重影響，最苦不堪言的是出行不便。巴士不知何時就會因為示威者阻路而被迫停駛或改道，以至於市民 "每日都會擔心下班沒有巴士返屋企"。港鐵由於遭到暴徒嚴重破壞，10 月 5 日全天全線停駛，這是很多人印象中極罕有的情況。之後很長一段時間，港鐵不得不晚上早收車以進行維修，令市民頗

一名的士司機被暴徒打至頭破血流（圖：法新社）

感不便，"一想到會沒有地鐵，連出門見朋友也沒心情了，甚至婚禮都不想去參加"。

購買日用品也受到影響。出於交通和安全考慮，10 月 5 日屈臣氏、百佳等連鎖超市全天停業，惠康、711 等下午五點提前結業的超市則排起長龍。當天雖正值週末，也有至少 19 家知名商場全天停業，其中數家次日仍未敢恢復營業。市民不得不隨時留意暴徒動向，提前考慮儲備日用品。民陣發起 10 月 20 日以高鐵西九站為終點的遊行，當區區議員孔昭華向媒體表示，有居民因為擔心附近商舖或因為有人非法遊行而不能營業，已經提早準備食物儲糧，以備不時之需。

香港民間機構 10 月 10 日公布調查結果顯示，以快樂指數、內在因素、外在環境因素及抑鬱情緒作分析的香港整體開心指數，平均為 6.15 分，創 10 年新低，較去年的 6.54 分及前年的 6.93 分明顯下跌。

香港市民的政治生活也受到直接影

響。暴徒大肆破壞自認為與之"政見不同"的議員的辦事處。民建聯主席李慧琼指出,至10月中民建聯有數十個地區及議員辦事處受到逾80次的攻擊,包括在門口塗鴉、打爛玻璃窗及損毀大門,更闖入辦事處大肆破壞,放火及灌水等。不少民建聯議員及社區幹事在地區擺設街站時,更屢遭粗暴滋擾及圍堵,無法正常地與街坊接觸,及提供服務。工聯會立法會議員郭偉強表示,至10月中工聯會已有20多個服務點、工人俱樂部、工人醫療所、工聯優惠中心,及6個議員辦事處、3個工聯會地區服務處受到暴徒的惡意破壞,這些服務點主要是為打工仔、街坊市民提供服務。經民聯立法會議員梁美芬在石硤尾邨的辦事處至10月中已3次被毀,那裡是很多長者閒時打發時間的聚腳點,以至有位96歲的老義工看見辦事處被燒毀後,傷心到跪在地上哭。新民黨立法會議員容海恩位於上水及大圍的辦事處同受破壞及縱火,她表示,新民黨是中間派政黨,竟遭到針對性攻擊,反映暴徒完全不容許有表達不同意見的空間。

在臨近區議會選舉的時段,打砸政見不同議員的辦事處及威脅其街站義工安全,兼破壞政府選舉工程,暴徒行為背後的目的昭然若揭。網上不斷有人發帖"傳授"各種辦法阻止政見不同的人去投票,甚至包括煽動在飯餸給家中長者落瀉藥、藏起家中長者身份證令其無法投票等流氓手段,令市民政治權利受到影響。

外部勢力干預加劇,用心險惡展露霸權本性

香港暴徒如此猖狂,與外部勢力的干預脫不開關係。美國時間10月15日,美國國會眾議院不顧包括香港市民在內的中國人民的強烈反對,一意孤行通過所謂"2019年香港人權與民主法案",要求美國政府每年"認證香港的自治狀態",以決定是否維持給予香港的"特殊待遇",並威脅要制裁特區政府官員等。這是美國反華勢力在粗暴干涉中國

遭暴徒打砸的議員辦事處 (圖:大公報)

10 月 4 日，香港特區行政長官林鄭月娥出席記者會，宣布《禁止蒙面規例》5 日零時起生效實施（本刊記者 梅肯 攝）

內政、蓄意搞亂香港之路上邁出的自負且危險的一步。

所謂"人權與民主法案"，從 6 月中旬被國會議員重新提出，到如今眾議院全院層表決，其間香港遊行示威活動暴力程度不斷升級，而美國會眾議院部分議員卻對種種殘暴行為視而不見，顛倒黑白，把暴力犯罪稱之為維護人權和民主，公然為暴力分子張目，充分暴露出美國反華勢力借打香港牌牽制和遏制中國發展的險惡用心，充分暴露出其醜惡嘴臉和霸權本性。

一些美國公眾人物也發出不負責任的言論。休斯敦火箭隊總經理莫雷在推特上發帖宣揚香港極端暴力分子的口號"Fight for freedom, stand with Hong Kong"。在遭到集中批評和質疑後，莫雷沒有道歉，還發推文宣稱"只是基於

某種闡釋，對一個複雜事件表達某一種想法"。針對莫雷發表涉港不當言論的爭議做法，NBA 總裁亞當·肖華卻大耍"雙重標準"，稱支持莫雷"言論自由"權利。眾所周知，NBA 在美國國內嚴格規避著"言論自由"的禁區，而在涉及他國內政時，卻公然發表和支持觸碰他國政治底線的言論，"對內有禁區，對外無底線"，這是典型的雙重標準。

近日，紀錄片導演、獨立調查記者、美國青年 Jaron Lines 通過 YouTube 發布多個視頻，向世界傳遞香港真相。他在視頻中告訴世界，破壞港鐵機器、讓乘客出站變得困難、小朋友不能早早回家睡覺，這些不是自由；沒有暴力相向，僅僅只是分享自己的觀點就被暴徒毆打致流血，這也不是自由。然而，他的賬號卻在 10 月 17 日被 YouTube 封鎖。近月來，臉書、

推特和 Youtube 等美國社交網站屢屢封殺發布香港社會風波真相的相關賬號,並美其名曰它們"散布假新聞"。

特區政府多措並舉,
立法打擊暴力施政聚焦民生

面對香港暴徒和外部勢力裡應外合亂港的情況,香港特區政府信心堅定,一面依法打擊暴力犯罪,一面聚焦社會普遍關切難點問題積極施政。

10 月 4 日,香港特區行政長官林鄭月娥會同行政會議,根據《緊急情況規例條例》訂立《禁止蒙面規例》。香港亂局持續至今,一個重要原因是暴徒以蒙面掩飾身份,公然挑戰法律、肆意使用暴力、破壞社會安寧。可以説,蒙面與暴力,已經形成了高度的對應關係。《禁止蒙面規例》的通過,充分展現了特區政府依法制暴的堅定決心,充分體現了香港市民護法治、守安寧的共同心聲。中央堅定支持行政長官和特區政府為止暴制亂所採取的一切必要措施。

《禁止蒙面規例》含兩項罪行。其一是任何人不得在非法集結、暴動、未經批准集結、逾 50 人集會、逾 30 人遊行當中,使用相當可能阻止識辨身份的蒙面用品,包括面罩、顏料,遮掩部分或整塊面部都不可,但若有合法權限或合理辯解,則能以免責辯護獲豁免,包括:正從事某專業或受僱工作而需保護人身安全,例如警察執法、記者採訪時戴防毒面罩;宗教理由;存在醫學或健康理由,例如生病戴口罩。若被定罪可處監禁 1 年及罰款 2.5 萬元(港幣,下同)。其二是警方有權在公眾地方截停蒙面遮掩身份者,要求其除去蒙面物品以核實身份,若當事人因不遵

香港青少年軍成員在九龍藍田邨廣場以中式步操舉行升國旗儀式(本刊記者 趙珊 攝)

2019 年 10 月 2 日，香港同胞慶祝中華人民共和國成立 70 周年文藝晚會在香港體育館舉行。全國政協副主席董建華、梁振英，香港特區行政長官林鄭月娥，中央政府駐香港聯絡辦主任王志民，外交部駐港公署特派員謝鋒及駐港部隊司令員陳道祥、政委蔡永中等共同出席晚會，與 5,000 餘名香港市民一同觀看演出

從而被定罪，可處監禁 6 個月及罰款 1 萬元。

　　世界上許多國家和地區都已制訂禁止蒙面的法律。美國 10 多個州已實施禁蒙面法，歐洲有十幾個國家通過了禁止蒙面法律，加拿大規定在社會騷亂中蒙面最多可判處 10 年監禁。道理再簡單不過：合法的遊行示威、正常的訴求表達，無須遮遮掩掩，只有奔著違法而去的行徑，才見不得光、見不得人。特區政府訂立《禁止蒙面規例》，針對的正是少數人借蒙面暴力亂港的現實，並不影響香港市民依法享有包括遊行集會自由在內的各項權利和自由。

　　若局勢持續惡化，特區政府還有何措施應對？選項中有無實施宵禁令？林鄭月娥明確表示：不希望暴力持續或升級，但若局勢惡化，作為負責任的政府，要繼續嚴肅思考及採取適當措施應對，任何在現行法律下的方法政府都不會放棄，以恢復社會秩序、保障市民生活，"政府有決心遏止暴力"。

　　在依法打擊和懲治暴力犯罪的同時，特區政府為所當為，圍繞土地和房屋等難點熱點問題，聚焦社會普遍關切。在 10 月 16 日發表的 2019 年施政報告中，特區政府提出 220 多項惠民新措施，展現了勇於擔當、積極作為、著力解決深層次問題、努力改善民生的決心和意志。

　　施政報告著重關注房屋和土地問題，提出了針對房屋發展的短期和中期措施，例如大幅增加過渡性房屋項目，預計運用《收回土地條例》在未來 5 年收回 400 公頃私人土地用作公營房屋及相關設施發展，利用"土地共享先導計劃"，釋放政府尚未規劃但業權已整合的私人土地，加快短中期房屋供應，繼續推動"明日大嶼願景"以及一些近海海岸的填海造地項目等。針對暴力事件給香港經濟帶來的重大挑戰，施政報告也提出了促進經濟發展的具體措施。同時，在愛護兒童、支援家庭、醫療保障、交通出行等民生方面也有便民惠民舉措。若立法會能積極配合，令各項政策更好更快地落地、見效，將廣泛惠及社會各界和廣大市民。

之後，考慮到最近社會事件對運輸、物流、旅遊、零售及餐飲等行業的影響，特區政府財政司又有針對性地推出第三輪舒緩措施。財政司司長陳茂波表示："8月中我們宣布了一系列總計 191 億元的紓困措施，連同今年初財政預算案中提出總額 429 億元的一次性紓困措施，總共約 620 億元，預計可以起到約 2 個百分點的經濟提振作用。"

社會各界眾志成城，
凝聚止暴制亂正能量

止暴制亂是香港市民的共同心聲，不管是亂港分子顛倒黑白的言論，還是外部勢力別有用心的煽動，都無法泯滅香港市民愛祖國愛香港的真情。在新中國 70 華誕之際，香港與全國普天同慶，共襄盛舉。這一天，香港街頭隨處可見慶祝彩旗、宣傳畫及標語，社會各界組織了形式多樣的慶祝活動，傳遞出祝福祖國明天更加美好、企盼香港保持繁榮穩定的願望。

10 月 1 日清晨，特區政府在灣仔金紫荊廣場舉行了隆重的升旗儀式。特區署理行政長官張建宗等政府官員、行政會議成員、外國使節和社會各界人士等近 2,000 人，在毗鄰的香港會展中心內通過大屏幕直播觀禮。

民間也自發組織了精彩紛呈的慶祝活動。香港青少年軍成員在九龍藍田邨廣場以中式步操舉行升國旗儀式，300 余名街坊走出家門觀禮；一群香港青年登上香港最高峰大帽山，展開 15 米巨型國旗並高唱國歌，為慶祝中華人民共和國成立 70 周年獻禮；香港菁英會主辦，香港華菁會、蘇港青年交流促進會及渝港台青年交流促進會等多個青年組織合辦"愛國·愛家·維港遊迎國慶"活動，兩艘帶著國旗的遊船載著 300 多人浩浩蕩蕩，揚帆出海，船上市民揚起國旗，高唱國歌；逾 850 名香港同胞在龍脊行山，邊行邊揮動手上的國旗，高唱《歌唱祖國》，又大喊"中國加油""祖國生日快樂"；2,000 輛紅色的士懸掛五星紅旗、張貼"的士同業賀國慶"及"愛國愛港愛家園"標語，組成車隊在港島、九龍及新界等地巡迴；時代廣場、海港城等不少購物廣場大屏幕直播北京舉行的中華人民共和國成立 70 周年慶祝活動，吸引不少路過的香港市民駐足觀看……

國慶的熱烈氣氛在晚上 8 時達到高潮，重新編排的"幻彩詠香江"燈光音樂匯演在維港兩岸上演。在尖沙咀天星碼頭，遊客們三兩成群，欣賞著對岸的燈光秀。數座大樓外牆上的電子大屏上，打出"熱烈祝賀新中國成立 70 周年""愛祖國愛香港""國慶快樂"等字樣、彩色的煙花、鮮豔的五星紅旗等，將夜空映照得更加靚麗。

面對瘋狂的暴徒，香港各界絲毫不

畏懼、不退縮，紛紛表達對暴力違法行徑的極度憤慨和堅決抵制，匯集起一股止暴制亂的強大正能量。在立法禁止蒙面的呼聲得到特區政府接納、《禁止蒙面規例》速議速決後，香港各界為之振奮，紛紛在第一時間發表聲明表示支持。全國人大常委會香港特區基本法委員會副主任譚惠珠表示，根據《緊急情況規例條例》訂立《禁止蒙面規例》具有充分的法律依據。訂立此法例將有助於警方執法，這是止暴制亂的一把利器。香港專業及資深行政人員協會表示，特區政府在非常時期作出相關決定，從社會治安、公眾利益、道德責任上均合情合理。教育局向全港學校校長和校監發公開信促請學校儘快提醒學生及家長，學生外出時不要以任何方式遮蓋臉孔，以免誤墮法網。

各界有識之士積極支持特區政府發展經濟、改善民生。在《施政報告》諮詢期間，各界人士積極建言獻策。《施政報告》發布後，各界也紛紛對特區政府穩中求進、惠及社群、紓解民困的各項措施表示支持，期盼它能為風雨中的香港帶來新的希望與動力。香港特區行政會議非官守議員召集人陳智思讚揚道：「房屋方面，行政長官列舉了十項措施；而土地供應方面，她亦展現了排除萬難的決心，大刀闊斧地提出不同方法以增加短、中、長期的土地供應。」香港中華廠商聯合會認為，施政報告建議的多項舉措「破格」創新，具有針對性，有助於紓解當前的燃眉之急，重建市民對政府施政的信心。全國僑聯副主席、中國和平統一促進會香港總會理事長盧文端說，林鄭月娥提出了多項切實有效的

解決措施，尤其對弱勢群體十分照顧，體現出特區政府官員們傾聽民意和基層意見。香港教育工作者聯會表示，今年施政報告提出每年向所有學生發放學習津貼，並優化課餘託管服務，有助於減輕家長的經濟負擔。香港總商會表示，施政報告中把「科技人才入境計劃」的適用範圍擴展至科技園公司及數碼港園區以外的企業，將能協助企業物色所需的技術人才。香港貿發局主席林建岳表示，支持行政長官為協助香港企業及專業服務的解困措施，為香港企業尋找新出路。

在香港工作生活的一些外國友人也逐漸看清了香港是次社會風波的真相，發出正義的聲音。澳大利亞《7 News》記者羅伯特挺身幫助被暴徒毆打的「撐警」藝人馬蹄露到警署報案。儘管「收到死亡威脅」，他仍勇敢站出來，於10月10日晚在臉書發文，揭露《蘋果日報》將衝突過程惡意剪輯，扭曲原意，影響觀眾對事件原委的印象，令公眾認為是馬蹄露主動攻擊在先。他還發布了未經刪減的視頻，證明馬蹄露是被暴徒在臉上噴漆和踢打後，才進行反擊，後更招致多名暴徒踢打。

持續四個多月的黑色暴力給香港社會造成的傷害是深遠的，儘管眾志成城，香港社會也需假以時日才能從這種巨大的傷害中恢復過來，止暴制亂、恢復秩序仍然任重道遠。但隨著特區政府多措並舉，廣大市民眾志成城，我們相信正義必勝。只要我們保持足夠的耐心與定力，以巨大的信心與勇氣迎難而上，就一定能夠贏得止暴制亂的最後勝利。✿

（原文刊於《紫荊》2019年11月號）

中央堅定支持特區政府
止暴制亂恢復秩序

幾個月來，香港暴力犯罪分子不斷升級破壞活動，已經將這個城市推到了極為危險的境地：在全港多區瘋狂打砸縱火、癱瘓道路交通，破壞列車軌道，向行進中的列車投擲燃燒彈，無差別殘害普通市民，甚至把暴力引入校園……值此之際，國家主席習近平先後在上海和巴西利亞就當前香港局勢發表重要講話，為香港止暴制亂、恢復秩序指明了方向、提供了遵循，發出了中央政府對香港止暴制亂工作的最強音；在中央堅定支持下，特區政府跨部門合作，採取了更加果斷措施；警隊加強警力及裝備，加大執法力度；社會各界團結一致，以實際行動對抗暴力行徑……香港凝聚起止暴制亂的強大力量，眾志成城守護家園，恢復秩序曙光初現。

文｜本刊記者

11 月 6 日，中共中央政治局常委、國務院副總理韓正在北京釣魚台國賓館會見來京出席粵港澳大灣區建設領導小組會議的香港特別行政區行政長官林鄭月娥 （圖：新華社）

11 月 17 日，在香港理工大學外，暴徒縱火、打砸並和警方對峙（圖：新華社）

暴力犯罪全面升級，
"黑色恐怖"籠罩全城

　　近一個月來，香港暴力犯罪全面升級，暴徒頻頻採取罔顧人命、泯滅人性的恐怖手段，嚴重威脅廣大香港市民的生命財產安全，令港人陷入人人自危的恐懼之中，"黑色恐怖"籠罩全城。

　　大批暴徒在香港各區肆意圍毆無辜市民，致使多名市民受傷甚至死亡。僅 11 月 11 日，就有多名香港市民或遊客在旺角一帶遭到暴徒襲擊。一名女子在旺角僅因說了幾句不同意見的話便遭暴徒圍住"私了"，有暴徒用疑似伸縮棍毆打她，並以滅火器向她頭部噴射。一名日本遊客行經旺角時拍照，暴徒認為他是內地人，而群起圍毆，打得他倒地不起，頭破血流。已退休的《亞洲週刊》、台灣《聯合報》前記者陳競新，途徑旺角現場拍攝時，也遭暴徒毆打。在彌敦道及亞皆老街交界處，一群暴徒圍毆一名出租車司機，兇殘拳打腳踢致其倒臥在地，血流滿面。

　　更令人髮指的是，11 日當天下午將近 1 時，在馬鞍山地區一座天橋上，市民李伯疑因不滿車站被破壞而與暴徒講理，不料暴徒竟毫無人性地將易燃液體潑向李伯，並點火焚燒，導致李伯全身大面積嚴重燒傷，一度生命危殆。

　　最令人痛心的是 11 月 13 日，一批上水居民清理路障時遭黑衣暴徒襲擊，暴徒發了狂似地向他們扔磚石，一羅姓老伯被砸中腦部，當場倒地，後被送往醫院，因情況持續惡化，於 14 日晚離世。羅伯的離世引起香港社會極大憤慨。

　　暴徒喪心病狂地打砸整個城市，各種破壞手段拙劣殘暴、令人髮指。11 月

2019年11月21日在香港理工大學校園內拍攝的場景。校園內雜物遍地，到處有縱火的痕跡，丟棄的汽油彈等危險品散落多處，一片狼籍（圖：新華社）

11日，暴徒發起所謂"黎明行動""三罷"行動，堵塞各地交通。清晨5時左右，港鐵就陸續發布鐵軌沿線多處被人投擲雜物、縱火及列車遭破壞等信息，至上午10時半港鐵至少8條線路受阻、22站暫停，嚴重影響市民出行，各大專院校被迫宣布停課。12日，暴徒繼續在各區四處破壞。為干擾港鐵運輸系統，暴徒多次對港鐵實施打砸焚燒。紅磡站附近的路軌及馬鞍山線大水坑站路軌先後被暴徒投擲汽油彈。入夜後，一批暴徒突然闖入一列停泊在上水站站台的列車，投擲汽油彈、紙皮等雜物，列車被燒至火光熊熊。他們還趁列車駛近前向路軌投擲雜物，差點釀成出軌事故。

暴徒各種罔顧人命的破壞手段給市民生命財產安全帶來極大威脅。12日，黑衣暴徒從人多車多的馬路上方的天橋投擲磚塊及折椅等重型雜物，造成至少兩位市民受傷。在九龍塘站附近的又一城商場，一棵巨型聖誕樹被暴徒縱火，幸好保安員及時救火，否則後果不堪設想。暴徒還將魔爪伸向巴士服務。他們在路面撒鐵釘，將巴士車胎放氣，甚至向巴士扔汽油彈，企圖焚燒車上有乘客的巴士，完全無視車上市民的性命安全。

暴徒還將魔爪伸向校園，校園淪為暴徒基地。暴徒焚燒校園設施，竊走實驗室危險化學用品，致使校園淪為"火場""戰場""兵工廠"。11月11日夜，大批蒙面暴徒突襲了香港城市大學行政大樓，毀壞該大樓的玻璃和大門，又擅自闖入校長辦公室大肆破壞。香港大學12日亦遭暴徒破壞。12日上午約9時許，有黑衣人於港鐵香港大學站C出口的天橋聚集，他們從高空向下投擲雜物，包括垃圾桶、椅子，一度令薄扶林道交通擠塞。期間有市民從橋下路過，險被雜物擊中，情況十分危險。

更為激烈的暴力活動發生在香港中文大學。暴徒將中大視作12日"打砸搶燒"的"主陣地"。12日早上7時許，一批黑衣暴徒在中大二號橋向吐露港公路投下大量雜物企圖阻塞交通。暴徒還闖入中大夏鼎基運動場，取去場內的裁判架、弓箭架及足球龍門架推出馬路，又偷取器材倉庫內 16 把弓、192 支箭等作武器，肆無忌憚向警方防線多次拉弓引箭。入夜後，黑衣暴徒不斷焚燒雜物，並向警方投擲汽油彈。現場烽煙四起、火光熊熊。直至 16 日暴徒才全部撤出校園，被封多日的吐露港公路亦終於恢復正常通車。警方在香港中文大學共檢獲 3,900 多枚汽油彈和近 100 公斤濃硫酸等危險品。

繼 11 月 12 日晚暴徒侵佔香港中文大學並在二號橋與警方爆發激烈對峙後，香港理工大學又成為暴徒新據點。11 月 14 日傍晚，暴徒進入理工大學設置路障並堵塞紅磡隧道；16 日晚間，暴徒在漆咸道南和柯士甸道路口密集投擲汽油彈，歷史博物館外烈焰衝天。17 日，暴徒從高處發射汽油彈、磚頭、弓箭、鋼珠，進行無差別襲擊，導致有警員左腿中箭，有記者燒傷。到了晚上，暴力行為再一次升級，暴徒火燒行人天橋和港警裝甲車。27 小時內，暴徒投擲了上千枚汽油彈。在暴徒持續佔領香港理工大學、暴力行為進一步升級後，17 日深夜警方連夜部署平暴行動，18 日晨將理大包圍。香港警方 19 日表示，暴徒佔據香港理工大學已經 3 天，截至 19 日下午 3 時，警方在該校及附近共逮捕和登記約 1,100 人。其中，自願離開的有約 600 人，當中約 200 人是未成年人。

暴徒針對警察的暴力攻擊持續不斷。 11 月 10 日下午，數名持棍的便衣警員在九龍塘又一城商場拘捕暴徒時，竟被圍困，一名穿灰外套便衣警掛上委任證時，被一名戴口罩、鴨舌帽，身形肥胖的中年男子推倒，更拳打腳踢；多名暴徒一擁而上圍毆襲警，便衣警受襲血流披面，不得已揮動警棍自衛。

11 月 11 日晨，港島西灣河有暴徒手持鐵管，一名交通警長拔槍戒備，有黑衣暴徒嘗試搶槍，警長擔心警槍被搶，危害市民安全，迫不得已開槍。

11 月 12 日晚約 7 時，沙田分區運輸組一輛衝鋒車在運送防暴警到沙田區執行任務後，一名高級警察駕駛空車返回香港警署，途經富豪花園對開的大涌橋路時，遭暴徒圍攻，駕車警察一度拔槍自衛，但未能嚇阻暴徒，警察被迫棄車。黑衣暴徒隨後一擁而上，不斷持鐵棍破壞警車，並投擲多枚汽油彈縱火，警車陷入一片火海，被燒得僅剩車架，如同廢鐵。

多區警署成為暴徒攻擊對象，兩間警察宿舍及九個警區行動基地受襲。其中，天水圍警署被暴徒投擲多枚汽油彈，警署大門被焚毀，濃煙升

11 月 15 日，悼念羅伯被暴徒殺害公祭儀式在上水舉行
（本刊記者 李博揚 攝）

11月15日，政務司司長張建宗與公務員事務局局長羅智光、運輸及房屋局局長陳帆、教育局局長楊潤雄和政制及內地事務局局長聶德權在添馬政府總部舉行跨部門記者會，表示會採取更果斷措施制止暴亂（圖：香港特區政府新聞處）

上半空。報案室內一地玻璃碎，文件物品散落地上，天花、牆壁亦被熏黑。

對暴徒的暴力行徑，西方反華勢力在背後推波助瀾。 當地時間 11 月 19 日，美國國會參議院不顧中方多次嚴正交涉和強烈反對，通過了所謂 "2019 年香港人權與民主法案"，公然為暴徒張目打氣，以美國國內法插手香港事務，干涉中國內政，肆意踐踏國際法和國際關係基本準則，再次暴露其強盜嘴臉和霸權本性，這是對包括香港同胞在內的全體中國人民的嚴重挑釁，遭到中方堅決反對。

中央為香港指明方向，
發出止暴制亂最強音

暴力橫行、法治不彰是香港最大的危險，反暴力、護法治、保安寧是香港最大的民意。國家主席習近平先後在上海和巴西利亞就當前香港局勢發表重要講話，為香港止暴制亂、恢復秩序指明了方向、提供了遵循，發出了中央政府對香港止暴制亂工作的最強音。

11 月 4 日晚，國家主席習近平在上海會見香港特區行政長官林鄭月娥。習近平表示，止暴制亂、恢復秩序仍然是香港當前最重要的任務。依法制止和懲治暴力活動就是維護香港廣大民眾的福祉，要堅定不移。同時，要做好與社會各界對話和改善民生等工作。希望香港社會各界人士全面準確貫徹 "一國兩制" 方針和基本法，齊心協力，共同維護香港的繁榮穩定。

當地時間 11 月 14 日，國家主席習近平在巴西利亞出席金磚國家領導人第十一次會晤時指出，止暴制亂、恢復秩序是香港當前最緊迫的任務。我們將繼續堅定支持行政長官帶領香港特別行政區政府依法施政，堅定支持香港警方嚴正執法，堅定支持香港司法機構依法懲治暴力犯罪分子。中國政府維護國家主權、安全、發展利益的決心堅定不移，貫徹"一國兩制"方針的決心堅定不移，反對任何外部勢力干涉香港事務的決心堅定不移。

11月6日，中共中央政治局常委、國務院副總理韓正在釣魚台國賓館會見了林鄭月娥行政長官。韓正表示，止暴制亂、恢復秩序仍然是香港當前最重要的任務，也是香港行政、立法、司法機關的共同責任。希望香港各界進一步凝聚起反暴力、護法治、保穩定的正能量。韓正還強調，中央政府始終是香港保持繁榮穩定的堅強後盾，中央政府堅定支持特區政府採取更積極、更有效的舉措，解決好香港的民生問題，特別是中低收入家庭和年輕人的住房、就業等問題，使香港的發展更好惠及廣大人民。

11月18日，香港特別行政區高等法院原訟庭作出一項判決，其中裁定香港《緊急情況規例條例》部分條款不符合香港基本法，致使有關條款無效。第二天，全國人大常委會法制工作委員會、國務院港澳辦、中聯辦迅速就此事表態。全國人大常委會法制工作委員會發言人表示，香港特別行政區高等法院原訟庭有關判決的內容嚴重削弱香港特區行政長官和政府依法應有的管治權，不符合香港基本法和全國人大常委會有關決定的規定。國務院港澳辦發言人表示，高等法院這一判決，公然挑戰全國人大常

委會的權威和法律賦予行政長官的管治權力，將產生嚴重負面社會政治影響。中聯辦負責人表示，香港特別行政區的行政機關、立法機關和司法機關在依法履行職責、行使相關權力時，應當尊重全國人大常委會的有關決定。

特區政府跨部門合作，採取更果斷措施制止暴亂

習近平主席講話之後，香港反暴力、護法治、復秩序的形勢出現積極變化，香港社會出現了"反暴救港""恢復秩序"強大民意。特區政府採取了更強有力的措施，依法止暴制亂。

11月11日，行政長官林鄭月娥會見傳媒，強烈譴責全港多區動亂及暴力衝擊，指出暴徒行為隨時可能導致大量人命傷亡，與民為敵；胡亂傷害無辜市民的惡行，一定不可以爭取到暴徒口中所謂的"政治訴求"。12日，林鄭月娥召開記者會，再次對"三罷"行動進行回應。她表示，示威者肆無忌憚破壞社會秩序，令社會人心惶惶，暴力行為必須受全社會譴責。她強調，暴力行為不會得逞，重申暴力不會解決問題。

香港特區政府於11月15日舉行跨部門聯合記者會，多名特區政府司局長表示，特區政府一定會採取更果斷措施制止暴亂，讓社會儘快恢復正常是政府首要任務。為加強特區政府有效統籌一切行動，特區政府政務司司長張建宗已主持一個跨部門行動小組，統籌相關決策局和部門監察、應變、善後等工作。張建宗表示，為齊心協力共同遏止暴力，政府各紀律部隊均會盡最大努力，支持

警隊依法止暴制亂。鑒於多個大學校園被佔領，情況相當嚴峻，特區政府已與相關大學高層會面，要求他們採取措施管理校園秩序，如有需要可向政府求助。張建宗還說，地政總署、路政署、食環署和相關執法部門會加強合作聯繫，爭取在安全情況下令各條正被干擾的主要幹道重新開通。政府對公務員違法零容忍，完全不會接受。極少數公務員因參與違法公眾活動被捕，政府一定會嚴肅處理、依法辦事。他還表示，教育局已指示官立中學採取措施阻止學生參與違法活動，避免學生受到傷害。教育局也對其他公營中學提出同樣要求。此外，在司法機構審理案件方面，根據社會暴力事件引發案件數目上升的情況，終審法院首席法官清楚表明，司法機構會盡力在切實可行的情況下，迅速有效地處理案件，並確保案件能嚴格依據法律獲得公平處理。

警隊加強警力及裝備，加大執法力度

黑衣暴徒的打、砸、燒、堵幾乎每日發生，市民們深受"黑色恐怖"之苦，警方恪盡職守，加強警力和裝備、加大執法力度，以期儘快讓香港回復正軌。

保安局局長李家超表示，目前香港需要從三方面協助止暴制亂，包括確保警方嚴正執法，資源、政策及裝備要儘量令警方加強效果，亦希望儘快有權威的法庭裁決，令社會有明確訊息，同時增加警隊人手，包括招募退休警員。

警力方面，11月14日的特區政府新聞公報稱，警務處處長已根據《公安條例》（第245章）第40條，委任一批懲教署人員為特務警察，以增加警方的人手和力量。為齊心協力共同遏止暴力，香港特區政府各支紀律部隊（包括海關、消防處、政府飛行服務隊、入境事務處及懲教署）均在自己份內的工作盡最大的努力，支持警隊依法止暴制亂。政府發言人表示，香港警務處會先以試行形式，安排委任不多於100名懲教人員為特別任務警察。該些人員熟悉使用防暴裝備並且在日常工作負責相關職務，並願意擔任特別任務警察。

裝備及執法力度方面，警方近日也有所加強。此前，警隊為五支總區應變大隊和刑事應變小隊人員分發了新型防護面罩，輕巧且防護能力極強，即使用刀具也無法刺穿。

11月17日，在理工大學附近，警方出動兩架水炮車及銳武裝甲車。裝甲車配備俗稱"聲波炮"的長距離揚聲裝置，警方首次使用該裝置，可以在嘈吵的環境中有效地長距離傳達重要信息，向暴徒發出警告。

11月19日，國務院宣布，根據行政長官林鄭月娥的提名和建議，任命警務處副處長鄧炳強接替退休的盧偉聰，出任警務處長。值此香港暴力橫行、社會撕裂、秩序混亂之際接手警隊，鄧炳強可謂臨危受命。鄧炳強處理非法示威活動的經驗非常豐富，其2014年出任港島總區副指揮官時，就曾強力處置非法"佔中"活動。 鄧炳強11月23日在接受央視記者採訪時表示，習主席在講話裡面提到，堅定支持香港警方嚴正執法，令我們知道習主席和國家，都很支持我們警隊繼續工作。所以，我們一定會將

香港社會各界團結一致，守護家園（蔣文超 攝）

止暴制亂這個目標放到我們現在最重要的位置。他相信社會人士的配合再加上警隊本身的有效執法，止暴制亂的工作指日可待。

社會各界團結一致，
行動起來守衛香港

暴徒不斷升級的暴力活動，引起香港社會各界的強烈憤慨，中央的堅定支持、特區政府的果斷措施以及警隊的嚴格執法，令他們更加團結起來、行動起來止暴制亂。

11 月 12 日，香港僑界社團聯會發表聲明，嚴厲譴責暴徒暴行。聲明強調，面對沒完沒了的暴力，各方面必須放棄幻想，堅定不移支持警方執法，堅定不移支持行政長官和特別行政區政府依法運用一切必要的手段止暴制亂，儘快結束亂局。同日，部分建制派議員也集體發聲明，強烈譴責暴徒破壞法治，罔顧人命，喪心病狂，對他們踐踏文明與道德底線的所作所為予以最強烈譴責。有議員建議政府成立"止暴辦"及"騷亂委員會"，透過跨部門合作處理暴亂。

在受破壞最嚴重的區域之一——新界元朗，西鐵線、輕鐵及巴士等大部分交通工具因為鐵路被破壞或道路被放置雜物而停駛，引起當區街坊強烈不滿，紛紛指責並驅趕公然破壞輕軌站的黑衣暴徒，其後市民更自發清理道路。上水附近也有黑衣人阻路，後在市民同心協力驅趕下落荒而逃。有市民想協助警察驅散暴徒時，被警察勸阻，擔心市民遭到暴徒報復。一位坐巴士經過的外籍人士也看不慣黑衣人堵路的行為，衝上前將扔在馬路中心的垃圾桶拖回路邊，一些街坊也上前幫忙，車輛得以順利經過。

在紅磡，有人發起清理路障的網絡號召，千餘名市民積極響應，自備手套、鐵鍬、水桶等各類清潔工具在紅磡體育館附近聚集，準備清潔連日被暴徒破壞的紅磡。由於警方表示市民進入紅隧封鎖線清潔會有危險，市民遂在紅館外及尖東一帶進行清理。

作為香港社會的一份子，駐港部隊也為恢復香港秩序盡自己的一分力。11

11 月 22 日，歐洲華僑華人社團聯合會代表在香港警察總部外手持錦旗支持和慰問香港警察（圖：新華社）

月 16 日下午 4 時半左右，數十名穿著軍綠色 T 恤或運動背心的解放軍軍人列隊跑出九龍塘軍營，來到聯福道禧福道交界處，有人拿著紅色膠筒，有人手持掃帚，齊心協力清理磚頭、移除鐵欄木板等路障、清掃街上餘泥。期間市民、外籍人士及小童加入清理路障，亦有市民在旁鼓掌及歡呼。

有參與清理的官兵接受傳媒訪問時表示，清理行動是為了安全、祥和，止暴制亂。"我們的目標是讓道路暢通，我們的目標是香港安全穩定。"他表示，清理行動是自發的，希望大家都要發揮正能量。對於現場有記者竟質疑駐軍走出軍營是否會影響市民觀感，該官兵強調"香港市民的掌聲就是最好的形象"，他呼籲現場記者們"跟老百姓一起去幹有意義的工作"。

約 40 分鐘後，完成清理工作的駐港部隊官兵全部返回營區。市民連連向駐軍道謝，一聲聲"好嘢"、一陣陣鼓掌歡呼，香港市民的由衷感動溢於言表。

國際社會紛紛強烈譴責暴力，籲警惕演變為恐怖主義

香港暴力示威抗議活動久久不能平息，國際社會、海外媒體紛紛表態，譴責暴徒暴力行徑。

11 月 4 日，新加坡總理李顯龍在東盟峰會提及香港局勢，他說："我們必須在'一國兩制'的框架下找尋方案，因為香港始終是中國的一部分。我們祝願香港，因為一個穩定的香港有助於區域和平。"

《華爾街日報》、彭博社等西方主流媒體開始重新審視示威的性質，形容放火點燃持不同意見人士一舉，更是令抗議活動變得越發醜陋，而攻擊內地人

和打砸中資機構是在製造"黑色恐怖"。這些傳媒警告,以謊言來激發仇恨更將會陷入暴力循環怪圈,而暴力最終將把香港推向萬劫不復的深淵。

11月初,德國之聲訪談節目Conflict Zone訪問了香港大專學界國際事務代表團發言人、城市大學學生會代理外務副會長、有"粗口女"之稱的邵嵐。邵嵐在節目中辯稱示威者使用暴力是在"反擊"和"保護自己"。主持人立刻舉例說,10月20日,一群暴徒向香港警署投擲汽油彈;10月13日,一名香港警察慘遭暴徒割喉。邵嵐依舊狡辯稱,說這是"和平示威者"在表達他們對警察的憤怒。主持人難以忍受地質問她,"那你們沒有原則了是吧?如果你們連這種非人道的行為都不譴責的話。你甚至不能看著我的臉,譴責這種非人道的行為嗎?"

香港的暴力事件引發國際社會擔憂。當地時間11月19日,加拿大政府在其旅行目的地風險警示網站上,將香港旅行風險級別提升為"高度謹慎",並提醒稱,由於香港存在大規模示威遊行,在當地需要高度謹慎。據加媒報道,加拿大知名大學如多倫多大學、麥吉爾大學、不列顛哥倫比亞大學、皇后大學以及其他多所加拿大高校,均已聯絡在香港的交換學生,強烈建議他們儘快離開香港、返回加拿大。

11月14日,國家主席習近平在巴西利亞出席金磚國家領導人第十一次會晤時,就當前香港局勢表明中國政府嚴正立場。海外各界高度關注習近平主席的重要講話,紛紛表示應警惕香港暴行演變為恐怖主義,止暴制亂是香港當前最緊迫的任務。

俄羅斯科學院遠東研究所副所長安德烈·奧斯特洛夫斯基説,習近平主席的講話釋放出信號,表明中國政府維護國家主權、安全與發展利益的決心毫不動搖,反對外部勢力干涉香港事務的決心堅定不移。尼泊爾知名學者、加德滿都法學院院長尤巴拉傑説,習近平主席的講話是一位負責任的領導人的宣言。香港毫無疑問是中國的一部分,中國始終貫徹"一國兩制"方針。日本佳能全球戰略研究所研究主任瀨口清之説,習近平主席在講話中提出"止暴制亂、恢復秩序是香港當前最緊迫的任務",我深有同感。當前的暴力示威活動已經讓香港市民的生活飽受困擾,儘快還給市民安心生活的環境是最緊要的任務。古巴官方通訊社拉美社報道説,習近平主席就香港局勢發表的講話向企圖干涉香港事務的外部勢力表明了中國政府的明確立場,強調香港應儘快結束亂局,恢復社會穩定。柬埔寨政府發言人帕西潘説,習近平主席的講話就當前香港局勢表明中國政府嚴正立場,我對此表示高度認同。他認為,暴力活動已經嚴重影響了香港的經濟和旅遊發展,嚴重影響了香港市民的正常生活。止暴制亂、恢復秩序是香港民心所向。

"青山遮不住,畢竟東流去"。止暴制亂大勢已成,中央立場堅定、態度鮮明,堅決支持香港特區政府、警隊和各界攜手止暴制亂,任何企圖搞亂香港、損害中國良好發展局面、阻撓中華民族偉大復興的圖謀和行徑都將注定失敗。🌺

(原文刊於《紫荊》2019年12月號)

四中全會從國家治理層面全面回應"修例風波"

中共十九屆四中全會聚焦推進國家治理體系和治理能力現代化,可以說是中國"工業、農業、國防、科學技術"四個現代化之後的"第五個現代化",對於推進國家治理體系和治理能力現代化,具有里程碑的意義,將會對國家的發展產生深遠影響。四中全會專門就"一國兩制"制度體系建設應該堅持什麼、完善什麼展開論述,這在中共歷史上可謂是前所未有。國務院港澳辦主任張曉明在解讀四中全會有關"一國兩制"內容的文章中明確指出,這場"修例風波"充分暴露出香港政治、經濟、社會等方面存在的一些深層次矛盾和問題,也進一步凸顯了完善香港治理制度的必要性和緊迫性。顯然,四中全會有關"一國兩制"的論述,不僅充分顯示中央對香港問題的高度重視,從國家治理層面全面論述治港方略,而且清楚表明中央已對香港"修例風波"作出了基本結論,提出了應對之策和工作要求。

盧文端

堅定不移全面準確貫徹"一國兩制"方針

四中全會關於香港"一國兩制"的論述,既有中央對香港問題的基本思考,也有對"修例風波"的全面回應,包括"一國兩制"方針、國家安全、"雙普選"、特區政府執政能力與中央管治權、經濟民生深層次矛盾等。四中全會回應"修例風波"的內容非常豐富,筆者只是從港人關注的角度摘取其中5點做些分析。

第一,中央將始終堅定不移全面準確貫徹"一國兩制"方針,把準治港的正確方向,不會因為"修例風波"而有所動搖和改變。

"修例風波"使"一國兩制"在香港的實踐遭遇前所未有的嚴峻挑戰,以至"一國兩制"作為一項國策受到兩方面的"質疑":一是質疑"一國兩制"是不是行得通;二是質疑中央會否繼續在香港實行"一國兩制"。四中全會把"堅持'一國兩制',保持香港、澳門長期繁榮穩定,促進祖國和平統一"作為國家制度和治理體系所具有的十三個顯著優勢之一,不僅表明中央不允許因為"修例風波"而否定香港"一國兩制"實踐所取得的巨大成就,而且顯示中央將始終堅定不移貫徹"一國兩制"方針,不會因為任何情況而有所動搖和改變。

需要留意的是,中央堅持"一國兩制"特別強調要"全面準確"。國家主席習近平在上海會見出席第二屆中國國際進口博覽會的香港特區行政長官林鄭月娥時指出,希望香港社會各界人士全面準確貫徹"一國兩制"方針和基本法。四中全會決定清楚寫明,全面準確貫徹"一國兩制"、"港人治港"、高度自治的方針,主要包括兩方面的內容:一是堅持依法治港,維護憲法和基本法確定的憲制秩序,做到"三個結合",即:把堅持"一國"原則和尊重"兩制"差異、維護中央對特別行政區全面管治權和保障特別行政區高度自治權、發揮祖國內地堅強後盾作用和提高特別行政區自身競爭力結合起來;二是完善特別行政區同憲法和基本法實施相關的制度和機制,堅持以愛國者為主體的"港人治港",提高特別行政區依法治理能力和水平。

"修例風波"已上升到國家安全層面

第二,香港的"修例風波"已經上升到國家安全的層面,中央將從國家治理層面加強香港特區維護國家安全的法律制度和執行機制。

四中全會特別提出"建立健全特別行政區維護國家安全的法律制度和執行機制",在香港社會最受關注,也是香

中央將始終堅定不移全面準確貫徹"一國兩制"方針。圖為香港市民在集會中揮舞國旗和區旗(圖:新華社)

港社會討論最多的話題。這個問題值得重點討論。必須強調的是,四中全會提出這個要求,顯示香港維護國家安全的問題,已經提升到國家治理的層面。四中全會如此重視香港問題,當然與香港近期的"修例風波"直接有關。

事實上,香港持續多個月的"修例風波",已經被中央定性為直接危害國家安全的"港版顏色革命"。港澳辦發言人在9月3日的記者會上明確指出,一些激進分子身上已經表現出了明顯的"顏色革命"的特徵。其實,所謂"光復香港,時代革命"的口號,正是"港版顏色革命"的標記。討論香港的"修例風波",不能離開中美博弈的大背景。美國公開推動和支持香港的反修例事件,不僅將反修例事件與中美貿易談判

掛鈎，而且在參眾兩院通過《香港人權與民主法案》，為自己製造干預香港事務的法律根據，為香港激進勢力和暴力分子張目，目的是要將香港變成牽制中國的棋子。

更加嚴重的問題在於，香港的"港獨"及分裂勢力與美國及"台獨"勾結，直接危害國家的主權安全，將香港變成挑戰國家及中央權力的棋子，但香港本身卻無足夠法律及機制維護國家安全。所以，四中全會提出"建立健全特別行政區維護國家安全的法律制度和執行機制，支持特別行政區強化執法力量"。

如何建立健全香港維護國家安全的法律制度和執行機制？本人認為，面對國安環境的嚴峻挑戰，建立健全香港維護國家安全的法律制度和執行機制，不能只是香港或者中央單方面行動，而是需要兩個層面共同行事。

從香港方面來講，需要自行立法落實基本法第 23 條，並建立相關的執行機制及強化執法力量。香港已經回歸祖國22 年，維護國家安全的 23 條本地立法仍然未能完成，這是維護國家安全存在的法制短板，埋下了香港社會動盪的重大隱患。那麼，香港應該如何建立健全維護國家安全的法律制度和執行機制？張曉明特別列舉了澳門的做法：澳門已經完成基本法第 23 條立法，建立了維護國家安全委員會及辦公室，並主動在立法會選舉法中增"防獨"條款，下一步還將制訂和修改相關配套立法。顯然，澳門的這些制度與機制安排，將會是香港的參考。

從中央層面來看，也要考慮從國家治理層面出台法律和完善機制，並以基本法附件三的形式完善相關法規。

至於完善防範和遏制外部勢力干預港澳事務和進行分裂、顛覆、滲透、破壞活動的體制機制，張曉明也講得很清楚，中央將與特別行政區政府建立健全反干預協同機制，絕不能任由外部勢力在香港、澳門為所欲為。

中央將積極主動常態化
依法行使管治權

第三，普選底線不會因為"修例風波"作出改變。

在"修例風波"中，反對派將"真普選"作為最重要的"訴求"，力圖借反修例的聲勢突破全國人大常委會的"8·31決定"，以達至他們所要求的"真普選"。對此，中央的態度很明確：無論有關政改工作何時重啟，都必須遵守基本法有關規定和全國人大常委會 2014年 8 月 31 日通過的《關於香港特別行政區行政長官普選問題和 2016 年立法會產生辦法的決定》。顯然，中央堅守普選底線的態度堅定不移，這也是全面準確貫徹"一國兩制"方針的必然要求，不會因為"修例風波"作出改變，任何人對此都不要抱有不切實際的幻想。

第四，提高特區政府執政能力，健全中央依照憲法和基本法對特別行政區行使全面管治權的制度。

"修例風波"暴露特區政府管治能力不足和中央全面管治權落實不到位的問題。一方面，中央雖然對林鄭特首及特區政府的工作給予"充分肯定"，但並不迴避特區政府面對新問題、新挑戰而出現的

在美國加州華僑華人集會反對近期香港發生的暴力活動，譴責亂港勢力破壞"一國兩制"和香港繁榮穩定（圖：新華社）

管治能力不足的問題，因此，行政長官領導的管治團隊作為治理特別行政區的第一責任人，需要不斷提高依法治理能力和水平，要實現"良政善治"。

另一方面，要健全中央依照憲法和基本法對特別行政區行使全面管治權的制度。張曉明在解讀文章中，列舉了中央依法行使憲法和基本法賦予的10項權力：1、特別行政區的創制權；2、特別行政區政府的組織權；3、特別行政區基本法的制定、修改、解釋權；4、對特別行政區高度自治的監督權；5、向特別行政區行政長官發出指令權；6、外交事務權；7、防務權；8、決定在特別行政區實施全國性法律；9、宣布特別行政區進入戰爭或緊急狀態；10、中央還可根據需要向特別行政區作出新的授權。這裡所傳遞的重要信息是，中央因應"修例風波"中的大型動亂，將會積極主動、常態化對香港行使憲法和基本法賦予的權力。

香港治理將在中央主導下出現新局面

第五，完善香港融入國家發展大局機制，藉助內地優勢破解香港經濟民生深層次難題。

"修例風波"也暴露出香港經濟民生方面的深層次矛盾和問題。囿於地域、經濟結構和體量、市場空間等條件，香港僅靠自身力量難以解決這些影響社會穩定和長遠發展的深層次矛盾和問題。中央希望借助內地廣闊的市場、強勁的發展態勢，為香港自身發展拓展新空間、增添新動力，借力破解經濟民生難題。因此，四中全會明確提出，完善香港、澳門融入國家發展大局、同內地優勢互補、協同發展機制，推進粵港澳大灣區建設，支持香港發展經濟、改善民生，著力解決影響社會穩定和長遠發展的深層次矛盾和問題。可以相信，在保持"一國兩制"和香港原有制度特色不變的前提下促進香港與內地協同發展，必將使香港市民有更多獲得感、幸福感和安全感。

總而言之，"修例風波"之後，香港的治理將出現新的局面，而這個新局面，將是在中央的主導下展開。❀

（作者係全國僑聯副主席、中國和平統一促進會香港總會理事長）

（原文刊於《紫荊》2019年12月號）

第五章

香港再出發

共同珍惜香港這個家

——在中央政府駐港聯絡辦2020年新春酒會上的致辭
（2020年1月15日）
駱惠寧

尊敬的董建華副主席、梁振英副主席，

尊敬的林鄭月娥行政長官，

各位嘉賓，各位朋友：

歡迎大家蒞臨中聯辦一年一度的新春酒會。再過 10 天就是新春佳節了，這是我們中國人闔家團圓、共話家常的喜慶日子。我首先代表中聯辦全體同仁，向出席酒會的各位嘉賓、各位朋友致以新春的祝福，並通過你們，向廣大香港市民表示誠摯的問候！

辭舊迎新之際，回望過去一年，相信大家都會有許多難以忘懷的場景，有許多發自內心的感受。

這一年，新中國迎來 70 華誕。中華民族迎來了從站起來、富起來到強起來的偉大飛躍。去年，我們的國內生產總值預計接近 100 萬億元人民幣、人均邁上 1 萬美元台階，1,000 多萬人實現脫貧，我們的生活越來越好；首艘國產航母正式列裝，嫦娥四號在人類歷史上首次登陸月球背面，我們的國力越來越強；建交國達到 180 個，加入"一帶一路"的國家和國際組織超過 160 個，我們的朋友越來越多。中華民族偉大復興的壯麗圖景，真實地呈現在每一位中華兒女的眼前。

令人欣慰的是，在激蕩人心的 70 年偉大征程中，香港從未缺席。香港各界人士為改革開放和現代化建設作出的獨特而重要貢獻，已被歷史深深銘記。回歸 23 年來，香港背靠祖國，成功抵禦各種風險挑戰，書寫出與祖國內地同發展、共繁榮的精彩篇章，香港同胞與內地人民一道共擔民族復興的歷史責任，共享祖國繁榮富強的偉大榮光。

這一年，香港經歷了嚴峻考驗。去年 6 月，香港爆發"修例風波"，曠日持久的社會動盪牽動著全國人民的心。習近平主席去年底一個半月內三次會見林鄭月娥行政長官，並在萬里之遙的巴西向國際社會表明中國政府的嚴正立場，寄託了對香港各界"共同把香港的事情辦好"的殷切期望。林鄭月娥行政長官帶領管治團隊及香港警隊恪盡職守、止暴制亂,表現出非常時期的非常勇氣;以在場各位為代表的愛國愛港同胞齊心協力"護法治、反暴力",彰顯了香港社會的正義力量。

今天的香港還沒有完全走出困局,但從更長的歷史維度看,從南海小漁村到國際大都會,香港的發展從來不是一帆風順;作為一種前無古人的制度探索,"一國兩制"在實踐中也不可避免會遇到各種新情況、新問題。我們要看清歷史大勢、保持堅定信心,相信沒有任何力量能夠阻擋香港"一國兩制"事業的步伐。

駱惠寧在中央政府駐港聯絡辦 2020 年新春酒會上致辭
(本刊記者 梅肯 攝)

各位嘉賓、各位朋友!

新的一年,香港如何再出發?習近平主席視察澳門時特別強調"家和萬事興",在新年賀詞談到香港時又語重心長地說,"沒有和諧穩定的環境,怎會有安居樂業的家園!"鑒於目前香港的局勢,我想說,止暴制亂、恢復秩序仍然是香港當前最為緊迫的任務。我還想說,珍惜香港這個家,是所有真正關心香港、愛護香港的人的共同心聲、共同期盼和共同責任。

讓我們共同珍惜香港這個家,發揮好"一國兩制"這一最大優勢。鄧小平先生當初提出"一國兩制"構想,就是要在對香港恢復行使主權的前提下,最大程度地保留香港的特色和優勢,保持香港長期繁榮穩定。十九屆四中全會將"一國兩制"作為國家治理必須長期堅持的十三條顯著優勢之一,充分體現了中央對實施"一國兩制"的信心和決心堅定不移。實踐告訴我們,"一國兩制"堅持得好,香港就能贏得發展機遇、獲得成長空間;"一國兩制"堅持得不好,香港就會紛爭不止、亂象不斷,最終危害的是絕大多數香港同胞的共同利益、根本利益、長遠利益。不管什麼樣的政治光譜,都應形成這樣的共識,認同一國、珍惜兩制,是香港同胞的福祉所繫,也是香港明天的希望所在。我們相信,堅守一國之本、善用兩制之利,香港未來一定能寫下"香港好、國家好;國家好、香港更好"的嶄新篇章。

讓我們共同珍惜香港這個家,守護好法治文明這一核心價值。"和氣致祥,乖氣致異",香港雖然有著不錯的家底,但也經不起折騰,去年以來的社會動盪已經造成香港經濟持續衰退,嚴重影響市民生活。香港是一個多元社會,對一些問題存在不同意見甚至重大分歧並不奇怪,但不能走極端、更不能搞暴力,一家人之間有商有量,再大的事情都好解決;突破了法治和文明的底線,對社會只會帶來災難性破壞。香港同胞有崇尚法治的良好傳統,我們相信,只要愛國愛港力量團結齊心、18萬公務員履職擔當、社會各界共同努力,堅決維護法治這一核心價值,堅定支持特區政府依法有效施政,香港這個家就一定能讓我們繼續引以為傲。

讓我們共同珍惜香港這個家,實現好繁榮發展這一美好心願。習近平主席2017年視察香港時特別強調,"我們既要把實行社會主義制度的內地建設好,也要把實行資本主義制度的香港建設好。"沒有比祖國更希望香港好的了。中央作出建設粵港澳大灣區重大決策、推動香港參與"一帶一路"建設,就是為了幫助香港突破發展瓶頸、鞏固和拓展原有優勢,為香港同胞特別是青年朋友提供發展機遇、搭建成長舞台。香港青少年是中華民族大家庭的兒女,也是中華民族復興、香港社會繁榮穩定的重要力量,真心希望香港青年能樹立國家觀念、香港情懷、國際視野,在參與國家發展、推動香港發展中把握自己的未來。我們相信,早日從政治霧霾中走出,早日在聚焦發展上破題,香港一定能夠在背靠祖國、面向世界的更大格局中再創輝煌。

各位嘉賓、各位朋友!

我到香港十二天,作為香港這個家的一員,已經感受到了家人的親切。回望過去,不同語言、不同信仰、不同習俗的人們相聚獅子山下,"拋開區分求共對",攜手為香港這個家打拼奮鬥,才有了今天璀璨的香江傳奇。當前,儘管局勢還沒有完全穩定,但香港精神一直在,香港優勢仍然在,國家支持始終在,我們對香港這個家重回正軌、早日復元充滿信心。

新的一年,香港中聯辦將帶著真誠和真情恪盡職守,與廣大香港同胞一道,把香港這個共同的家園建設得更加美好!

祝福香港,祝福香港同胞。

謝謝大家!

(原文刊於《紫荊》2020年2月號)

共同推動香港發展
重回正軌

香港"修例風波"已持續半年時間，市民生活受到嚴重困擾，香港經濟發展及民生改善也受到負面影響，推動香港發展重回正軌已成為香港社會各界共同的迫切願望。

文｜本刊記者

暴徒在香港高等法院前縱火（視頻截圖）

2019 年 12 月 16 日下午，國家主席習近平在中南海瀛台會見了赴京述職的香港特區行政長官林鄭月娥。他強調，我們維護國家主權、安全、發展利益的決心堅定不移，貫徹"一國兩制"方針的決心堅定不移，反對任何外部勢力干涉香港事務的決心堅定不移。他表示，我們將繼續堅定支持你帶領香港特別行政區政府依法施政，堅定支持香港警方

嚴正執法，堅定支持愛國愛港力量，並希望香港社會各界人士團結一致，共同推動香港發展重回正軌。

同日上午，國務院總理李克強會見林鄭月娥時也指出，當前香港還沒有走出困境。特別行政區政府要繼續努力，依法止暴制亂、恢復秩序，並加緊研究解決香港經濟社會發展中存在的一些深層次矛盾和問題，使香港保持長期繁榮穩定。

香港修例風波已持續半年時間，市民生活受到嚴重困擾，香港經濟發展及民生改善也受到負面影響，推動香港發展重回正軌已成為香港社會各界共同的迫切願望。

**暴力人數減少烈度下降，
但危險及隱患依然存在**

過去一個月裡，香港市民可以明顯

感受到街頭暴力行為有所減退、暴徒人數亦有所下降。但修例風波並沒有停止，暴力事件仍然時有發生。2019 年 12 月 1 日，有暴徒在尖沙咀投擲多枚煙霧餅，造成公眾恐慌，還有蒙面暴徒以雜物堵塞馬路、進入商店破壞設施，甚至襲擊途經的市民。12 月 8 日"民陣"發起游行，警方非常克制地發出不反對通知書，遊行大致和平有序，但仍有一小部分人在遊行過程中堵路和破壞商店，甚至在終審法院和高等法院前縱火、搞破壞，香港律師會和香港大律師公會都發表聲明予以最嚴厲譴責。12 月 15 日又有暴徒堵路、縱火焚燒雜物，向巴士車頭玻璃上噴漆，投擲雪糕筒、玻璃樽、煙霧餅襲擊警察。全港最少 7 個商場再次遭受不同程度破壞，多名市民遭暴徒"私了"。其中兩名女市民疑僅因出言阻止黑衣人在商場張貼標語及噴漆破壞的行為，即被黑衣人包圍指罵，完全不顧及她們還帶著小孩，其中一人被絆倒和搶去財物，另一人則被用黑漆噴黑面部和額頭侮辱。12 月 21 日，又有暴徒在海港城及形點商場破壞商鋪設施及塗鴉。

暴力行為的危險性在上升且更趨複雜，惡性恐暴的苗頭愈加明顯。一方面，警方陸續檢獲大量危險品。12 月 5 日警方在城門水塘檢獲 59 支共重 137 公升的含濃酸或腐蝕性化學品。12 月 8 日警方 6 個月來首次檢獲一把組裝槍及過百發子彈，暴徒刻意選擇使用和警方裝備類似的中空彈，不排除有栽贓嫁禍警方的意圖。12 月 20 日，警方收到情報有歹徒欲趁集會持槍傷人，在警方盤查嫌疑人之際，嫌疑人於腰間取出一支半自動手槍開一槍，幸無打中任何人。警方隨後於翠屏花園一個單位內檢獲一支 AR15 長距離步槍，槍內有 211 發子彈，其中 61 發裝在一環形快速入彈器內，其餘子彈分別裝在 5 個彈匣內，同時檢獲 44 發半自動手槍用中空子彈。

暴力侵蝕校園，對香港下一代未來發展造成的影響也不容小覷。修例風波中被警方拘捕的犯罪嫌疑人裡近四成是學生，有超過 300 間中學都有學生被拘捕，更有老師涉嫌與學生一同參與非法活動。不僅大學校園內曾發現有危險品，亦在一間中學附近發現一些殺傷力很高的炸彈。11 月 27 日，警方抓獲兩名中學生，他們竟然將錫紙包裹的、重約 0.5 克的 TATP 炸藥帶進了校園。

這些殺傷性武器的存在，嚴重威脅包括學生在內的全體市民的生命安全。警方必須從源頭徹查，杜絕非法槍支彈藥等致命性武器流入和藏於香港。全體市民也要高度警惕，更要一同負擔起止暴制亂的責任，堅決支持警方依法加大偵查處置力度，保護市民安全。

市民不堪暴力之苦，集會表達對香港發展重回正軌的熱切期盼

香港作為外向型經濟體，首當其衝受到中美貿易戰影響，而持續 6 個月的修例風波、特別是其中的暴力破壞行為，更使香港經濟雪上加霜，多項經濟指數屢探新低。

2019 年 10 月，訪港旅客人次同比大跌 43.7%，所有客源市場均見跌幅；同期零售業總銷售額的臨時估計數字同比下跌 24.3%，跌幅破歷史紀錄；第三季香

港餐館總收益同比實質下跌 13.6%，是自 2003 年"非典"爆發以來最差；同為"非典"爆發以來最差的指標還有採購經理指數，11 月份跌至 38.5，環比下跌 0.8。特區政府表示，近期多項經濟數據顯示，香港經濟進入嚴峻局面。

隨著經濟下滑，市民難免要遭受失業率上升的困擾。特區政府統計處數據顯示，香港整體失業率在 2019 年 4 至 6 月還處在 2.8% 的低水平，到 5 至 7 月已開始上升至 2.9%，9 至 11 月失業率則進一步升至 3.2%。分行業看，消費及旅遊失業率已上升至 5.2%，是三年以來的高位，其中膳食服務業失業率更升至 6.2%。9 至 11 月份失業人數達 12.54 萬人。政府經濟顧問辦公室的 2019 年第三季經濟報告顯示，私營機構就業人數在 6 月份錄得跌幅，創近 10 年來首次。飲食業估計，暴亂若不平息，新春過後食肆勢將掀起結業潮，失業情況或將更為嚴重。

越來越多的香港市民不堪黑色暴力之苦，自發站出來反對暴力，表達對香港發展重回正軌的熱切期盼。

2019 年 12 月 15 日逾萬名市民自發出席在金鐘添馬公園舉行的"控訴暴力集會"，表達"摒棄暴力、堅守法治"的心聲，強烈譴責暴力行為，也對連月來辛苦執勤的警察表達謝意。

會上，多名曾被暴徒襲擊的市民上台發言。曾受襲的陳先生表示，某晚在港鐵站看到滋事分子辱罵正在執勤的警察。"當時警察十分克制，我心裡覺得很氣憤，為什麼沒有人為忠於職守的警察說一句公平的話，於是我大喊了一句'警察加油'。"他說，結果他被人吐

警方 2019 年 12 月 20 日晚檢獲的長距離步槍（香港警察臉書視頻截圖）

警方 2019 年 12 月 20 日晚檢獲的部分子彈（香港警察臉書視頻截圖）

口水、用腳踢。他慨歎，為何連説一句"警察加油"的自由都沒有。

另一名曾被暴徒襲擊的女士表示，11 月一個周末，她和朋友路過香港理工大學附近，看到馬路上有磚頭，於是幫忙清理，卻被一批黑衣人辱罵、追趕以及用磚頭襲擊，導致頭部受傷縫針。她呼籲儘快讓襲擊者受到應有的法律制裁。

集會進行期間，組織者帶領全場為在上水被暴徒用磚頭襲擊致死的清潔工羅伯默哀一分鐘。集會人士亦高唱多首

愛國愛港、支持香港警察的歌曲，同時揮動打開照明電筒的手機，現場一片光海，表達出"反暴力、守法治"的心聲。

12月7日香港灣仔港灣道花園亦進行了"愛國護港"集會，逾3,000名手持國旗及區旗的香港市民聚集在灣仔港灣道花園，表達反對暴力、維護法治、愛國愛港的心聲。

特區政府回應市民關切，
積極依法止暴制亂恢復秩序

面對香港市民推動香港發展重回正軌的迫切願望，特區政府積極依法止暴制亂恢復秩序。

過去一個月裡，香港警方止暴制亂的舉措更加堅決有效。一是加強情報和調查工作，除前述檢獲大量危險品外，網絡安全及科技罪案調查科還通過加強偵破，於2019年12月16日在將軍澳成功拘捕一名涉嫌"煽惑刑事毀壞"的男子。此外警方12月19日搗破一個洗黑錢集團並凍結銀行存款戶口約7,000萬港元，警方懷疑與一個網上平台聲稱籌款以支援於示威或暴力活動中被捕的人士有關。二是繼續充實警力，加強部署。有人煽動12月9日"大三罷"（罷工、罷市和罷課），企圖癱瘓交通，警方凌晨4點半已經派員到不同交通樞紐應對可能出現的擾亂事件，最終"大三罷"無疾而終。三是加強現場抓捕工作。12月4日一早紅磡分區特遣隊便衣警員在土瓜灣馬頭圍道及譚公道交界埋伏，成功阻止暴徒堵路行為。截至12月16日，修例風波中警方共拘捕6,105人。

司法的震懾力也顯現出來。12月13日，曾在屯門大會堂外點燃國旗的女童被屯門裁判法院少年庭判12個月感化令。違法行為依法受到制裁相信有助於提高市民守法意識。此外，司法部門多次依法拒絕暴徒的保釋申請。12月9日，高等法院拒絕了因涉嫌襲警、管有攻擊性武器等被捕的方志雄和姚少康的保釋申請，阻斷了犯罪嫌疑人保釋後再次禍亂香港、危害他人的可能性，維護了法治的權威，體現了公平正義。

特區政府各司局長也應林鄭月娥要求，在各司局的工作中，以遏止暴力為己任。針對暴力進入校園的情況，特區政府教育局除給所有官校和資助學校發信希望他們阻止學生繼續參與違法行為、遠離暴力外，對違規或被捕的老師也有嚴肅跟進。12月11日，教育局局長楊潤雄表示，參與暴力活動的老師，若情節嚴重，教育局會根據《教育條例》取消其教師註冊。

推動香港發展重回正軌，還要繼續扶助企業、紓緩民困。

12月4日特區政府公布涉及40億港元的第四輪紓困措施，包括減免非住宅用戶的部分應繳水費和排污費；為合資格非住宅電力用戶提供電費補貼；進一步寬免所有非住宅物業差餉；有需要的納稅人可向稅務局申請分期繳稅；優化展翅青見計劃以助青年就業等9項具體措施。

在赴京述職時，林鄭月娥也積極爭取中央對香港發展給予更多支持。她在接受媒體採訪時表示，推動香港經濟發展重回正軌，需要中央政府繼續大力支持，所以她向中央提出，希望未來繼續推出一些有利香港發展的措施，包括在粵港澳大灣區裡的發展。

特區政府還積極拓展對外經濟合作。11 月 29 日，林鄭月娥代表香港特區政府與泰國政府簽訂加強兩地經濟關係的諒解備忘錄，積極謀求兩地在金融、創意產業、青年交流等方面展開開創性的合作。

為推動香港發展重回正軌，特區政府還繼續加強與市民溝通。商務及經濟發展局局長和勞工及福利局局長率先在臉書上進行直播，其他局長亦陸續通過互聯網直播誠心聆聽市民心聲。

新年伊始，萬象更新，2020年的中國氣象將更加不凡。中國將實現第一個百年奮鬥目標，全面建成小康社會，這是實現中華民族偉大復興中國夢的關鍵一步，在中華民族發展史上具有重大意義。香港將與祖國共擔民族復興的歷史責任、共享祖國繁榮富強的偉大榮光。只有平息暴力，根除暴恐根源，剷除煽惑暴力亂港的土壤，才能令社會平復，團結一致，從頭而越再出發。因此，當此之際，香港特區政府與社會各界更應團結一致、勠力同心，以巨大的政治勇氣和強烈的使命擔當肩負起止暴制亂、恢復秩序的重大責任，共同推動香港社會走出困境、重回正軌，以繁榮穩定的嶄新面貌，迎接祖國第一個百年目標的實現，與祖國共享這一劃時代的偉大榮光。🌸

2019 年 12 月 17 日，署理行政長官張建宗表示，香港特區政府早前公布的一連串紓困措施獲立法會通過，下月起陸續推出，相信可達到穩企業、保就業、紓民困的目標。圖為香港旺角街景（圖：香港特區政府新聞處）

（原文刊於《紫荊》2020 年 1 月號）

正確理解"一國兩制" 推動香港治理現代化

十九屆四中全會的核心精神是推進國家治理體系和治理能力現代化,而這其中最重要的含義則是國家政策必須與時俱進,符合社會發展的實際。在十九大會議中,已經明確國家進入了新時代,因此我們的各項政策都需要圍繞新的形勢進行調整。而"一國兩制"是國家的偉大創舉,是國家的基本國策,經歷了 22 年風雨,"一國兩制"在香港取得了輝煌的成就,香港在經濟、民生等各方面都取得了長足的進步。但是,隨著世界局勢的變化,香港作為國際大都市,必然會受到世界局勢變化的影響,因此,香港的各項政策應該按照"一國兩制"的精神進行適時的反思和調整。

文 | 香港　譚耀宗

維護法治尊嚴和權威

譚耀宗

法治是香港的核心價值,正是因為香港擁有嚴明的法律體系以及香港人對於法律的遵守,從而樹立了香港世界金融中心的地位。2019 年"世界正義工程"發布的世界法治指數排名中,香港排在第十六位,這是一個非常值得驕傲的成績。然而,在這短短兩個月中,示威者已經完全打破了法律的規管,聲稱追求所謂崇高的政治理想,就可以為所欲為,最惡劣的是,只要警察執法拘捕或者法庭審判示威者,示威者就會包圍警察局或者法院要求放人,完全目無法紀。但是他們完全忘記了,在 2014 年"佔中"的法庭審判中,法院斷然不接受"違法達義"作為抗辯的理由,不管以怎樣的藉口,違法必須受到制裁。因此,無論是在風波中還是平息風波後,法院都應該依法對違法者進行審理,彰顯法律的權威,從而維護法律的尊嚴,保護香港社會的核心價值。

解決風波背後的社會深層次矛盾

我們相信香港特區政府有能力平息這場風波,但在風波之後政府必須要反思應該如何解決這場風波背後所隱藏的社會深層次矛盾,如何讓廣大市民分享社會發展的成果。眾所周知,香港經濟競爭力位居世界前列,但是香港

2018 年 12 月 4 日，在香港特區政府和中央政府駐港聯絡辦共同支持下，香港勵進教育中心舉辦 2018 年 "國家憲法日" 座談會。這是香港特區連續第二年舉辦 "國家憲法日" 宣傳教育活動

也是世界上貧富懸殊最大的城市之一。其中，香港的住房問題一直被人所詬病，高企的房價讓不少市民望而卻步，特別是剛出社會的青年人，更覺得 "上樓" 無望，而這導致的結果則是社會階層固化，青年人無法向上流動，從而失去對政府的信心，這些深層次的矛盾都是政府亟待解決的問題。我們希望政府能從最根本的房屋問題入手，釋放多餘土地，並且可以考慮使用《收回土地條例》收回土地興建公屋，增加公屋供應，解決香港市民 "上樓難" 的問題。對於青年人，則應該大量興建青年宿舍，取消青年人不能同時申請公屋以及青年宿舍的限制，幫助更多青年人實現安居夢。

香港屬於世界上人口最密集的城市之一，2018 年香港人口密集度排名世界第四，因此如何改善人居環境、調整城市的承受力是未來香港政府必須要面對的問題。我們希望，香港政府可以考慮優化旅遊政策，通過調整遊客結構來打造優質旅遊，分散遊客的活動範圍，減少過多低價團來港，從而減少社區的承受壓力。

除解決土地以及居住環境外，我們也不能忽略即時紓困措施，最近財政司司長陳茂波就提出了一系列緊急紓困舉措。但各個行業不同程度受到此次政治風波的影響，特別是旅遊、飲食等服務行業已經開始出現裁員或倒閉的現象，政府要密切關注行業發展動態，防止經濟危機的出現，設法幫助中小企業解決財政上的困難。

為慶祝新中國成立70周年，"70年70城聯讀"活動11月9日拉開香港站序幕，此次活動以"文化行走 閱讀中國"為主題，讓市民得以借此增進對中華文化的了解。圖為香港青少年在活動上聲情並茂地朗誦《七子之歌·香港》（圖：中新社）

在全社會樹立國家意識

除了改善民生外，在全香港社會樹立國家意識將是政府未來工作的一個重點。在本次風波中出現了暴亂分子污損國徽、區徽，將國旗丟入海中的非法行為，這充分暴露了香港青年人對於國家意識的淡薄，甚至對"一國兩制"都不了解，也促使全社會反思過去在國民教育和宣傳國家意識以及"一國兩制"方面工作中存在的不足。學校是學生學習的重要場所，在現在的教育體系中，對於國家和"一國兩制"的認識只是分散在公民教育或者通識教育中，然而這兩個科目非常依賴於教師對內容的演繹。眾所周知，香港教育界中不少人長期以來對於國家以及"一國兩制"都存在著非常片面的認識，在本次風波中某些教師鼓勵學生參加違法示威，甚至出現個別教師在社交媒體中侮辱警察家屬的行為，這些都反映出了一些教師在國家意識和法治觀念方面的淡薄。中國改革開放40年來，無論政治、經濟、文化和民生都取得了巨大的成就，包括新加坡在內的很多國家都對中國的建設成就給予高度評價，指出"中國的制度在35年來幫助超過5至6億人口脫貧，縱觀歷史，沒有任何一個國家可在35年內做到"。"一國兩制"是中國首創，正是因為中央推行"一國兩制"才保障了香港的平穩過渡，更保障了香港的經濟繁榮；正是因為中央制定基本法，香港人在回歸後才享有了更多的政治權利。而這些事實，在香港社會沒有得到足夠的宣傳，因此，我們希望無論特區政府還是中央政府，在未來應該向香港社會，特別是在學校進一步加強宣傳國家意識以及"一國兩制"，從培訓教師開始，讓廣大青年學生對國家有更正確和客觀的認識。

最後，我再次呼籲愛國愛港力量要團結起來，共同對抗違法暴力行為，任何縱容、忍讓等態度都會助長暴徒的囂張氣焰，所以我們應該齊心協力，支持政府依法施政，支持警隊嚴正執法，儘快止暴制亂，讓香港恢復平靜，重新出發，全面改善民生，恢復法治和秩序，讓"東方明珠"重現光芒！

（作者係全國人大常委會委員）

（原文刊於《紫荊》2019年12月號）

推動香港發展的動力
是強大的祖國的生命力

　　2019 年 12 月 9 日，由紫荊雜誌社、天大研究院、香港新活力青年智庫共同主辦的第四屆"一國兩制"與基本法研討會在香港舉行。本屆研討會旨在探討香港回歸祖國 22 年來基本法的落實情況，解讀中共十九屆四中全會精神，以及展望新形勢下香港"一國兩制"實踐的新動力、新方向。現將全國人大常委會香港基本法委員會副主任譚惠珠在研討會上的發言全文整理刊發如下，以饗讀者。

文 | 全國人大常委會香港基本法委員會副主任　　譚惠珠

譚惠珠在第四屆"一國兩制"與基本法研討會上致辭（本刊記者 梅肯 攝）

　　我在 1982 年至 1984 年的時候，見證了《中英聯合聲明》的討論和簽訂，參與了香港基本法的草擬工作，經歷了香港順利過渡、特區政府成立的一個歷程。對於香港這個家感情深厚。今天我看到香港處在"修昔底德陷阱"和"顏色革命"的風暴中，黑色暴力把香港"攬炒"（即同歸於盡——編者註）到烽煙四起，市民生活和前景不穩，當然非常疼惜！但我也見證了在中英談判中香港人對前景的憂慮和不安，最終仍安然渡過。因此，我對香港的前途仍然是信心十足。作為香港回歸歷程和回歸之後發展的見證人，作為一個香港人，我談談對中共十九屆四中全會的感受。

推動香港發展的動力
是強大的祖國的生命力

　　推動香港發展的動力是強大的祖國的生命力，這一點不會改變。五天前，香港舉行了"國家憲法日"座談會，大家談到憲法對推動國家發展的重要作用。我想指出，國家的新思想每一次入憲，都推動了國家的發展，也幫助了香港的發展。因為它帶動了中國制度的改革和經濟的開放，帶動了經濟高速度發展。2004 年修

第四屆"一國兩制"與基本法研討會上與會嘉賓全體起立,齊聲高唱國歌（本刊記者 梅肯 攝）

憲,中國的經濟突飛猛進,每年都有 9.5% 的增加。特別是中共十八大以來,以習近平總書記為核心的中共中央,創立了習近平新時代中國特色社會主義思想,統籌推進"五位一體"總體布局,協調推進"四個全面"戰略布局,推動中共建設新的偉大工程。中國成功地應對了 2008 年金融風暴的衝擊,保持 7% 以上的經濟增長,科學技術領域取得重大突破和明顯進步。中國的商品出口向高科技、重型機械、武器和裝備、高級智慧化手機和互聯網的方向發展。中國用了幾十年的時間,走完了西方工業國家 200 多年才能夠走完的路程,還為世界經濟復蘇、第三世界多元化經濟的發展、擺脫貧窮等問題,提供了解決的現實經驗和發展的模式。中國推動世界復蘇貢獻率達到 30%。各項民意調查表明,中國願意為世界解決經濟發展問題,解決氣候變暖問題,解決地區熱點問題,在這些領域所作出的貢獻是世界第一位。中國的外匯儲備世界第一,中國的對外貿易額世界第一,中國的經濟體積現在已躍居為世界第二位。每一次中央的路線入憲,香港的經濟發展都可以上一個台階,香港的就業機會都可以達到新的高度。中國克服沙士（SARS）傳染症的果斷行動,抗擊亞洲金融風暴,中國加入世貿組織,中國戰勝 2008 年金融海嘯所帶來的衝擊,中國制定"一帶一路"戰略,每一次都給香港帶來優惠和提供香港渡過難關的具體措施。

面對第四次工業革命的挑戰和機遇,中國又提出了優惠香港投資者、專業人士北上發展事業的各種政策和措施。2008 年以後，特別是中共十八大以後，中國施政的速度和效率大大提高，中國的轉型升級加快了速度。中國大膽地將互聯網運用到發展經濟、商業、改善人民生活等方面。現在中國的移動支付、火車的物流管理系統、網上購物和經商系統、共享經濟系統發達，成為了全球最擅長利用ＩＴ人工智能的國家。

新思想入憲，確定了中國保障知識產權和各種專利制度，確定了新發明新創造可以得到法律的保障，讓發明者可以在金錢收入和名譽建立方面得到有保障的巨大回報，這將調動中國人發明創造的積極性。科技發展體制的創新，得到了憲法的保障。在中國的發展裡面，祖國從來沒有忘記香港，安排了內地基金"過河"，資助香港的科研一同走上創新之路。祖國內地和香港在迎接5G時代的來臨。今天《星島日報》有一個報道說，雖然我們有兩個大學已經被打得破破爛爛了，但是國家對於科技方面的支持沒有改變。很明顯，儘管香港發生恐怖暴力活動，國家還是堅定地按原來的政策支持香港。

香港發展的動力除了自己的努力之外，還有祖國堅定的支持。雖然目前我們都受到外力強力的打擊，但只要國家堅持改革開放，堅持"一帶一路"，建設粵港澳大灣區，香港生存和發展的動力仍然存在。

止暴制亂之後，
香港仍實行"一國兩制"

止暴制亂之後，香港仍實行"一國兩制"。我聽過一個說法，就是現在在街上示威抗議的年輕人，他們說是為了下一代爭取民主自由，所以犧牲也是有必要的。有人告訴我，他們擔心到2047年就不會有"一國兩制"，變成"一國一制"，假如今天他們不站出來爭取的話，那麼香港將會被內地的制度所控制。我認為這是個100%的謊言。香港實行"一國兩制"是國家的一項重要制度。它不會因為這一次的恐怖暴力活動而"因噎廢食"。十九屆四中全會的決定指出，要堅持和完善"一國兩制"的制度體系，嚴格依照憲法和基本法對香港實行管治，堅定維護國家主權、安全、發展利益，維護香港長期繁榮穩定，絕不容忍任何挑戰"一國兩制"底線的行為，絕不容忍任何分裂國家、危害國家安全的行為，堅決防範和遏制外部勢力干預香港事務和進行分裂、顛覆、滲透、破壞活動，確保香港長治久安。

十九屆四中全會的決定又指出，香港融入粵港澳大灣區的建設，發展經濟、改善民生、解決深層次矛盾的問題，這些中央都支持。

這已經是非常明顯的信息，只要香港人維護國家主權、安全和發展的利益，在"一國兩制""港人治港"、高度自治下，資本主義的生活方式一定會繼續，基本法中保障人權自由的條例不變，行政長官可以在全國人大"8.31"決定框架下普選產生，並且日後可以調改，這個情況也不會變。在此我提醒一下，這一次反對派提出的所謂"五大訴求"裡面，第五個就是爭取行政長官的普選。我有提醒那些年輕人，本來2017年我們已經可以普選行政長官了，但是反對派不支持，使我們錯失了開步走的機會。

那是反對派的錯，而不是基本法的

錯。你總要開步走，往後才可以走得更快，路走得更廣，不開步永遠去不了目的地。爭取一個更開明、民主的社會，本身沒有什麼問題，但用暴力"私了"（即實行私刑——編者註）不同意見、用"攬炒"拉攏外力干預的手段，衝擊了香港的經濟。對於香港來講，我們所有的市民為這些人的罪行買單，這是最大的不公義。這些行為不會改變中國的和平崛起，不會改變中國人迎難而上的勇氣，也不會改變香港實行"一國兩制"的初心。所以止暴制亂之後，我非常相信，中央也多次講了，香港仍然是走"一國兩制"的路。

恢復建設，重拾發展，
是香港最大的福祉

止暴制亂後，恢復建設，重拾發展，是香港最大的福祉。今天收到一條 Whatsapp 信息，它提醒了我們，過去的 25 年香港被評為全球最自由的經濟體，人均收入排在第 11 位。我們在人權自由方面排在第 3 位，但是現在排世界第 17 位、人權自由遠低於我們的美國在監察我們，在制裁我們。半年之前，我們是個欣欣向榮的國際城市，自由、法治、治安等指標在亞洲乃至世界都位居前列。香港人不擔心穿什麼顏色的衣服，不擔心在外面吃飯會不會忽然被人襲擊，住在家裡面不用擔心街上烽煙四起，或者有人拍門要錢，走在路上不怕有人收買路錢，或者堵車堵路，在學校學習不怕被迫罷課，或學校被轉做"軍火庫"，炸成了廢墟，開門做生意不會被亂"裝修"（即打砸——編者註）。現在是人心不穩，前路不明，有人開始移民，有人希望台灣和英國收留，

給他們居留權。但是最終絕大部分的香港人都會繼續留在香港，明確地止暴制亂之後，回歸建設，重拾發展，這才是香港最大的福祉。

因此，我們要有正向的思維。在香港，和平繁榮的時代太久了，我們習以為常，沒有居安思危、憂患意識，沒有好好地解決被多方強調的深層次問題，沒有重視抓緊解決教育問題，忽略了國民教育的重要性，也忽略了市民的不滿、青年人的理想。我剛剛說到我們是在"修昔底德陷阱"和"顏色革命"的完美風暴裡，我們一直忽略社交媒體和網絡信息的破壞力。只有出台法律，管治社交媒體和網絡信息，並以此作為一個抓手，才能使得我們的社會不受那些有害的網上信息的影響。

特區政府昨天已經重申，因"修例風波"反映出香港的社會矛盾和紛爭，應積極面對。特區政府已經吸取教訓，並虛心聆聽，接受批評，希望各界共同努力，儘快恢復社會秩序，讓香港可以繼續向前。古人講，"天下之勢不盛則衰，天下之治不進則退。"香港不是一個永遠不能夠替代的城市，拋棄暴力，回歸建設是唯一有前途的出路。

與祖國融合，共同發展，
是香港人最好的機遇和前途

與祖國融合，共同發展，是香港人最好的機遇和前途。目前，香港教育、專業、商業、傳媒、人際關係"泛政治化"，抗拒內地同胞和內地發展的思維，也是"泛政治化"的一種表現。2019 年是香港沙士的政治版，它使整個社會生病了。香港的問題，要香港人自己同心協力去解決。無

香港維多利亞港

論你投票選哪一派的候選人，無論你是教師、律師、會計師，還是護士、醫生，都要互相尊重不同的意見，對來自不同地方的客人要文明相待，不要被"泛政治化"的病毒影響。我們需要有一個"和而不同"的態度，才能夠活得舒適。青年人的前途，香港的發展，已經脫離不了祖國的發展，所以我一開始就講到新思想入憲帶動香港發展這個歷史。香港沒有天然的資源，一向只靠一個穩定、和諧、自由、法治的社會和作為中國門戶的地利，吸引人流、物流、資金流和內地與國際的人才。最近內地的尖子學生和研究生被逼走了，本地生想認真學習也受到騷擾，外聘的醫生不來了。大家想一下，如果香港沒有人才，還有什麼支撐我們的發展？如果香港沒有法治，還有什麼吸引人才的條件？粵港澳大灣區為香港提供了難得的機遇，不如我們現在就下決心，了解這個人口超過七千萬，也是中國最有活力之一的大灣區，加入它的發展大軍吧！

十九屆四中全會的決定表明，國家要堅定地改革開放，香港要繼續按憲法和基本法實行"一國兩制"，穩定發展的決心。"一國兩制"是個史無前例的創舉，我們不會因為遇到困難而改變初心，這也更加證明了"一國兩制"強韌的生命力！🌸

（本文根據作者在第四屆"一國兩制"與基本法研討會上的演講記錄整理，標題為編者所加，文章未經本人審閱）

（原文刊於《紫荊》2020 年 1 月號）

珍惜中國之治　呵護香港未來

　　2019 年 12 月 9 日，由紫荊雜誌社、天大研究院、香港新活力青年智庫共同主辦的第四屆"一國兩制"與基本法研討會在香港舉行。本屆研討會旨在探討香港回歸祖國 22 年來基本法的落實情況，解讀中共十九屆四中全會精神，以及展望新形勢下香港"一國兩制"實踐的新動力、新方向。現將清華大學教授王振民在研討會上的發言全文整理刊發如下，以饗讀者。

王振民在第四屆"一國兩制"與基本法研討會上致辭
（本刊記者 梅肯 攝）

　　由紫荊雜誌社和幾家機構合辦的年度"一國兩制"與基本法研討會在推遲半年之後，今天終於召開了。感謝楊勇社長和紫荊團隊持續不斷的努力，讓我們在目前艱困環境下可以再次相聚香江，探討國家治理以及香港的今天和未來。這次回到香港，見到各位朋友，一方面很高興，另一方面心情也很複雜：香港變了，香港亂了！很多人都在問：香港還有希望嗎？這是半年來內地同胞和國際友人經常講、經常問的問題。我們所有人與你們一樣，很捨不得香港，捨不得告別過去美好的日子（good old days），真心希望香港能夠早日邁過這個坎，跳出這一劫，振作起來，重新出發，重建香港。

　　我第一次來香港是 1992 年，當時由澳大利亞開會回國，從香港啟德國際機場轉機到內地，未能入香港境，但在機場看到香港紀律部隊巡邏，印象極為深刻。1993 年至 1995 年我在香港大學法律學院學習，研究基本法。那時候通過羅湖口岸來往深圳與香港，最大的感受是"治""亂"的交替變化：香港這一邊，乾淨整潔，法治嚴明，秩序井然，繁榮昌盛，感覺就是一個字"治"，兩個字"大治"，風景這邊獨好！但是，過了羅湖橋，一入境深圳，立即就感受到一個字"亂"：眼前人山人海，迎接你、簇擁你的是眾多派發各種小廣告的人們，還有拉你入住酒店、招攬生意的各色人等，你要十分小心自己的銀包，搶劫、盜竊是常事，打架鬥毆隨處可見，人們提心吊膽地在人群中尋

2019 年 12 月 9 日，由紫荊雜誌社、天大研究院、香港新活力青年智庫共同主辦的第四屆 "一國兩制" 與基本法研討會在香港世界貿易中心會隆重舉行（本刊記者 梅肯 攝）

找來接自己的人。這是上世紀八十年代、九十年代有機會來往香港與內地的人們共同的感受和印象。當時我們來自內地的學生心中有一個夢想：何時深圳河以北也能夠像香港一樣有法治，有秩序，有繁榮？在中央統一領導和內地同胞幾十年的努力下，我們不斷學習香港的治理之道，學習國際成功經驗，終於實現了從亂到治的歷史性轉變。然而我們的香港卻變了，這半年來，香港正在從治到亂，情況不斷惡化。

俗話說，三十年河東，三十年河西。這麼短的時間，兩地 "兩制" 易位，似乎調換了個位置：內地社會主義制度經過幾十年努力，實現了由亂到治的轉變，香港資本主義制度半年之內卻突然從治到亂，似乎要跌入萬劫不復的深淵！香港變了、亂了，而且不知道亂到何時，亂到什麼程度，會不會讓每一位香港同胞散盡幾十年積累起來的萬貫家產從頭再來？全國人民、全世界人民都在問，情況何以至此？香港怎麼了？我們的思緒實在跟不上、適應不了這個巨大的變化，不理解這些變化。

今天我結合學習中共十九屆四中全會精神，與大家一起探討 "一國" 之下兩地 "兩制" 在治與亂之間何以發生如此重大的位移和變化。

國家社會主義實現了由亂到治乃至大治的變化

首先，國家社會主義那一制如何實現由亂到治乃至大治的變化。我們一起回溯歷史，看看這個古老民族經歷了什麼樣的人間煉獄，可謂九九八十一劫難，萬死一生，才有今日安定、祥和、繁榮之社會主義祖國。

關於中國戰爭的書，例如《中國歷代戰爭年表》（中國人民解放軍出版社，2003 年）統計中國 5,000 年發生了 6,539 次戰爭，最初看到這個數字我十分震驚，之前沒有意識到我們國家發生過那麼多次戰爭，看來我們也是 "戰鬥民族" ！學習中國歷史，印象最深刻的就是需要記憶的大事太多。夏商周三代太過久遠，不用多言。自公元前 221 年秦始皇統一中國以後，我們國家經歷的治亂興替很多，有幾十個朝代，通常說 24 個朝代，其實不止這些。從秦皇漢武，到唐宗宋祖、一代天驕，一直到明清 500 多年文治武功，興替更疊，國家不斷由亂到治，再由治到亂，周而復始，循環往復。每次治亂更替都要付出極其高昂的代價：幾十年戰亂、無數人的生命，數不盡的財產、建築付之一炬！有人說中國環境問題自古有之，因為每一個朝代的建立都要打很長時間的戰爭，從西燒到東，從東燒到西，從北燒到南，從南燒到北，把前朝上百年乃至幾百年積累的財富、建築燒完，然後再建立新政，逐漸穩定，全國砍伐樹木，重新建設，再次繁榮。好景不長，常常好了傷疤忘了疼，又開始腐敗，開始墮落，開始勇武，開始亂、大亂，最後失控，又是幾十年的戰亂；終於又建立新政，又有了秩序，又有了繁榮，之後又是一個循環。這是一個萬劫不復的惡性循環，是歷史的怪圈和魔咒，"其興也勃，其亡也忽"，黃炎培先生 1947 年與毛澤東主席對話時稱之為"歷史周期律"。我們每一個人隨著年齡的增長，都在增長智慧和文明，但是國家的年齡似乎不怎麼增長，好像永遠都在十歲左右，總是忘記過去的災難，總在重複悲劇，複製災難，人類為什麼長不大呢？

五千年太久！讓我們把歷史的鏡頭對焦 1840 年，看看近現代中華民族經歷了何等不堪回首的大亂和劫難。大清朝自 1644 年建政，經過康熙、雍正、乾隆三代 100 多年勵精圖治，創造了中國封建社會最後的輝煌，GDP 世界第一，各方面遙遙領先於當時世界各國。然而到了嘉慶、道光、咸豐、同治年間，天下承平日

久，各種內外矛盾叢生，在來自西洋另一種文明的強烈衝擊下，國運、民運開始江河日下：兩次鴉片戰爭、太平天國，京城第一次被外軍佔領，英法火燒圓明園，丟失香港九龍和大片北方領土；然後洋務運動，短暫中興，開始有點變，但那是滅亡前的迴光返照，30 年洋務運動的成果如此不堪一擊，東瀛日本發起第一次侵華戰爭——甲午海戰，讓中國人通過"師夷長技以制夷"的幻想破滅，我們丟失寶島台灣，各國對我分而食之，掀起瓜分中國狂潮；有識之士發奮圖強，然而戊戌變法夭折，國內再次大亂，義和團不僅未能"扶清滅洋"，反而給各國侵華以藉口，京城第二次被外國佔領。晚清再次變法，意圖君主立憲，但為時晚矣，時不與我，建政 267 年的大清在經歷了由亂到治，再由治到亂，終於畫上了句號，昔日紫禁城終成今日"故宮"。

1911-1912 年中國經歷了又一次更朝換代，民國建立了。晚清幾十年戰亂之後，國人人心思治，然而好景不長，又一波劫難開始了。北洋政府內鬥不已，政權更疊頻繁，先後草擬五部憲法，國家制度始終確定不下來；袁世凱之後，從 1916 年至 1928 年短短 13 年，產生 38 屆內閣，最短命的兩屆分別只有六天，真是你方唱罷我登場，城頭變幻大王旗。1928 年 6 月國民黨軍隊進入北京，北洋政府的統治結束。同年 12 月 29 日，張學良宣布"東北易幟"，實現了全國形式上的統一。

然而，從 1928 年到 1949 年國民黨統治中國這 21 年，中國不僅未能結束戰亂，反而經歷了煉獄般的外戰——從 1931 年到 1945 年長達 14 年抵抗日本侵略的戰爭，

首都北京近代以來第三次被外軍佔領，這次長達八年！自 1860 年到 1945 年，不到百年，北京三次被外國佔領，這是何等的恥辱！國難當頭，國民黨不僅不團結各黨各派共同抗日，反而"攘外必先安內"，要剿滅共產黨。然而，中國人民最終選擇了共產黨，放棄了腐朽的國民黨，經過慘烈的內戰，1949 年實現了中國現代史上波瀾壯闊的政黨輪替，紅星出東方，中華民族迎來了真正的歷史巨變！

多年前我在美國一個大學演講，有聽眾提問，中國是否允許更換執政黨，我回答，當然允許。那位學生立即問，你們什麼時間更換過執政黨？我說 1949 年！在美國你們用選票更換執政黨，在中國，經歷 100 多年的苦難，中國人民用生命和鮮血更換一次執政黨。用選票更換執政黨可以四年一次，然而生命對於每一個人都只有一次，用生命更換執政黨，代價極其高昂，我們不想、也不能幾年就再次更換執政黨。2004 年 9 月中共十六屆四中全會尖銳提出："黨的執政地位不是與生俱來的，也不是一勞永逸的。"習近平總書記也多次提醒全黨："黨的先進性和黨的執政地位都不是一勞永逸、一成不變的，過去先進不等於現在先進，現在先進不等於永遠先進；過去擁有不等於現在擁有，現在擁有不等於永遠擁有。"他一再囑咐全黨要牢記"兩個務必"，牢記"生於憂患，死於安樂"的古訓，著力解決好"其興也勃焉，其亡也忽焉"的歷史性課題，增強黨要管黨、從嚴治黨的自覺，提高中共的執政能力和領導水平。這樣有了過去六年前所未有的改革、反腐以及各方面的制度建設，一直到剛剛閉幕的十九屆四中全會。

自 1949 年以來這 70 年，中國共產黨帶領中國人民把一個混亂不堪、貧窮落後、任人宰割、民不聊生、運動不斷的中國，建設成了全民脫貧、人民安居樂業、法治不斷完善、制度不斷健全、秩序越來越好、國際地位不斷提升的國度，我們終於站起來、富起來、強起來，昂首屹立於世界民族之林，成為世界第二大經濟體、第一大貿易國，國家綜合實力得到極大提升，每一位中國人都感受到祖國今日的秩序、強大和榮耀。自 1840 年鴉片戰爭以來，歷經 180 年，民族偉大復興的夢想從來沒有如此接近。

當然，我們也走了很多彎路，犯過很多錯誤，乃至嚴重的錯誤，發生過十年"文革"那樣的浩劫，付出慘痛的損失和代價。結束"文革"之後，中國共產黨深刻反思錯誤，深入總結歷史經驗教訓，開啟了改革開放的偉大征程。40 年過去了，滄海桑田，中國內地發生了翻天覆地的偉大變化，除了經濟飛速發展外，最重要的是實現了良好的治理，法治不斷健全，各方面制度體制不斷完善，實現了 40 多年既無外戰、又無內戰和平發展的新局面，創造了世所罕見的經濟快速發展和社會長期穩定兩個奇跡，這在中國數千年的歷史上是非常罕見的。人類從來沒有嘗試過在一個 14 億人口的大國發生如此巨大的變化，我們做到了！

經歷那麼多災難，今天終於實現了從亂到治的歷史性轉變，安定團結的局面確實來之不易！我們不想再亂，不能再亂，我們必須走向法治、善治，必須團結起來實現長治久安。英國、美國之所以強大

恢復秩序恢復法治仍是香港的主流民意。圖為香港市民走上街頭清理暴徒設置的路障（圖：北京日報）

起來，因為他們的國名都有一個共同的詞united，時刻提醒每一個國民，全國必須團結。當然，他們現在似乎不再 united，而 是 dis-united，成 為 divided kingdom，divided states。我們今天終於 united 了，安定了，和平了，我們當然十分珍惜！

如何從治到大治，從大治到長久大治，是中國共產黨一直努力解決的根本問題。2019 年 10 月召開的中國共產黨十九屆四中全會專題研究堅持和完善中國特色社會主義制度、推進國家治理體系和治理能力現代化問題，從制度體制上為實現中國共產黨和國家的長治久安作出了具體安排，在破解這個千古難題方面邁出了歷史性的一步。只要我們嚴格貫徹執行十九屆四中全會的決定，把裡邊規定的每一件事情做好做實，中華民族的長治久安和偉大復興就一定能夠實現！

我們的民族五千年歷盡千難萬險和無數次劫難、數不清的內憂外患，經受住各種各樣的考驗，始終屹立不倒，不屈不撓，生生不息，是唯一幾千年連綿不斷的文明。如今在中國共產黨領導下，經過40 年改革開放，尤其 2012 年以來全面建設小康社會，全面改革開放，全面依法治國，全面從嚴治黨，終於開闢了中國之治新格局，為實現長治久安打下了堅實的基礎。一切人文社會科學研究的終極價值追求就是如何實現國家、社會的長治久安、天下太平。數千年來人們一直在苦思冥想、艱難探索天下大治之道。今天終於有了當代中國人的方案！當今世界正經歷百年未有之大變局，在危機四伏、風雨飄曳的世界，中國之治顯得分外耀眼，分外難能可貴，值得我們倍加珍惜。

恢復秩序　恢復法治
仍是香港的主流民意

現在讓我們談談香港。香港是中國近代史開始的地方，本身就是中國近代衰落造成的後果，也必將隨著國家的再次強大而回歸自己的祖國。這就是歷史的邏輯和規律。說到這裡，我想起著名科學家崔琦的故事。1951 年他 12 歲離開父母，從河南老家移民香港，後來到美國留學，成為著名科學家，獲得諾貝爾物理獎。他離開老家後，他的父母在內地三年困難時期死亡，造成崔琦與父母的永別。他成名後，記者楊瀾問他："你 12 歲那年，如果不外出讀書，結果會怎麼樣？"她猜想崔琦一定會這樣回答："我永遠成不了名，也許現在還在河南農村種地。"崔琦的回答大大出人意料，他說如果我不出來，家裡多一個勞動力，三年困難時期我的父母也許就不會死。他為自己 12 歲就離開父母、未能對父母盡孝、沒有與親人共度時艱後悔得流下了熱淚。這就是中華民族的氣節親情，是數千年優秀文化的體現。

從 1842 年到 1997 年香港經歷了 155 年英國的殖民管治，走上了另外一條發展道路，就像崔琦先生一樣。但是我們會否像他那樣寧願選擇留下來與父母、與祖國不離不棄、共度時艱、同甘共苦呢？英國殖民統治固然帶來一定的繁榮穩定、法治和秩序，但必須承認很長一段時間，香港不如上海，一直到香港回歸前幾十年，英國才開始認真建設香港，發展香港，忽然民主，忽然自由。改革開放以來，香港作為中西方"超級連繫人"的作用充分發揮出來，貿易中心、金融中心、航運中心、航空中心的功能才得以充分施展。離開了祖國母親，就沒有香港的一切。就像一位美國朋友所言，如果切斷與中國內地的關係，香港將一文不值。西方人來到香港的最終目的地是中國內地，是為了與內地十多億人做生意。如果香港不能再連接內地，香港還有什麼作用？香港回歸前的輝煌固然與英國人的管治有關係，但最根本的還是祖國內地的因素，是內地支持以及全體香港居民共同努力的結果。2018年香港創造了1971年以來最低犯罪率的記錄，除了本地努力外，廣東經濟快速增長、內地人民普遍過上小康生活，跨境犯罪大為減少，也是重要原因之一。

回望歷史，回首往事，香港與內地一樣經歷過很多刻骨銘心的亂，有很多磨難，包括"六七"暴動那樣的大亂。一直到上個世紀七十年代開始，香港終於逐漸實現了從亂到治，一直到2019年夏天，度過了差不多50年良好治理的美好時光。

我們難道就這麼結束香港的法治、結束香港的秩序、結束香港的繁榮，就這麼永遠亂下去嗎？就讓法治之都變為暴力之都嗎？亂終究要結束，只是時間長短、代價大小的問題，是否還要經過更長的時間、付出更大的代價才結束亂？還要亂多久，亂到什麼程度？亂能夠改變什麼、能夠得到什麼？我想，亂肯定不是絕大部分香港居民所希望的，盡速結束暴亂，恢復秩序，恢復法治，實現從亂到治的再次轉變，仍然是香港的主流民意，是目前最迫切的任務。

中國之治越來越完善

這次香港之亂最初公開的理由是不信任內地的法治和司法，認為國家的制度和治理不符合"國際標準"，所以不能把逃犯移交回內地。當然我們的制度和治理不是沒有缺點、不足，但我們一直在改進、在進步，例如反腐敗，我去過不少國家，特別是那些過去幾十年"全盤西化"、引進了西式民主的那些國家，腐敗比中國要嚴重得多，但他們反腐敗的力度比我們差遠了，甚至根本沒有人反腐敗，人民幾乎生活在無望當中。香港也是上世紀七十年代廉政風暴之後才開始實現好的治理和法治。我們經過過去幾年大規模反腐敗，去年修改憲法，成立國家的ICAC，反腐敗制度化、法律化，以此為契機中國的治理一定會越來越完善，越來越健全，法治化、現代化程度一定會極大提升。

美國朋友講，美國國內問題遠比中美關係難搞，因為美國很多國內問題沒有解決辦法，no solution。香港一些年輕人說看不到希望和前途，美國人也說看不到希望和未來。英國脫歐也是如此。對比各國，中國仍然是世界上最有希望的國家之一。

我們的法治儘管還有很大改進的空間，問題很多，但根據世界銀行2019年11月24日發布的《全球營商環境報告2020》，中國營商環境全球排名繼2018年從此前78位躍至46位後，2019年再度提升，升至第31位，連續兩年進入全球優化營商環境改善幅度最大的十大經濟體。這裡邊一個很大亮點就是中國法治、司法的改善。我不理解，為什麼可以把逃犯遣送回法治比我們差很多的國家，而不能把逃犯送回內地？祖國的法治、司法真的那麼差，以致於要發動如此長時間的暴力抗爭，阻止修例往內地移交逃犯嗎？

如果我們的法治、司法真的那麼差，為什麼過去幾十年我們是吸引全球投資最多的地方？為什麼二百多萬台灣人、幾十萬香港人、幾十萬外國人選擇長期生活、工作在中國大陸，子女在這裡接受教育，選擇了社會主義制度和中國內地法律？正如新加坡朋友所言，每年一億多中國公民出國旅遊經商，他們又回來了，很少選擇留在國外。這說明兩件事情：一是中國公民享有充分進出的自由，不是西方一些人講的那樣中國人沒有自由；二是中國公民對自己的社會主義制度是滿意的，進出自由，大規模移民國外的情況不見了，偷渡到外國的事情更是銷聲匿跡。這說明祖國那一制——中國特色社會主義制度還是不錯的，越來越好。我常說，我們的制度雖然不是那麼完美，但是也絕對不是香港一些本地媒體講的那麼差。這麼大國家，這麼多人，出一些不好的個案很正常，我也可以舉出美國、英國、歐洲，包括我們香港、台灣很多不好的個案。問題是，為什麼對自己的祖國如此苛刻，對英美等卻如此包容大度？這公平嗎？當然，我們不是遷就不好的個案，習近平總書記要求"努力讓人民群眾在每一個司法案件中感受到公平正義"，其他國家和地方有這種要求，有這種努力嗎？是時候摘下對自己祖國的有色眼鏡、放下對祖國的偏見了！

因為我們國家的善治來之不易，所以我們不會去搞亂他人，當然也不希望被他人搞亂！搞亂香港，搞亂中國，固然香港居民、全中國人民將再次遭受災難，誰又會從中獲益呢？暴力亂港，不僅違法，而且不道德，造成民不聊生，社會不寧，人人遭受損失，沒有人會從中得到任何

一群暴徒四處縱火，自製"火焰衝車"撞向警隊防線

好處。但是我們必須承認，這世界還真有一些人每一天"苦思冥想"如何把一個好好的國家、好好的城市搞亂！我相信，善有善報，惡有惡報；不是不報，時候未到；時候一到，一定會報！

實現從亂到治很難，到大治更難，要數代人很多年持續不斷的努力。但是從治到亂很容易，不需要很多人、不需要很長時間就可以達到目的。我們不可不警惕，不可不察也！

媒體只聚焦當下，希望多賣幾份報紙、多一些點擊率，但是人民，尤其是年輕人，需要的是未來和長遠。我們不能讓眼前的障礙阻擋了自己的視線，不能讓天上的烏雲遮蔽了太陽的光芒。我們必須看清楚什麼才是永恆的，什麼是一時的；什麼是可以改變的，甚麼是永遠不會改變的。自古以來，香港就是中國的一個地方，展望未來，香港將永遠是中國的一個地方，英國 155 年殖民管治在歷史長河只是彈指一揮間，改變不了香港中國領土的屬性和香港同胞中華文化的基因。香港與祖

國是一個命運共同體，無論貧富、無論榮辱、無論治亂，香港與內地"兩制"之間客觀上的血肉聯繫無法分割，不會改變。

我們發自內心地希望所有國家都能夠沒有戰火，沒有眼淚，沒有苦難，長治久安，繁榮穩定。我們的先人告訴我們：己立立人，己達達人。我們經歷過那麼多苦難，終於實現了中國的新治，中國人民剛剛開始享受長期和平發展的紅利。我們希望其他國家也能夠實現良好的治理，希望每一個國家的人民都能夠有長期和平發展的機會，我們願意與世界各國分享中國和平發展的機遇，一個長治久安、繁榮穩定、開放自信的中國，符合世界各國人民的共同利益，當然也符合香港的最大利益。

我們願意在"一國兩制"之下繼續與世界各國人民共用香港這個國際交易平台，繼續在這裡與各國開展正常的貿易交易交流。但前提是大家共同呵護這個平台的安全，保證這個平台可以正常運行，不要把這個台子砸掉。如果沒有了香港，中國固然損失慘重，香港損失慘重，大家誰也跑不了，每一個持份者都將損失慘重，而且不可修復，不可回轉！

最關心香港 真心幫助香港的是祖國

最後，我想告訴香港朋友，第一，祖國不會亂，我們十分珍惜、堅決維護來之不易、安定團結的大局。在人類數千年歷史發展長河中，大部分時間我們民族本來就一直一馬當先，在不久的將來祖國必將再次強大！中國之治必將大放異彩！祖國不亂，香港就亂不到哪裡去。第二，在這動盪不安的世界，大風大浪、風雨飄曳

之中，屹立不倒、堅如磐石的祖國永遠是香港的定海神針，是你們最可靠的依託和最堅強的後盾！這世界最關心香港、真心幫助香港的只有祖國。過去積貧積弱的祖國都不曾一刻放棄香港，今日之中國怎麼可能放棄你們？過去每當內地有難，你們第一時間送去無私的愛和關懷。今天你們有難，內地人民痛著你們的痛，苦著你們的苦，與你們同呼吸，共命運。困難一定是暫時的。要對祖國有信心，對自己有信心。中華民族經歷過比目前更大的劫難，我們都能浴火重生，鳳凰涅槃。這次我們同樣有智慧、有辦法一起渡過這一劫，邁過這個坎，闖過這個關。我們一定會痛定思痛，共同謀劃香港長治久安之道，共同努力，讓香港儘快恢復秩序，實現更好的治理，讓"一國兩制"實踐行穩致遠，取得更大的成功。香港的明天必將依然美好！既然冬天已經來了，春天還會遠嗎？

對國際友人，我想說，香港是國際大都會，維護"一國兩制"大局是我們最大公約數，既然大家都非常享受"一國兩制"帶來的便利和好處，大家就有共同的責任一起止暴制亂，恢復秩序，維護好"一國兩制"的平台，讓大家可以在此地繼續世世代代生兒育女，安居樂業，共享中國發展機遇和香港的繁榮穩定，共建香港美麗家園。

讓我們大家攜起手來，共同珍惜來之不易的中國之治，共同呵護香港的美好未來，共同努力實現香港和整個國家的長治久安和長期繁榮穩定！✿

（本文根據清華大學港澳研究中心主任、清華大學國家治理研究院院長王振民教授的演講記錄整理，標題為編者所加，文章未經本人審閱）

（原文刊於《紫荊》2020 年 1 月號）

黑衣暴徒在香港中大二號橋投擲雜物阻塞交通。圖為暴徒抱頭鼠竄後的雜亂不堪的二號橋

2019 年 11 月 16 日，部分香港市民來到駐港部隊九龍東軍營旁，主動清理被路障堵塞的街道，駐港部隊官兵隨後加入清理工作，協助市民完成周邊道路疏通，恢復街道交通

尾聲

　　中央堅定支持特區政府止暴制亂，在強大民意壓力和警方依法打擊下，跨入2020年，香港持續半年多的黑色暴力活動日漸式微，彌漫在香港上空的陰霾逐漸散去。黑暴勢力越來越失去民心，縱暴政客的動員能量、橫行街頭的暴徒人數、黑暴活動的破壞烈度都呈現衰頹之勢。隨著"幕後金主"、頭面人物被依法抓捕，近期多場黑色暴力活動都以慘敗收場。據警方公布數字，今年1月份的罪案數字較去年10月下跌了24%。在這寒冷的冬天，人們開始感到春天到來的氣息。

　　2月28日，香港警方重案組到"壹傳媒"集團創辦人黎智英寓所調查。據了解，黎智英涉嫌去年8.31的非法集會，以及2017年6月刑事恐嚇傳媒記者。黎智英即場被警方拘捕，押往九龍城警署接受問話。前工黨立法會議員李卓人及民主黨前主席楊森也在當日被捕。警方強調，拘捕黎智英等人是在完成相關調查工作後展開，是依法辦事，並無政治考慮。

　　三人被捕後，泛暴派政客隨即大鑼大鼓出來譴責，為"黑暴金主"黎智英等人打氣、出氣，更有暴徒在網上藉此發動暴亂，表示要以行動來支持三人，挑戰香港的法治。一度沉寂的黑色暴亂又死灰復燃，但雷聲大雨點小。2月29日，黑衣暴徒在港鐵太子站外搞"大龍鳳"，及後以雜物堵路、掟燃燒彈、火燒旺角港鐵站……儘管泛暴政客全力動員，響應者卻寥寥無幾，參加人數也不過200來人。

　　近日，網上流傳出黑衣暴徒逃跑的一段視頻，有香港網民對此嘲諷說，暴徒歷次逃跑場面中，這次最好笑。據視頻畫面顯示，2月29日當晚，在所謂的聲援"黑暴金主"黎智英等人的黑暴活動中，有一群黑衣暴徒布下"傘陣"，準備藉此與警方對峙，其中一名蒙面黑衣暴徒不慎將鐵馬弄倒，發出"嘭"一聲，躲在"傘陣"後的黑衣暴徒們聽到響聲，以為警方開槍，猶如驚弓之鳥，作鳥獸散，十分狼狽。可見這些人都是一些散兵游勇，其心虛膽怯暴露無遺。

黑暴組織還出現了"內訌"，多個自稱"勇武"的暴徒組織陸續在網上宣布"退場""解散"。在今年元旦黑色暴力活動中，一名所謂的"勇武手足"打砸中資商舖後，被另一波黑衣暴徒懷疑是"內鬼"而追打。1月7日，這位自稱勇武派"仇士小隊"女生公布了一段自白視頻，宣洩自己的不滿，同時也宣布退場，帶動了網站上一大片"勇武派"黑衣暴徒退場。同樣在1月7日，還有一個同樣名氣不小的勇武派"火炬小隊"直接宣布解散，他們自稱最擅長"火魔法"，專門幹放火、丟汽油彈的勾當。他們在某社交網站上大訴苦水，覺得自己在前線辛苦拚命，結果老被人當"內鬼"，"士氣低落"，決定暫停前線工作。與此同時，還有"影子中隊""五星戰隊""滅鬼隊""惡魔蝙蝠隊"等一大堆不知名"勇武"小分隊，都陸陸續續宣布退出或解散。更有一些暴徒因為擔心事情敗露後被抓，倉皇逃離香港。

　　"勇武派"黑衣暴徒退場並不奇怪。半年多的黑色暴力活動，搞得天怒人怨，令香港原本向好的治安情況急轉直下，香港市民已經忍無可忍。香港特區政府警務處處長鄧炳強3月2日公布，2019年香港罪案數字較2018年增加了5,000宗，達59,225宗，上升9.2%，這是自從2007年之後首次上升。警方自暴亂至今拘捕了七千多人，當中學生佔了四成。全國港澳研究會副會長劉兆佳直言，"勇武派"已經越來越孤立，不得不退場。首先，警察拘捕力度越來越大，黑衣暴徒被拘捕和判刑的機會越來越大，將依法付出的代價也會越來越大，而且"勇武"的情報網或已被攻破，能維持秘密行動的能力正在減弱，令他們感到害怕；第二，"勇武"的很多行為都是與民為敵，市民越來越反感，支持者越來越少；第三，部分"和理非"抗爭者覺得"勇武"的所作所為令整個抗爭行動得到的支持在下降，表面雖未"割席"，但不排除有部分人實質已在消極抵制；第四，原本把台灣庇護當成一條後路的"勇武"，看清了台灣並非真心實意想幫助他們，已經"心寒"。全國政協副主席、香港特區前行政長官梁振英撰文指出，黑暴運動已經進入第三階段，大批暴徒落網，被送上法庭，暴徒之間為了自保，互相篤灰（告發）、潛逃，以至轉為控方污點證人的事例會越來越多，暴徒之間的互相猜疑會越來越劇

210

據視頻畫面顯示，2020 年 2 月 29 日晚，有一群黑衣暴徒布下"傘陣"，準備借此與警方對峙，此時一名黑衣暴徒不慎將欲用來當路障的欄杆弄倒，發出"嘭"一聲，躲在"傘陣"後的黑衣暴徒們突然瘋狂往後跑。將欄杆弄倒的黑衣暴徒原本想再抬起欄杆，回頭一看其他人全跑了，他也隨手丟下欄杆拔腿就跑。有香港網民諷刺：又要威又害怕，笑死啦（視頻截圖）

2020 年 2 月 28 日，香港警方通報一宗未經批准集結和一宗刑事恐嚇案件，被拘捕的三人為"叛國亂港四人幫"之一的黎智英，以及反中亂港分子李卓人、楊森。圖為黎智英（中）當日獲准保釋離開警署。三人將於 5 月 5 日在東區法院應訊（圖：新華社）

烈，並形容暴徒的犯罪事實和細節會陸續在法庭被公開，公眾會大開眼界，亦會進一步打擊黑暴運動的士氣。他強調，當一大批青年被送上法庭，面對牢獄之災，前途盡毀的同時，另一批青年進入區議會，甚至成為區議會主席，名利雙收。所謂"兄弟爬山，各自努力""和勇一家"都是騙局。

近三個月來，在中央和特區政府扎實工作的推動下，香港社會氣氛暫趨平靜，街頭暴力顯著減少。但百足之蟲，死而不僵，亂港勢力是不會輕易收手的，更何況他們嘗過暴亂的甜頭，在區選大勝後食髓知味。就算他們真的"累了"，想休息，幕後的黑手也不會答應，香港的亂象仍會持續。區議會選舉後新上任的反對派區議員們，沒有將精力放在社區服務的本職工作上，而是在政治化議題中虛耗精力；在新冠肺炎疫情防控的緊急關頭，少數香港醫護人員竟然發起所謂的"罷工"，以市民生命安全和健康利益為要挾，提出富含政治意味的訴求；對維護特區法治和社會秩序作出巨大貢獻的香港警方，反中亂港分子不遺餘力"窮追猛打"，以各種方式造謠抹黑；"違法達義"謬種流傳，荼毒人心，短期內難以清除；外部勢力圍堵中國，香港作為戰略棋子的定位不變，洋奴漢奸仍有被利用的價值。因此，指望暴亂很快完全平息並不現實，一些較大規模的暴亂也仍有可能捲土重來。特區政府決不能存在任何僥倖之心，止暴制亂、恢復秩序仍然是重要任務，而嚴正追究暴徒及縱暴者的法律責任，應該成為今後一段時間的工作重點。在強大民意支持和依法打擊下，已是強弩之末的黑暴勢力最終必然煙消雲散，香港的明天必將天朗氣清。

沉舟側畔千帆過，病樹前頭萬木春。春天已經來臨，無論香港社會如何風雲變幻，黑暴勢力終究只是歷史長河中泛起的沉渣污垢，正義必將戰勝邪惡。回歸二十多年來，香港歷經風風雨雨，考驗和挑戰接踵而來，但在中央政府和祖國內地的大力支持下，在團結奮發的獅子山精神激勵下，香港最終都能風雨兼程，砥礪前行。陽光總在風雨後，面對嚴峻的險惡局面，香港社會各界更應該重燃獅子山精神。"和氣致祥，乖氣致異"，只要大家"放開彼此心中矛盾，理想一起去追"，香港就能再次出發，經歷風雨洗禮後的"東方之珠"，定會重放光芒。🌸

暴徒發起所謂"黎明行動"、"三罷"行動，
試圖堵塞各地交通，嚴重影響市民出行。圖為
穿越路障去學琴的香港學童（Vivienne Hau 攝）

《 香港"修例風波"真相 》

主　　編　　楊勇

副 主 編　　許俐麗　刀書林　張春生

責任編輯　　左婭　周馬麗

編　　輯　　王耀輝　黎知明　高峰　張晶晶　連振海　馮琳　莊蕾

美術編輯　　楊杏怡

出版發行　　紫荊出版社

地　　址　　香港上環干諾道中 200 號信德中心西座 10 樓 1001 室

電　　話　　（852）2858 3902　　　　　傳　　真　　（852）2546 4582

印　　刷　　美雅印刷製本有限公司

版　　次　　2020 年 3 月第 1 版

開　　本　　185mm x 260mm

國際書號　　ISBN　978-988-79191-0-0